海の民のハワイ

ハワイの水産業を開拓した日本人の社会史

小川真和子
MANAKO OGAWA

人文書院

目　次

海の民のハワイ——ハワイの水産業を開拓した日本人の社会史

序章――なぜハワイの「海」なのか

毎日眺める太地湾の、はるかかなたに、まっすぐ線を引けば、アメリカのカリフォルニア沿岸につらなっていたのだし、そこには、父がいて、太平洋を手軽に行ったり来たりしているのだ。祖父に手を引かれて、ころびながら登った灯明崎や、磯物をとって遊んだ楫取崎《かんどりざき》は、カリフォルニアの海から流れてくる黒潮に洗われていたのだ。アメリカは、そんなに遠い国ではないといつも思っていた[1]。

海洋国家としての日本とハワイ

「日本は四方を海に閉ざされた閉鎖的な島国である。」日本の地理的特徴や人々の意識を語るとき、我々は時折このような表現に直面する。海によって世界から隔てられているという言葉の裏に潜むのは、あたかも海を高い壁のような障壁と見なす意識である。もしくは歴史社会学者の石原俊曰く、日本人が近代以降に生み出した「内地」という言葉が示すような擬似大陸意識に縛られるあまり、島国としての自己意識《アイデンティティ》が薄れた末に生み出された認識なのかもしれない(2)。自分たちを閉じ込める存在としてであれ、あるいは存在そのものを意識から消し去る対象としてであれ、もっぱら土を耕すことによって生活の糧を得てきた人々にとって、海とは得体の知れない日常と無関係なものだったのかもしれない。確かに日本人は、水稲耕作をはじめとする農耕を中心に歴史を紡いできたと思われるきらいがある。また近代以前の日本の経済において、米が重要な位置を占めていたことについては今更述べるまでもないだろう。

しかし日本は「四方の海に向かって開かれている」こともまた確かである。この国は現在、六〇〇〇を超える大小さまざまな島々と約三〇〇〇キロにも及ぶ海岸線を持っており、この長さは中国のそれを上回っている。そして何よりも、日本の近海を流れる海流、とりわけ太平洋岸を北上する暖流である黒潮や、オホーツク海から本州の北東沖を南下する親潮、黒潮から分かれて日本と韓国の間を流れる対馬海流などのおかげで、日本近海は昔も今も世界有数の漁場である。この豊かな海もまた、日本の文化を形作る上で大きな役割を果たしてきたことを、我々は忘れるべきではないだろう。海からもたらされる豊富な海産物はいつも人々の食卓を潤し、社会や文化のさまざまな面において多大な影響を与えてきた。海から遠い深い山奥であっても、人々がイリコを用いた料理である「田作り」を昔から食してきたり、神社における特別な儀礼において、アワビなどの海産物が使用されたりするなど、海の幸は日本人の生活の至る所に存在していた。また日本の人々は物事を清める力を持った海水の代わりとして塩を様々な儀式において利用してきた。葬式の後、身を清めるために体に塩をかけたり、相撲で力士が取り組みの前に土俵に塩を撒いたりするのは、そのような例の一部である。[3]

豊かな海産物に恵まれた日本は海洋国としての特徴を発達させ、太古の昔から人々は果敢に未知の海に漕ぎ出してきた。[4] 紀元三世紀に中国で記された『魏志倭人伝』には次のような記述がある。「男子は大小となく、皆黥面分身す。（中略）今倭の水人、好んで沈没して魚蛤を捕え、文身しまた以て大魚・水禽を厭う。[5]」海で泳いだり潜ったりすることに強い抵抗感を持つ大陸の人々にとって、サメなどからの攻撃を守るべく、全身に刺青を入れて海に潜って魚や貝を捕るといった行為は、書き残すに値するほど奇異に思えたのであろう。このような隣人の驚きはさておいて、近代的な航海術や造船技術が発達するはるか以前から、日本の漁民たちは海に対して恐怖心を抱く以上に、新たな漁場を求める強い情熱を持ち続けていたのである。

そのようないきさつを鑑みれば、二〇世紀初頭にハワイ諸島を含む太平洋の各海域に日本人漁民が拡散したことは、極めて自然な成り行きであった。また漁獲物の流通や加工に従事する者も漁民に伴って移動することが多く、ハワイで発達した日本人水産業はそのような例の典型である。そこで本書は日本人と海の結びつきに着目した上で、海がもたらす資源に生活の糧を求める人々を海の民と総称し、二〇世紀におけるハワイの水産業の発展に貢献した日本の海の民の軌跡を、主に社会史的側面から追求する。[6] なお、日本人がハワイに移動し始めた頃のハワイは、ハワイ王朝の支配下にあった。しかし一八九三年のクーデターによって王朝が倒れると共和制が敷かれた。そして一八九八年のアメリカ合衆国による併合によって、ハワイは同国の準州となり、一九五九年にハワイ州に昇格した。こうして、一九世紀後半から二〇世紀初頭にかけて目まぐるしい政治的変遷を遂げたハワイの海を生業の場としてきた海の民の視点を分析の中心に据えることによって、本書は「サトウキビ文化（cane culture）」[7]という言葉に象徴されるような、プランテーション労働者の体験に基軸を置く従来のハワイの日本人・日系人に関する研究からは見えてこなかったハワイの海の景色《seascape》を描きだす[8]。

移民研究における海の位置づけ

アメリカ在住日本人・日系人の研究は、これまでも多くの研究者によって活発に行われてきたが、その多くは日本からハワイ、そしてアメリカ本土への人の流れを、「古い国（old country）」の窮乏や不利益による苦しみから自由と明るい未来にあふれた新しい土地（new land）」への移動という、極めて一方通行的な文脈で捉えている[9]。そのような研究において話題の中心となるのは、もっぱら日本人のアメリカの主流社会への同化と文化適応の過程や、彼（女）らのアメリカの多民族社会の形成への貢献である。このような、フランクリン・オードー曰く、「success stories《成功談》」を中心とした日系アメリカ人の社会や歴史研究においては、エスニック・アイデンティティの分析に焦点が置かれがちである[10]。

一方、日本を含むアジアからアメリカへの人の移動を、移住先での定着、同化、そして社会的階級上昇といった一方的な動きだけで解釈せず、アメリカへ移住した住民たちが郷里に対する帰属意識を明確に持ち続けた点に着目し、彼（女）の歴史がアメリカの一部でありながら、同時にアジアの一部でありうるという側面を明らかにする研究も現れている。[11] 多くの日本人は国外に出てからも、主に郷里を中核として形成された太平洋ネットワークの中で、より良い条件を求めて積極的に移動し続けていた。そのような人々の体験を、アメリカ国内史という枠組みに閉じこめることなく、送り出し国との関連の中で説くことによって、例えば東栄一郎が説く移民による母国利用といった、従来の研究では捉えることの出来なかった新たな移民社会の側面が明らかになる。[12]

このような「トランスナショナル（transnational）」な視点を巡るさまざまな議論が、ハワイや北米における日本人コミュニティの多彩な社会的、経済的、政治的側面を考察する上で重要であることは論を俟たない。[13] しかしそれに加えて、ここで本書が指摘したいのは、特定の産業、あるいは生業に基づいて形成されるコミュニティやアイデンティティの存在である。後の章で詳述するように、ハワイで水産業に従事していた日本人は大抵、漁港の周辺に集住して独自の生活圏を築き上げていた。そしてたとえ同じ出身地の日本人同志であっても、たとえば魚市場の経営陣と、そこで魚を仕入れる仲買人の利害が対立した際には、後者が国籍やエスニシティの異なる同業者と連携しつつ同郷の経営陣の方針に異を唱えたり、同じ漁民でありながら、瀬戸内海出身者と異なる漁法を習得していた和歌山県南紀地方出身者が、広島県や山口県出身者と離れた場所で生活し、独自の船団や漁獲物の流通経路を発達させたりしていたという事実は、エスニシティやナショナリティ、そしてローカルな出身地だけが移民のアイデンティティを形成するのではないこと、また時には職種や身に付けている技術を中核とする人間関係が形成され、しばしばそれがエスニシティやナショナリティによる結びつきよりも重要視されたことを物語っている。

さらにここで問い直したいのは、そもそも我々が「トランスナショナル（transnational）」、あるいは日米間に横たわる太平洋の存在をより意識したトランスパシフィック（trans-Pacific）」、もしくは太平洋に面した国や地域に重点を置いた「環太平洋（Pacific rim）」という用語を用いるとき、日本とハワイやアメリカ大陸の間に横たわる海について、我々はどのように認識しているだろうか、ということである。超えるという意味を持つトランスという単語が象徴するように、海は人々が最初に超えるべき最大の障壁として、考察の対象外とされてしまうことが多いのではないか。確かにハワイの砂糖キビプランテーションや、カリフォルニアのイチゴ農園で働いていた日本人労働者にとって、海は日々の労働に直接の関わりを持たない存在だったのかもしれない。しかしそのような視点に立ち続ける限り、海に生活のより所を求める人々の姿をとらえることは出来ない。常により良い漁場を求めて太平洋のあちこちを動き回る漁民にとって、海は越えるべき障壁でもなければ単なる陸と陸を隔てる「線（line）」でもない。そこはさまざまな経済的、政治的思惑が錯綜し、漁撈技術や文化が交錯する、まさに「面（surface）」に他ならないのである。

また土地に生活の基盤を置く農民とは異なり、漁民は土地への執着が薄い。農業においては、生産性を向上させるために単位面積当たりの収量を上げる必要が生じる。そのため、土地に対してより固着的、微視的になりがちである。一方、漁業において、より多くの漁獲を上げようと思えば、広い海域に出漁しなければならない。そのためより見方が広くなり、移動性と機動性を上げる必要性が生じる。(14) 土地にじっくりと腰を据えて作物を育てていた人々が、貧困や人口圧、政治的圧迫、あるいは政治権力や移民会社による働きかけなどによって、ある日、意を決して先祖代々住み慣れた土地を離れ、波濤を「越えて」新天地を目指し、出身地との精神的文化的なつながりを保ちつつ、同郷の仲間と新たな土地に「根を生やす」というディアスポラ（故郷喪失・離散）[15]としての移民体験の説明は、そもそも漁民の生きざまにはなじまない。特定の漁場に固執し続けることは、時として水産資源の再生・持続不可能な乱獲へとつながり、それによる漁場の枯渇と漁村の衰退をもたらすからである。

本書の第一章でも触れるように、ハワイへ多くの漁民を送り込んだ地域の歴史を紐解くと、古来、周防や安芸の漁民は奈良や京都と朝鮮半島、中国大陸を結ぶ回廊としての役割を担ってきた瀬戸内海を行き来するだけでなく、朝鮮半島沿岸や東シナ海にも出漁していたことがわかる。このような越境的な動きは、いわゆる「鎖国」状態にあった幕藩体制下においても変わらなかった[16]。また古代より日本における漁業の先進地であった紀州においても、漁民が日本各地の沿岸を縦横に移動してきただけでなく、幕藩体制下においてロシアとの間で領有権が確定していなかった蝦夷や千島、そして樺太にまで進出し、出漁先に漁業先端基地とも言うべき枝村を作ってきた経験を持っている。このような漁民の移動性と越境性を考えれば、幕藩体制の崩壊と海禁政策の終焉とともに、漁民が国内各地はもとより太平洋各地に拡散したことは極めて当然であった。和歌山県からは、最初の官約移民がハワイに到着する一八八五年を待たずして、真珠貝を狙ってオーストラリアへ、またサケを採るためにカナダへと赴く人々の流れが出来る一方、山口県や広島県沿岸から出漁した漁船は、九州各地の漁船とともに続々と玄界灘や朝鮮半島沿岸へ向かった。さらに琉球処分によって日本国へと組み込まれた沖縄県の漁民は、新たな漁場を求めて西日本沿岸各地や東南アジアへと出漁した。

そして二〇世紀初頭になると、これらの漁民はアジア各地、ハワイ、北中南米沿岸、オセアニア、そして太平洋各地に点在する島嶼へと繰り出していった。漁場が枯渇したり競合相手となる漁船が多くなれば、新たな漁場を求めて極めて短期間に移動を繰り返すことも多かったため、その移動のスピードは農民のそれをはるかに凌駕していた。

このような漁業という職業が紡ぎ出す歴史は、山口や広島、和歌山、沖縄各県の漁民にとってハワイが初めて体験する「外国」ではなかったということを示している。独自の漁撈技術や文化を携えて母村を出て遠方に出漁し、出先で枝村を作って拡散を繰り返す漁民は、移住先に出身地の生活を再現したり現地に同化したりするのではなく、「移住先の地元の人々との交流をとおして、得意技を生かして、そこに自らのポジションを作り上げ」ていった[17]。そして、数ある漁場の中からハワイの海に惹かれてやってきた人々が、やがて家族を呼び寄せ、枝村を作って住み着いたのが、ハワイにおける日本人漁村の始まりであった。人々はハワイの漁場としての価値が下がれば、何のためらいもなく再移動した。このような移動と定住、再移動を繰り返す人々の体験を語るとき、移民研究においてしばしば話題となる、「一時滞在者としての意識（sojourner's mentality）」の有無についての議論は不要であろう。漁村社会においてはむしろ、このような意識を持つのが当たり前であり、事実、ハワイへ渡った漁民、とりわけ和歌山県出身者は、より多くの利益やビジネスチャンスを求めてアメリカ本土西海岸などへ移る者が多かった。一方、ハワイに留まった人々は現地で近代的な水産業を起ちあげた。そして太平洋戦争後にハワイが深刻な漁民不足に悩むと、今度は沖縄から多くの人々がハワイの漁場を目指してやってきた。しかしその多くはやがて故郷に戻るか、もしくは別の職業に就くなどの理由でハワイの海を離れた。

このような、漁業という職業が内包するライフスタイルを理解するために、本書はハワイにおける水産業という定点観測地点を設け、そこを去来した海の民の生活体験を詳述する。さらにこの定点観測地点から見えてくる、ハワイの水産業において日本の海の民が果たした役割についても明らかにする。これは戦前のハワイにおける日本人移住者が、あくまでも小作人的な社会的経済的地位(peasant status)を抜け出すことがなく、社会的上昇を果たしたのは戦後、二世の成長を待ってから、という、プランテーション体験に基づく従来の言説《マスターナラティヴ》の主軸と大きく異なる。(18) アメリカ本土やカナダ西海岸で漁撈に従事した日本人漁民は、業界におけるマイノリティとして排斥の対象となることが多かったため、ただでさえ小さいパイの分け前を守るために数々の漁業規制から自らの利権を守って闘わなければならなかった。(19) それとは対照的に、ハワイでは近代的な水産業の確立期であった二〇世紀初頭から今日に至るまで、一貫して日本人が産業において指導的な立場に立ち続けてきた。

太平洋戦争開始前まで、ハワイの経済はビッグファイブと呼ばれる五財閥――アレキサンダー&ボールドウィン(Alexander & Baldwin)、アメリカンファクターズ(American Factors)、ブリューワー(Brewer and Company)、キャッスル&クック(Castle and Cooke)、テオ・H・デービス(Theo. H. Davies & Company)――の支配下にあり、その影響力はハワイの砂糖キビ産業のみならず、土地、資本、メディア、そして政治の分野にも及んでいた。これら財閥の力の根源は、広大な土地所有と海外から大量動員した非熟練労働者の搾取であった。しかし五財閥の支配は水産業に及ばず、海における日本人の影響力を駆逐することはなかった。日本人が従属的な地位に押し込められていた砂糖キビ産業と異なり、海においては日本人が繰るサンパンと呼ばれる日本式漁船が支配的地位を占めただけでなく、漁撈から漁獲物の加工、流通に至る過程も日本人が独占していた。水産業にとって必要とされるのは、広大な土地所有や非熟練労働者の大量動員ではなく、卓越した漁撈技術であり、また、砂糖キビやパイナップルと異なって傷みやすく、同じ魚種でも大きさや鮮度によって価格が大きく変動する魚介類を扱う熟練した技量である。このような要素を、陸を権力基盤とするビッグファイブは持ち得なかった。一方、海を根拠として生きる術を駆使しながら、ハワイへ渡った日本の海の民は、一九二〇年代までに水産業を砂糖キビ、パイナップル産業に次ぐ規模にまで育て上げたのであった。

海と女性

ハワイにおける海の民の活躍を語る上で欠かすことができないのが、ジェンダーの視点による分析である。なぜなら、日本においてもハワイにおいても、水産業は男性のみならず女性の存在を抜きに成立し得ないからである。女性が夫とともに漁船に乗り込んであちこちの海域に出向いて漁撈に従事したり、海女として海に潜ってアワビやサザエ、海藻などを採ったりする姿は昔も今も日本国内各地で目にすることができる。ハワイにおいては漁撈に従事した女性の数こそ少なかったものの、特に水産物加工、流通の分野における女性の貢献は大きかった。男性の漁獲物を女性が加工して売りさばくというハワイおける性別役割分業は、男性が採ってきた魚を女性が農村や町まで出向いて売り歩いたり、米や野菜などと交換したりする日本の漁村の習わしが持ち込まれたことを示唆している。食糧の自給自足が可能な農村と異なり、漁村における漁獲物はあくまでも商品であって主食ではないため、貨幣や穀物などの食料品と交換する必要がある。その過程において重要な役割を果たしたのが女性であり、行商のために動き回る範囲は漁撈に従事する男性達と同様、非常に広かった。

経済活動における農村と漁村の違いはまた、異なるジェンダー関係や家族生活のあり方を産み出し、漁村独自の文化的価値観や信仰を形成した。漁撈や漁獲物行商に携わり、日頃から広い活動範囲を持っていた女性にとって、ハワイが魅力的な市場であったため、仕事上のパートナーである夫とともに移り住んできた可能性もある。そのような女性の行動を、ハワイや北米における日本人女性に対する抑圧の象徴とされる「写真花嫁」の体験、つまりハワイやアメリカ本土に居住する独身男性と日本在住の独身女性が、互いに見ず知らずの関係でありながら、写真を交換しただけで結婚、あるいは婚約し、後者が半ば強制的に異国の地に送られてきて愛のない結婚生活を送り、家庭と労働市場における二重の搾取の被害者となった[20]、という視点から語ることには無理があろう。

そもそも日本において、漁村と農村では経済的社会的構造が異なる。集団労働より個人の技量が評価の対象となる漁村では、家父長的な権威も農村にくらべて弱くなる。たとえ父親が優秀な漁撈技術を持っていたとしても、その長男が必ずしもその技術を引き継ぐとは限らないからである[21]。しかし日本文化に対する「オリエンタリスト」的な解釈、つまり常に変動を続ける「西洋（Occident）」と変化の乏しい「東洋（Orient）」を対置し、後者を不可解な「他者」と見なす視点に対して批判的な立場を取る研究者であっても、往々にして日本社会を、儒教的倫理と武士道に縛られて変容しないエキゾチックな存在として捉え、土地の長子（特に長男）単独相続に経済基盤を置く農村をモデルとして日本社会を読み解く傾向が、とりわけ英語圏における日本研究、あるいは日系移民研究において見受けられる。[22] それによると、日本では土地を管理するイエの存続と家長の権限が何よりも重んじられる一方で、女性の体は父親や夫の所有物とされ、その労働によってもたらされる収入はイエの資産として吸収されてしまう。そのため、日本において厳しい家父長制のもとで虐げられた女性が、イエの男性構成員による「抑圧」から逃れるためにアメリカにやってきて初めて、人生における自己決定権を獲得し、自分の稼ぎを自分のものとすることが出来たのだという言説は、「集団」を重んじる日本の対極に「個人主義的な」アメリカを位置づけ、前者から後者への女性の移動を「女性の解放体験」として解釈するのである。[23] しかし土地の長子単独相続に経済基盤を置かない漁村においては、農村と異なるジェンダー関係があり、女性は漁撈や漁獲物の交易に従事することによって、より経済的に自立し、自発性を持っていた。もっとも農村女性同様、漁村女性もまた、家族に対する責任を負っていたことは本書の第三章で述べる通りである。日本人がハワイに持ち込んだジェンダー関係を考える際に、女性を、農村を基準とした家父長的搾取の対象としての従属的な存在に押し込めるのではなく、海の民としての特性から見直すことによって、これまで視界に入ってこなかった漁村の女性達の表情や声が明るみに出てくるのではないか。なぜなら彼女たちの存在なしにハワイの漁村や水産業の発展はなかったからである。

本書のねらい

本書は、日本の漁村からハワイへやってきた海の民の体験を、日本人の太平洋各地への移動の文脈の中で描き出すことによって、太平洋島嶼の人々や欧米人など、さまざまな人々が太平洋の各地で従事していた水産業の歴史に新たな知見を加えることを目指している。また近年における太平洋の歴史研究では、この海が人と人との間における商業、文化、政治、そして軍事といった、色々な分野における交流の場として機能してきたことのみならず、そこに生息する様々な生物もまた、太平洋世界を形作る重要な構成要素とみなして有機的に関連づける試みがなされている[24]。一国史観を超えた太平洋世界の全貌を実証的に解明することは本書の考察対象の範囲を超えているため、ここでは主にハワイと日本の関係の叙述に限定せざるを得ない。

それにしても、これまでハワイにおける日本の海の民について記述した研究は非常に少ない。私は前著である *Sea of Opportunity: The Japanese Pioneers of the Fishing Industry in Hawai'i* の中で、ハワイのプランテーションにおいて日本人農民が従属的な地位に置かれていた頃、ハワイの海では日本人漁船船団が現地の漁業を独占していたこと、また漁業会社を中心に日本人が水産業全体をけん引してきたことについて明らかにした。しかしこの研究は準州政府や連邦政府関連の一次資料を用いていないため、とりわけ一九三〇年代から太平洋戦時中、そして戦後直後におけるハワイの日本人水産業に対する現地の政財界並びにアメリカ連邦政府の対応について、ほとんど触れていない。また内容も英語圏の読者を強く意識した上に英文で書かれているため、多くの日本人読者にとって読みづらいという欠点を抱えていた。

そこで *Sea of Opportunity* の単なる翻訳に留まらず、内容を大幅に加筆、修正した上で、新たな研究の成果を多く取り入れたものが本書である。特に本書では、ハワイ大学ハミルトン図書館やハワイ州立公文書館が所蔵する資料に加えて、アメリカ合衆国公文書記録管理局（United States National Archives and Records Administration、通称ＮＡＲＡ）が所蔵するハワイ準州や連邦政府関連の一次資料を基にした分析を多く取り入れた。そのため全体を通して *Sea of Opportunity* と時には相反する記述もそこかしこに散見する。また本書は、本章を含め第二章にかけて *Sea of Opportunity* の内容と大きく変更した点はないが、前著と比べ、第三章の後半以降は頁が進むごとに加筆、修正事項が増加する。さらにより多くの関係者への聞き取り調査によって得た情報をふんだんに取り入れることによって、本書は文献史学の枠組みを超えた民族誌《エスノグラフィー》としての特徴も持つ物語となっている。そうして多くの生の声に触れることによって、なぜ日本の海の民がハワイの海において、陸の常識、陸の論理が及ばない、独自の政治的・経済的秩序を作り上げることに成功したのかという問いに対する答えを模索する。昨今、太平洋における人と人、そして人以外の生き物や植物などの交流に関する研究の進展は目覚ましい。太平洋に浮かぶ島である日本とハワイをつないだ人々を描くことによって、本書もささやかながらその一端を担うことを期待している。

本書の構成

第一章では、日本の漁業文化と歴史について、ハワイに多くの海の民を送り込んだ和歌山県、山口県、広島県を中心に描く。幕末から一八六八年の明治維新にかけての政治的混乱を経た後、わずか数十年の間に、日本は封建国家からアジアで最も大きな勢力圏を持つ帝国へと変容した。このような日本帝国の膨張や急速な近代化は、国内外における人やモノ、カネなどの往来を活発化させ、多くの人々が日本から海外へと向かうようになった。とりわけ古代より遠方へ出漁する伝統と文化を持っていた和歌山県、山口県、広島県沿岸の漁村から人々はこぞって海外に出漁しはじめ、ハワイをはじめとする太平洋各地へと拡散した。本章では、これらの漁村の国内外への出漁の歴史を踏まえた上で、やがて数ある出漁先の中にハワイが組み込まれていった過程について詳説する。

第二章は、草創期におけるハワイの日本人漁業の様子と、やがて日本人が中心となって近代的な水産業を構築する過程を扱う。もともとハワイでは先住民であるハワイ人が漁撈に従事し、家族やコミュニティが食する魚介類を提供していた。しかし二〇世紀初頭に日本人がハワイで近代的な漁業を開始すると、たちまちハワイ人の自給自足的な漁業を席巻して海における主役の座に躍り出た。このような日本人漁民の急速な台頭は、プランテーション関係者が支配する準州政界の態度を硬化させただけでなく、古参の漁民との間の軋轢も生み出した。このような事態に対し、日本人の海の民は、出身地や業種を中核とする人的ネットワークを駆使して問題に対応したのみならず、時には現地の流通業界において影響力を持っている中国系商人やハワイ人漁民らと人種・エスニックグループの壁を越えた協力関係を築き、海に関する知識や技術の交換などを行いながら、次第にハワイの海における地位を確立するに至った。本章ではこのような、一九世紀末における日本人漁業の草創期から業界における日本人の指導的立場が確立する一九二〇年代までを主に扱う。

第三章では、日本人漁業の黄金期とも言える一九二〇年代から一九三〇年代を取り上げる。この頃になると、ハワイで操業する動力漁船のほとんどが日本人所有となる一方で、漁獲物の加工、流通過程に多くの日本人漁民の妻や娘が参加するようになっていた。水産業の発展はまたハワイにおける漁村の拡大をもたらし、海の安全や大漁を祈願する宗教施設の設立を促しただけでなく、漁村の生活を支える女性たちの育児や家事負担を軽減する人的ネットワークも生み出した。またこの時期に入ると、準州政財界は日本人漁業を排斥する方針を改め、アメリカ本土西海岸を中心に広まっていた排日運動から日本人漁業を守る動きを取るようになっていた。この頃のハワイの漁業にとって大きな懸案となっていたのは、資源収奪的な漁撈による水産資源の枯渇と後継者不足の問題である。そこで水産業関係者のみならず準州政府も連邦政府関係官庁に働きかけて、ハワイ海域における科学的な漁業調査や水産学校の設立を求める運動を開始した。このように本章では、主に一九三〇年代を中心に、ハワイにおける日本の海の民の漁撈の様子やその生活、社会的、文化的、経済的な活動に言及しつつ、この時期に官民挙げて行われたハワイの漁業振興策についても述べる。

第四章は、一九三〇年代以降、日米開戦に至る日米関係の悪化と、開戦後におけるハワイの水産業の状況について論じる。ハワイ諸島周辺の海域を知り尽くしていた日本人漁民は、米軍情報部や連邦政府高官から日本帝国のスパイとしての嫌疑をかけられた。とりわけ米海軍やルーズベルト大統領は、ハワイで漁撈に従事する日本人の動きを日本帝国伸張のための行動の一部と見なし、日本人をターゲットにした漁業制限の導入や漁船の没収、漁民の強制送還を行った。そして一九四一年一二月八日（日本時間）に日本軍がハワイの真珠湾を攻撃すると、その直後からハワイ沖で操業していた日本人漁船が米軍戦闘機による攻撃にさらされただけでなく、漁船の船長や水産会社の経営者らが相次いで強制収容された。また開戦直後から戒厳令下に置かれたハワイにおいて、日本人やその子孫は海に出ることを一切禁止されたため、水産業は壊滅状態に陥った。しかし戦場となったハワイにおいて、日本人漁民を貴重な食糧生産者と見なしていた準州政府や地元財界関係者、そして準州を管轄する連邦政府内務省の間で、漁業復興への動きを求める声、とりわけ日本人を早く再び海へ戻せという要望が根強く存在したため、あくまでも日本人排斥の方針を取る軍部としばしば対立した。また戦争末期にハリイの戒厳令が解かれて文民統制が復活すると、現地の政財界は漁業の復興へ向けて動き出したのみならず、戦後におけるハワイ並びに中部太平洋海域の漁業調査の実現へ向けた活動を再開したのであった。このように本章では、戦争がハワイの水産業へもたらした影響や、戦時中における漁業制限をめぐる議論に触れた上で、終戦後間もなく日本人漁業が復活する下地が、既に戦時中に作られていたことについて明らかにする。

第五章では、戦後におけるハワイの水産業の復興、および日本の海の民の生活の変容について論じる。戦前、業界を牽引していた指導者層が強制収容所からハワイに戻ると、直ちに水産業の再構築に取り掛かった。しかしその時、大きな問題となったのは、戦前から操業していた漁民の高齢化と後継者不足の問題であった。その一方で、戦時中の禁漁によってハワイの水産資源は戦前にも増して豊かになっていただけでなく、地元の消費者の間で鮮魚需要が高まっていたため、漁業の再興によって大きな収益が見込まれた。そこで日本人水産業者は日本政府、ついで米軍統治下に置かれていた琉球政府と折衝し、沖縄から研修生として漁民を招聘し始めた。こうしてハワイの海は沖縄の漁民を多く吸収したが、一九七二年に沖縄が本土復帰すると研修生の多くが帰国した。その後、さまざまな人種・エスニックグループの漁民がハワイにやってきたため、二〇世紀後半になるとハワイの漁業は多民族による事業へと変貌した。このように本章では、戦争直後から二〇世紀後半におけるハワイの漁業の変遷と漁村の生活の変化ついて述べる。

終章では、経済的、民族的、社会的、そして文化的に大きな変化を遂げた二一世紀のハワイにおける多様化、多民族化したハワイの水産業の現状について論じる。二一世紀に入ると日本人漁民の姿はほとんど消えてしまったが、百年以上前に日本人が導入した漁法や魚介類の行商、消費、そして信仰や人々のつながりといった日本の海の民の文化は、現在も形を変えながら存続している。時代とともに大きく変貌しながらも、日本の影響を今日まで色濃く残すハワイの水産業や海の文化に触れつつ、本書の締めくくりとする。

なお本書では、旧仮名遣いを新仮名遣いに改めて記述するとともに、英文史資料の翻訳は特別な記載がない限り、筆者によるものとする。また登場人物の名前について、日本国籍を持つ者もしくは日系一世の名前は原則として姓、名の順に表記するが、アメリカ市民権を持つ日系二世については、姓、名の順、もしくはアメリカの習慣に従ってその逆の順序で表記することもある。さらに、本書に登場する語句や地名などの一部の中には、今日の視点では必ずしも適切ではないものが含まれるが、歴史的な用語として使用する旨、ご了承頂きたい。

（1）石垣綾子『追憶の記　愛と別れ』、光文社、一九五八年、二九頁。
（2）石原俊『近代日本と小笠原諸島　移動民の島々と帝国』、平凡社、二〇〇七年、四三〇—四三一頁。
（3）Theodore C. Bester, *Tsukiji: The Fish Market at the Center of the World* (Berkeley: University of California Press, 2004), 29＝テオドル・ベスター、和波雅子・福岡伸一訳『築地』、木楽舎、二〇〇七年。
（4）Mark R. Peattie, *Nan'yō: The Rise and Fall of the Japanese in Micronesia, 1885-1945* (Honolulu: University of Hawai'i Press, 1988), 1-2.
（5）石原道博編訳『新訂　魏志倭人伝　他三篇—中国正史日本伝（1）—』、岩波書店、新訂版、［一九八五年］、二〇一〇年、四五頁。
（6）海と深い関わりを持つ人々の総称として、網野善彦は「海民」という言葉を用いて漁撈や製塩、操船、運搬交易などを含む広範囲の生業に就く人々を表現している。また秋道智弥は、さまざまな海の知識を持ち漁撈活動を行う海のナチュラリストを「海人」と表現した。本書で使用する海の民という言葉は、これらの意味も内包するものである。網野善彦『日本社会再考』、小学館、一九九四年、四四—四六頁、秋道智弥『海洋民族学』、東京大学出版会、一九九五年、一二—一三頁。
（7）Gary Y. Okihiro, *Cane Fires: The Anti-Japanese Movement in Hawai'i, 1864-1945* (Philadelphia: Temple University Press, 1991), 18. またハワイの日本人・日系人研究の先駆的なものとして、デニス・M・オガワの著作があるが、そこに漁民は登場しない。白水繁彦が、ハワイの移民文化の共通基盤として、「プランテーション体験」を挙げたように、依然としてハワイの日本人・日系人研究の多くは農本主義的な視点に立っている。この傾向は、ハワイのアジア系移住者と先住民との関係を表現する「アジア系移住者植民地主義（Asian settler colonialism）」にも同様に見受けられる。Dennis M. Ogawa, *Kodomo no Tame ni: For the Sake of the Children* (Honolulu: University of Hawaiʻi Press, 1978)、白水繁彦「『太平洋の楽園』再考」白水繁彦編『多文化社会ハワイのリアリティー　民族間交渉と文化創生』、御茶の水書房、二〇一一年、八―九頁、Candace Fujikane, "Introduction," in *Asian Settler Colonialism: From Local Governance to the Habits of Everyday Life in Hawaiʻi*, ed. Candace Fujikane and Jonathan Y. Okamura (Honolulu: University of Hawaiʻi Press, 2008), 17-21. 一方、プランテーション農業に関する研究と比べて少ないとはいえ、ハワイにおける水産業の研究として次のものがある。橋村修「ハワイにおける魚食文化の展開と日系漁業関係者の動き」『立命館言語文化研究』、二〇巻一号、二〇〇八年、二〇一―二一四頁、飯田耕二郎「ホノルルにおける戦前の日本人漁業」『大阪商業大学商業史博物館紀要』、一〇号、二〇〇九年、一七三―一八四頁、拙稿「ハワイにおける日本人漁業者排斥問題について―太平洋戦争期を中心に」『地域漁業研究』、五一巻二号、二〇一一年、六九―八九頁、拙稿「戦後ハワイにおける沖縄の漁業者を対象にした漁業研修ならびに漁業移民制度の展開」『移民研究年報』、一八号、二〇一二年、八五―一〇〇頁、飯田耕二郎『ホノルル日系人の歴史地理』、ナカニシヤ出版、二〇一三年、五章、六章、拙稿「戦前のハワイにおける水産業の発達と日本人漁村の生活」米山裕、河原典史編『日本人の国際移動と太平洋世界　日系移民の近現代史』、文理閣、二〇一五年、一九〇―二一〇頁。

（8）本書では、ハワイやアメリカ本土などに在住する日本人移住者およびその子孫を、それぞれ日本人、日系人と表記するが、便宜上、両者をまとめて日本人と表記することもある。一九世紀以降、ハワイへ渡った日本人の中にはアメリカ市民権を得る者もいたが、一九二二年に連邦最高裁判所が小澤孝雄の帰化権を却下して以降、一九五二年のウォルター・マッカラン法が日本人の帰化を認めるまで、在米日本人は帰化不能外国人としての扱いを受けていたため、国籍は日本人のままであった。一方、アメリカ国内で生まれた二世はアメリカ国籍を取得できたため、日系アメリカ人であったが、同時に日本国籍を保持する者もいた。

（9）Katrina Gulliver, "Finding the Pacific World," *Journal of World History* 22, no. 1 (2011): 90.

（10） Franklin Odo, *No Sword to Bury: Japanese Americans in Hawai'i during World War II* (Philadelphia: Temple University Press, 1988), 1-2.

（11） 次の研究はそのような傾向の一例であろう。Eiichiro Azuma, *Between Two Empires: Race, History, and Transnationalism in Japanese America* (Oxford and New York: Oxford University Press, 2005) ＝東栄一郎『日系アメリカ移民　二つの帝国のはざまで——忘れられた記憶　一八六八―一九四五』、飯野雅子監訳、明石書店、二〇一四年。

（12） 東栄一郎「トランスナショナル・アジア系アメリカ人史——間・国家パラダイム（Inter-National Paradigm）の可能性」『アメリカ史研究』、三〇号、二〇〇七、四八―六四頁。ドナ・R・ガバッチアによると、移住者が出身地との密接なつながりを保ち、両者の間を頻繁に行き来することは、日系だけでなく、さまざまなエスニックグループに広く見られる現象である。Donna R. Gabaccia, *Foreign Relations: American Immigration in Global Perspective* (Princeton: Princeton University Press, 2012).

（13） Jonathan Y. Okamura, "Asiar American Studies in the Age of Transnationalism: Diaspora, Race, Community," *Amerasia Journal* 29: 2 (2003): 171-193.

（14） 三尾裕子「内海の漁民と島々の生活史」網野善彦他編『瀬戸内の海人文化』、小学館、一九九一年、四二三―四六四頁。

（15） 足立伸子「ジャパニーズ・ディアスポラの考察」足立伸子、吉田正紀、伊藤雅俊編著『ジャパニーズ・ディアスポラ』、新泉社、二〇〇八年、一五―四七頁、石原俊「ディアスポラ」見田宗介編集顧問、大澤真幸、吉見俊哉、鷲田清一編集委員『原題社会学事典』、弘文堂、二〇一二年、八九七―八九八頁。

（16） 近年では、海禁政策を取る幕藩体制下において長崎（対清国・オランダ）、対馬（対朝鮮）、薩摩―琉球（対琉球）、松前（対ロシア）で海外との交易が行われていたことから、その政策を「鎖国」と呼ぶことに対する異議も出てきている。これら公的な交易ルートの存在に加え、幕藩体制によるコントロールが及ばない漁民の越境性を鑑みれば、「鎖国」の鎖は、実は穴だらけであったと言えよう。トビ・ロナルド「変貌する「鎖国」概念」永積洋子編『「鎖国」を見直す』、山川出版社、一九九九年。
(17) 野地恒有『漁民の世界――「海洋性」で見る日本』、講談社、二〇〇八年、一九〇頁。
(18) 石川友紀『日本移民の地理学的研究』、榕樹書林、一九九七年、四六五頁。
(19) 新保満『カナダ移民排斥史――日本の漁業移民』、未来社、一九八五年。
(20) 矢口祐人『ハワイの歴史と文化――悲劇と誇りのモザイクの中で』、中央公論社、二〇〇二年、一一―一七頁。このような一元的な「写真花嫁」の解釈に対し、柳沢幾美は、写真花嫁としてアメリカ本土にやってきた女性達のインタビュー記録の分析を通して、彼女たちが渡米に先立って相手との文通などを通して互いの理解や信頼を深め、納得した上で結婚を決意していたり、結婚をアメリカに行くための手段として用いていたりするなど、多様かつ自立的な実態を明らかにしている。柳沢幾美「『写真花嫁』は『夫の奴隷だったのか』――『写真花嫁』たちの語りを中心に」島田法子編『写真花嫁・戦争花嫁のたどった道　女性移民史の発掘』、明石書店、二〇〇九年、四九―八五頁。
(21) 三尾裕子「内海の漁民と島々の生活史」、四二四―四四六頁、宮本常一『瀬戸内海の研究（一）島嶼の開発とその社会形成――海人の定住を中心に』、未来社、一九六五年、一一一頁。
(22) David J. O'Brien and Stephen S. Fujita, *The Japanese American Experience* (Bloomington: Indiana University Press, 1991), 98.
(23) Gary Y. Okihiro, *Margins and Mainstreams: Asians in American History and Culture* (Seattle: University of Washington Press, 1994), 84.
(24) 太平洋におけるヒト、カネ、モノの動きや、それに伴って引き起こされる天然資源収奪などを有機的に結びつける試みとして「太平洋史」を構築しようとする動向があるが、英語圏における研究を総括したものとして、清水さゆり「パシフィック・ヒストリーに向けて　アメリカにおける研究動向を中心に」米山裕、河原典史編『日本人の国際移動と太平洋世界――日系移民の近現代史』、文理閣、二〇一五年、二〇―四六頁がある。また主にアメリカ人と太平洋との関係に関する研究として、次の業績が挙げられる。Arrell Morgan Gibson with John

S. Whitehead, *Yankees in Paradise: The Pacific Basin Frontier* (Albuquerque: University of New Mexico Press, 1993); Mansel G. Blackford, *Pathways to the Present: U. S. Development and Its Consequences in the Pacific* (Honolulu: University of Hawai'i Press, 2007); Andrew F. Smith, *American Tuna: The Rise and Fall of an Improbable Food* (Berkeley: University of California Press, 2012); Mansel G. Blackford, *Making Seafood Sustainable: American Experiences in Global Perspective* (Philadelphia: University of Pennsylvania Press, 2012); Ryan Tucker Jones, "Running into Whales: The History of the North Pacific from below the Waves," *American Historical Review* 118 (2013): 349-377. 一方、アメリカ史をハワイから捉え直す研究として Gary Y. Okihiro, *Island World: A History of Hawai'i and the United States* (Berkeley, University of California Press, 2008) がある。さらに太平洋全域を俯瞰する意欲的な研究として Matt K. Matsuda, *Pacific Worlds: A History of Seas, Peoples, and Cultures* (Cambridge: Cambridge University Press, 2012) がある。しかし太平洋における人の移動が、国家間というよりも広東などの交易港の間、つまりトランスローカルな地点と地点の間で繰り広げられたというマツダの主張とは裏腹に、日本の海洋文化に関する記述が、長崎やハワイ移民などに関する叙述を除いて常に「日本国全体」としての扱いに終始し、豊臣秀吉以降の近隣諸国、諸地域への軍事的侵略や植民地支配に記述が集中している。しかし本書で述べるように、海を生業の場とする海の民にとって、海は戦場、あるいは交易のために最短時間、最短距離で、ある地点とある地点を結ぶ通過の場としての意味しか持っていたわけではない。そのためマツダの記述は日本人と海との関わりを矮小化していると指摘せざるを得ない。

第一章　ハワイへの路——移動する海の民

日本における漁業の発展と漁民の高い移動性

本州最南端に位置する紀州、現在の和歌山県ならびに三重県南部は、まるで弧を描くような形をしている。そしてその長い海岸線のすぐ目の前を流れる黒潮は、カツオ、鯨、イワシ、サザエ、テングサなど多くの海の幸を運んでくる。古代には、その豊富な水産資源を狙って安曇連《あずみのむらじ》と呼ばれる指導者に率いられた海部《かいふ・あまべ》という漁民集団が紀州にやってきて漁撈に従事し、朝廷に海産物を献納した。その目覚ましい活動によって、やがて紀州は日本における漁業の最先端地となった。あたかも急峻な山が海になだれ込むような「山海至近」の地形を持つ紀州は集落背後地が狭いため、農耕を行うには困難な土地であった。そのような自然環境の中、人々が陸よりもむしろ海に活路を見出したのは自然なことであった。

しかし豊かな水産資源に恵まれていることだけでは漁業は繁栄しない。漁業が産業として発展す

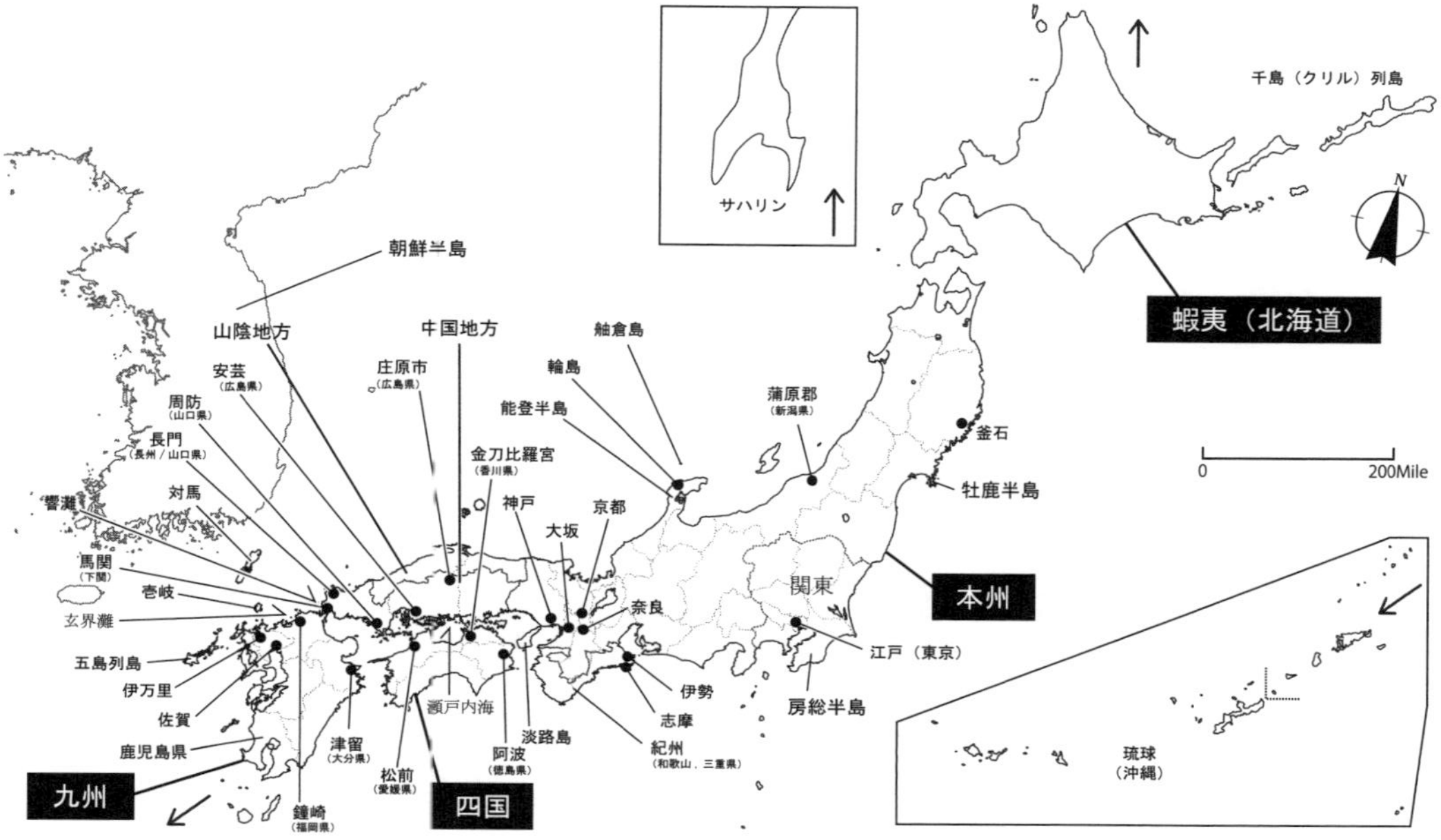

千島（クリル）列島
サハリン
朝鮮半島
蝦夷（北海道）
山陰地方
中国地方
舳倉島
安芸
（広島県）
庄原市
（広島県）
輪島
周防
（山口県）
能登半島
蒲原郡
（新潟県）
長門
（長州／山口県）
金刀比羅宮
（香川県）
釜石
0
200Mile
響灘
対馬
神戸
京都
牡鹿半島
大坂
馬関
（下関）
壱岐
関東
本州
玄界灘
奈良
江戸（東京）
五島列島
伊勢
伊万里
志摩
房総半島
佐賀
瀬戸内海
淡路島
津留
（大分県）
鹿児島県
阿波
（徳島県）
紀州
（和歌山，三重県）
琉球
（沖縄）
松前
（愛媛県）
九州
四国
鐘崎
（福岡県）

日本全図

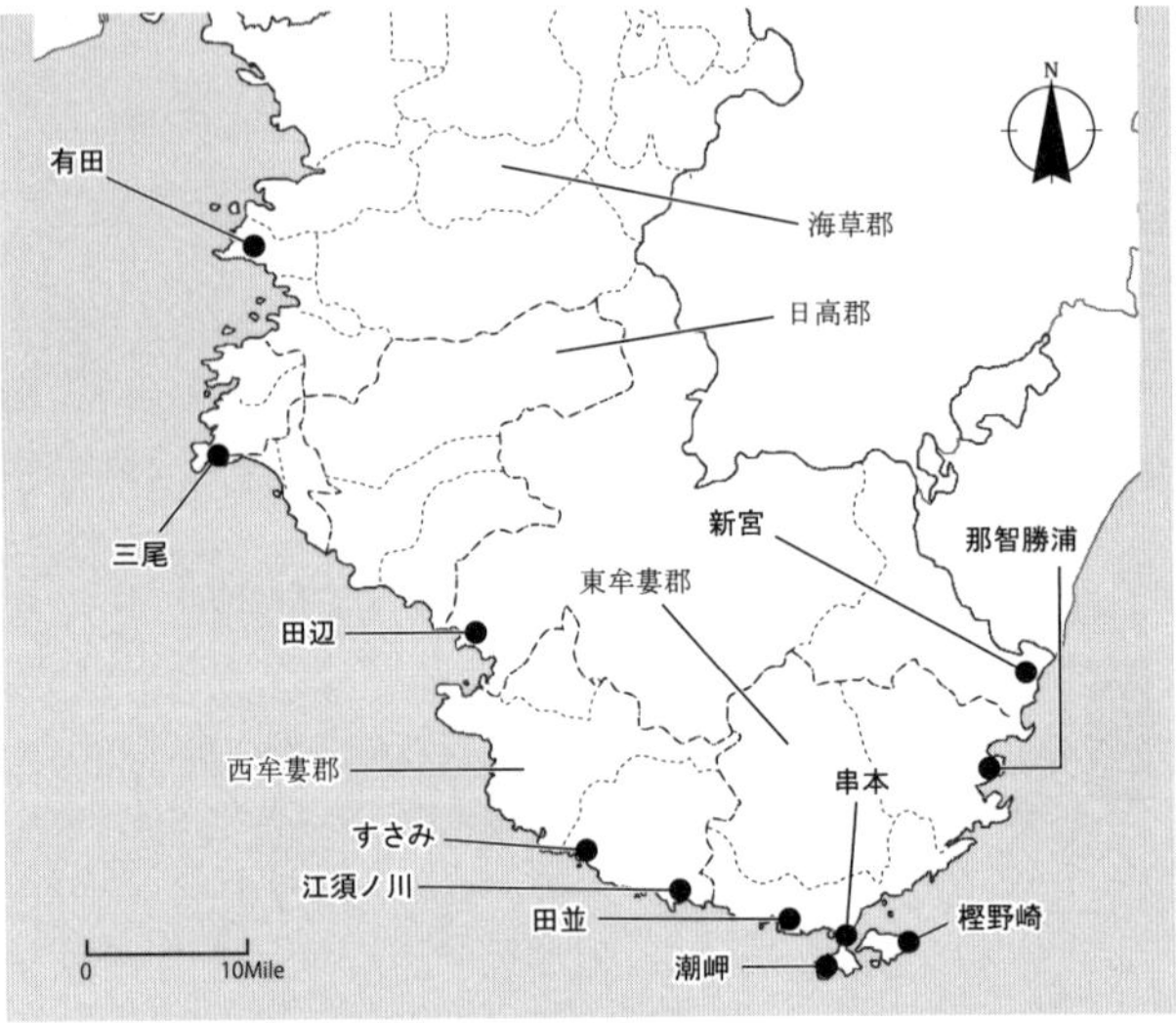

和歌山

るためには消費者の存在が欠かせないためである。事実、魚が獲れても売る相手がいないため漁業が発展しない孤島は少なくない。その点、紀州は漁業の繁栄のための二つの条件を満たしていた。つまり豊かな漁場に恵まれていただけでなく、古都奈良、京都、そして大阪といった大消費地を背後に控えていた。またこれらの都市を取り巻く畿内平野は早くから農業が発展しており、商品作物としての菜種や茶などの肥料として肥効の高い干鰯が求められていた。紀州の漁民はその需要を満たすべく、泉、摂津の漁民とともに、それまで漁業の主流であった遠浅の砂浜を要する地曳網の段階をいち早く抜けて、戦国末期にはより高度な船曳網である掛引網、中高網、八田（八手）網を使用し始めていた(1)。

紀州の人々は新しい漁網の導入や漁撈技術の開発のみならず、操船技術を向上させ、国内各地へと繰り出してその技術を広めた。特に加太《かだ》浦から三尾浦にかけての地域の漁民は、近世初期以降になると関東へ出漁して現地の漁業発展に貢献した。徳川将軍家のお膝元として急速に人口を増やした関東では、稲や麦などの穀物類や木綿、藍やゴボウ、なす、大根、みかんといった商品作物や果物の栽培が盛んになったため、紀州出身の漁民がもたらす干鰯の需要も増すばかりであった。絶えず新たな漁場を探しつつ漁撈技術の向上に努めた紀州漁民は、房総半島をして日本を代表する漁場へと変容させたのであった(2)。

関東へ出漁した紀州漁民の中には、より豊かな漁場を求めてさらに北上を続ける者もいた。そして波は荒いが豊穣な漁場である牡鹿半島や釜石、また蝦夷地の留萌、苫前、天塩まで漁場を広げた。江戸時代後期になると紀州漁民の出漁先は樺太南部や択捉島、得撫《うるつぷ》島まで到達し、そこを拠点としてサケ漁やニシン漁が行われた。また漁撈に従事するのみならず、アイヌとのニシンやサケ、昆布の交易を行っただけでなく、紀州漁民は材木業、海運業、鉱山業、鮭鱒の人口ふ化事業にまで手を伸ばした(3)。

当時は日本とロシアで領有権が定まらず、邦人居住者もほとんどいなかった蝦夷地や樺太への紀州漁民の進出は、民間人による商業活動として特筆すべき出来事である。寛政一一（一七九九）年になると幕府は東蝦夷地と樺太を直轄地とし、その八年後には松前・蝦夷地全島を直轄地とした。なお樺太の地形は文化六（一八〇九）年に間宮林蔵の探検によって島であることが判明するまで、その全容は不明であった。蝦夷地に度々現れるロシア船や江戸幕府に対する再三の開港要求など、ロシアの南下に直面した幕府は、蝦夷に在住する紀州人を武装させ、武士と同じ地位を与えて国境警備に当たらせた。国防を民間人の手に委ねたことは幕府の力と権威の低下を反映しているが、同時に紀州漁民とその子孫の成功と、北方を開拓する上で培った経験の豊富さを物語っている。(4)

紀州はまた、古来より都と九州方面を結ぶ大回廊としての機能を果たしてきた瀬戸内海へも漁船船団を送り込んだ。瀬戸内海に浮かぶ大小さまざまな島嶼は、潮の流れの方向や早さを複雑にする。そのような自然環境は様々な海の生き物の命をはぐくみ、また沿岸に点在する城下町は、蝦夷から大阪を結ぶ北前船の寄港地として栄えた。豊富な海の幸と沿岸の消費人口の多さによって、瀬戸内海の漁業は繁栄した。紀州漁民の西方への移動は、元和五（一六一九）年、紀州藩主浅野長晟《ながあきら》の安芸（現在の広島県）への転封がきっかけとなって始まった。その際に紀州の漁民が持参した、船に曳きあげる紀州網などの漁具は効率が良く地元の漁民を圧倒したため、当初は漁民を紀州に戻すよう、藩主に嘆願するといった出来事も起きた。しかし間もなく、地引き網に必要な広い浜辺を持たない地域が紀州網を取り入れ始めただけでなく、紀州と安芸の漁業技術の交流によって生まれた打瀬網《うたせあみ》が、海底が砂地になっている広島湾での漁業で使われ始めると、打瀬網を引く漁船が広島湾の風物詩となったのである。

しかし、漁網は潮流が早い上に岩礁帯が分布する瀬戸や海峡域では利用できない。岩礁地帯はタイ、スズキ、ハタ、ブリといった魚類の棲息場でもあるため豊かな漁獲が見込まれたが、漁網や延縄を使用すると潮の流れで絡まったり流されたりするため、長らく未開拓であった。しかし貞享三（一六八六）年頃、阿波の堂ノ浦からもたらされたテグスの伝来によって、このような海域での漁業が可能となった。透明で強靱なテグスは、もともと中国からもたらされる薬の包装用の糸として使

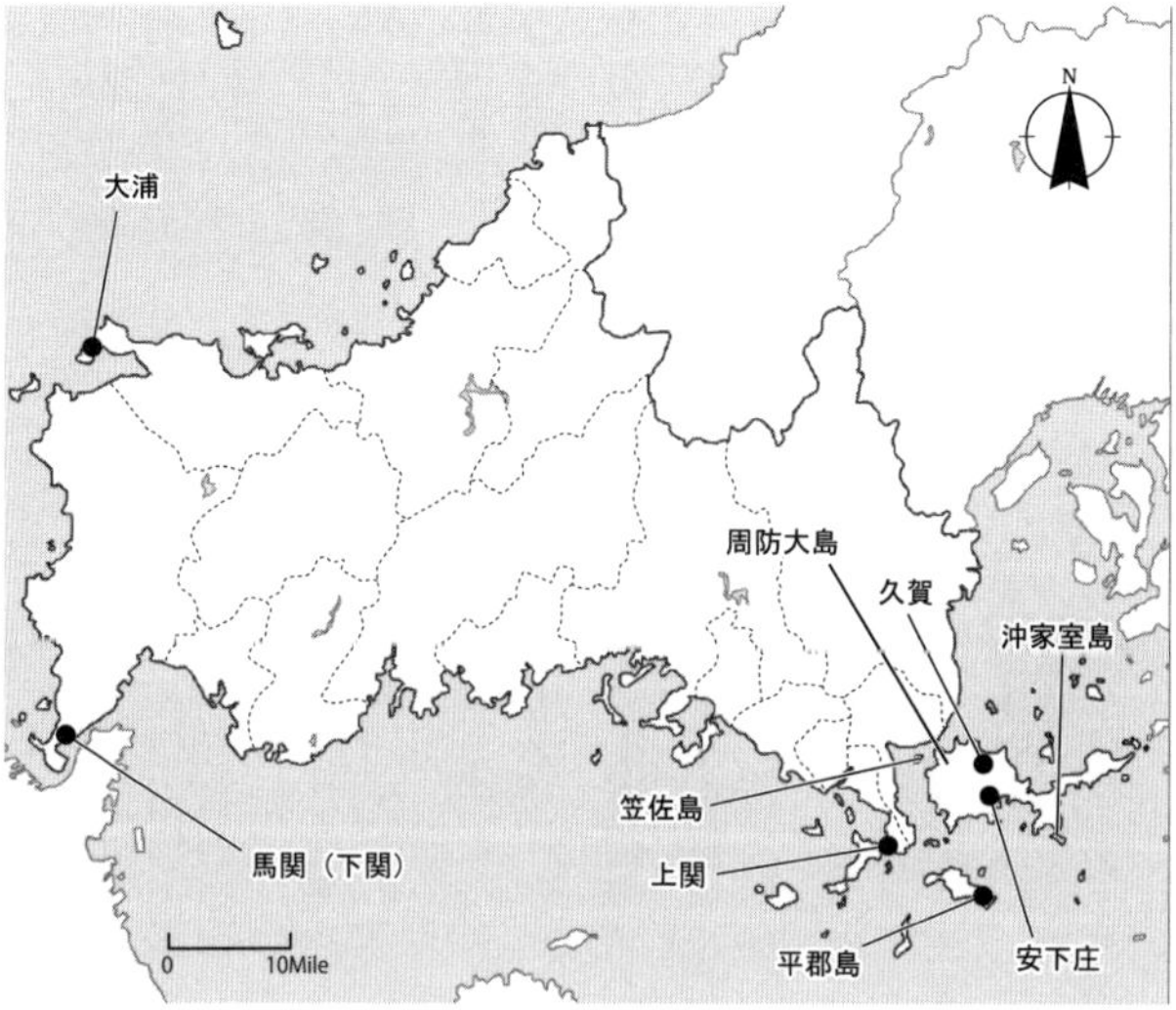

山口県（周防大島）

用されていたが、これに目を付けた紀伊水道沿岸の紀州雑賀崎《さいかざき》、加太、阿波の由良、そして堂ノ浦の漁民が、潮流の早い地元の海で釣り糸として使い始めたのである。テグスを用いた釣漁業によって飛躍的に漁獲量を伸ばした堂ノ浦の漁民は、テグスや一本釣り漁具を船に積み込み、瀬戸内海各地の釣漁村に売り込んだ[5]。

テグスの伝来によって釣漁が飛躍的に発展したのが、周防の国（現在の山口県）周防大島の属島、沖家室《おきかむろ》島である。周防大島のすぐ南東に横たわる、面積わずか一平方キロメートルにも満たない、小さく山がちな沖家室島は、瀬戸内海を行き来する帆船のための風待ち、潮待ち港として利用されてきただけでなく、島唯一の浄土宗寺院である泊清寺が江戸へ参勤交代する九州諸藩の大名の海の本陣を務めるなど、瀬戸内海航路の要所としての重要な役割を果たしていた。しかし島には網漁に必要な浜辺がなかったため、長らく漁業が興隆しなかった。また長州藩は領内の室積、室津、上関、久賀、安下浦の五つの漁村を御立浦《おたてうら》に指定し、漁業権を手厚く保護することと引き替えに、参勤交代などの公議の往来の漕船などを義務づけた。沖家室島は御立浦ではなかったため自由に漁網を行うことが許されなかったことも、島での漁業発展の妨げとなっていた。

しかし堂ノ浦から導入した、テグスを使った釣漁は藩の制約外であった。しかも沖家室島のすぐ沖には、瀬戸内海でも有数のタイ、ハマチ、カレイ、スズキなどの漁場が控えていた。大きな資本と労働力の動員を必要とする網漁と異なり、一本釣り漁は小さな漁船と釣り竿一本さえあれば容易に始められる。こうして沖家室島は、釣り上げたタイなどの魚を生かしたまま瀬戸内海各地や大阪方面に運び、高値で売りさばく漁業専業の島として栄えた。(6) このようないきさつは、漁民の移動やそれに伴う漁撈技術の伝播によって密接につながりあった紀州、安芸、周防において、その子孫となる人々が二〇世紀初頭にハワイの海で遭遇するよりもはるか以前から、瀬戸内海ですでに交流していたことを示している。

瀬戸内海に位置する安芸や周防はまた、対馬や朝鮮半島と深い地理的、歴史的関係を持っている。日本人の朝鮮海域出漁の沿革は極めて古く、中世末期にさかのぼることができる。そして一五世紀になると、九州各地や瀬戸内海の漁村から朝鮮半島沿岸に出漁する漁民のために、李氏朝鮮王、世宗は慶尚道に三港を開いて倭館を設けた上で、在住日本人の漁撈を許可した。ここでは男性が漁撈に従事し、女性が漁獲物の販売を行って米や綿と交換し、本国に送っていた記録が残されている。(7)

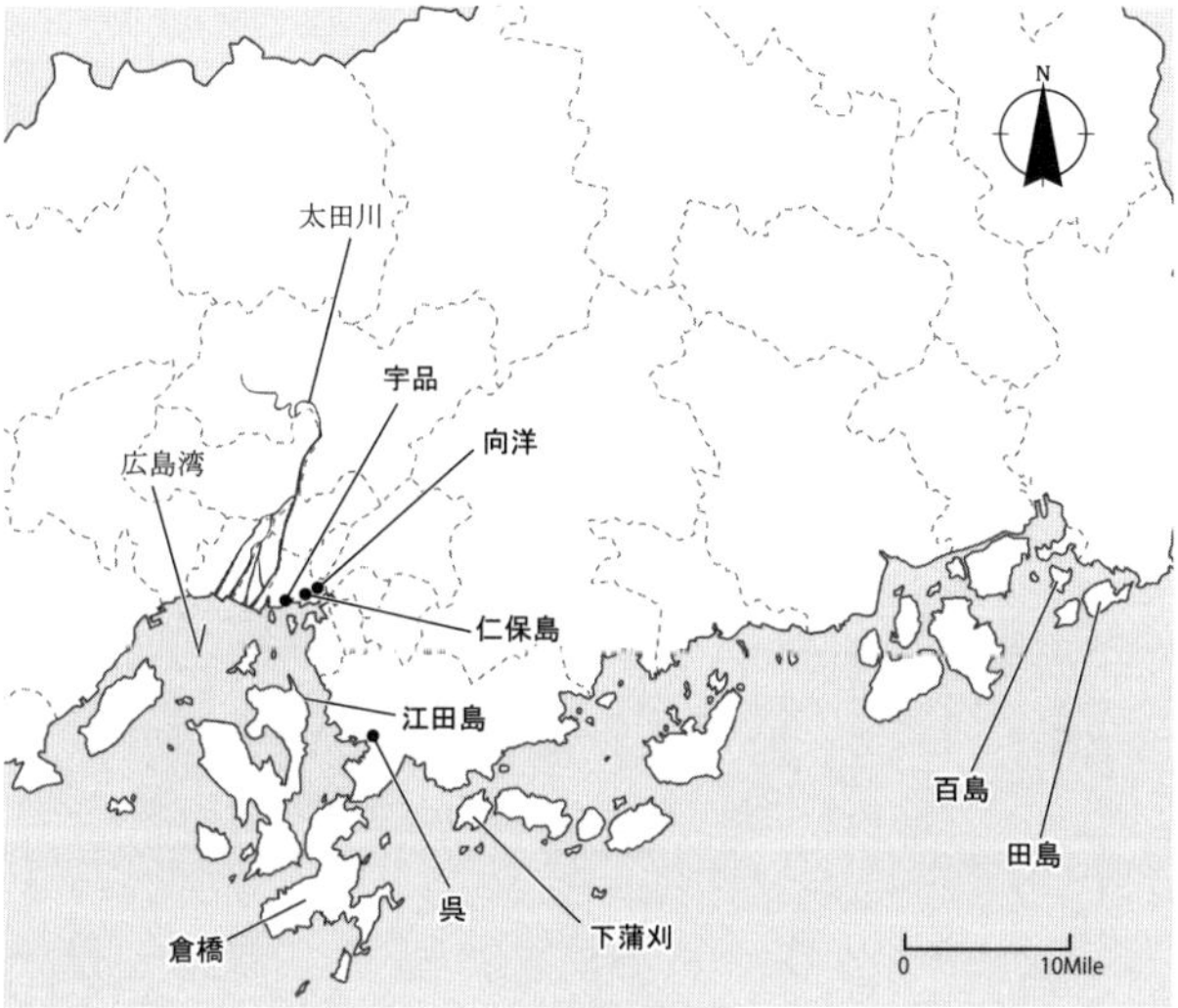

広島湾周辺

また漁撈のかたわら交易に従事する者もあり、瀬戸内海産の塩などが取引されていた。(8)

このような日本人の朝鮮海域出漁は、江戸時代初期に盛んになるが、その際、足がかりとなったのが朝鮮半島と九州の間に位置する対馬であった。しかし対馬自体は専業漁民がきわめて少なく、漁業もあまり発達していなかったため、筑前（現在の福岡県）鐘崎をはじめとする島外の漁民が対馬を経由して朝鮮海域に出漁したのであった。(9)寛永年間（一六二四―四三年）に幕府が人々の海外渡航を厳しく制限するようになると、朝鮮海域への出漁も公には終止符を打たれた。しかしその豊かな漁業資源は日本人漁民を惹きつけてやまなかったため密漁する者が絶えなかった。

朝鮮半島への出漁にとって足がかりとなる対馬海域に安芸の漁民たちが現れたのは、江戸時代後期、文化年間（一八〇四―一七年）であった。安芸藩主浅野斉賢《なりかた》の娘が対馬の宗義和《よしより》に輿入れしたことがきっかけで、安芸漁民の対馬入漁が認められた。これは安芸、とりわけ広島湾に面する太田川河口の狭小なデルタ地帯に位置する仁保島と向洋にとって朗報であった。この両地域に住む人々は、農業の傍ら漁撈に従事して生計を立てていたが、江戸時代初期から推進された近隣の埋め立て事業によって漁場を失う一方であった。そのため、仁保島や向洋の人々は瀬戸内海各海域への出漁を余儀なくされていたが、その中から玄界灘の荒波を渡って対馬に行く者も現れた。対馬では釣り漁や延縄漁を行い、イカやタイ、ブリなどを獲ったが、さらに長門（現在の山口県）豊浦や大浦、佐賀関、壱岐の漁民とともに朝鮮近海のイワシやサバを狙って密漁をする者もいた。(10) また、安芸の漁民の中には五島列島の捕鯨船団に加わる者もあったが、これらの海域は西海と呼ばれ、クジラが通ることで知られていた。もともと紀州から西海に出漁した漁民が捕鯨に従事していたが、時代が下るにつれ、広島湾やその近隣の者も捕鯨に加わったのである。

安芸漁民の対馬やその先への出漁は、広島湾に連なる安芸灘に面する周防大島や沖家室島の漁民を刺激し、やがて安芸漁民の航跡を追うようにして対馬に進出した。沖家室島や周防大島の御立浦の一つであった久賀の漁民は、江戸時代中期には響灘や玄界灘、五島列島や壱岐にも出かけていたのであるが、対馬は入国条件が厳しかったため、幕末になってやっと対馬の厳原から南の海域で得意のブリやサバ、タイの一本釣りを始めている。(11) このような、漁民の玄界灘を経由した対馬や朝鮮海域への出漁は、江戸時代末期までに瀬戸内海や九州北部と西部、山陰地方、対馬から朝鮮半島部沿岸の広範囲に渡る日本人漁業ネットワークが形成されていたことを示している。そして安政五

（一八五八）年の日米修好通商条約調印による「鎖国」の終焉とともに、日本人漁民の海外出漁は本格化するのである。

日本の開国と海外出漁

幕末の開国によって、日本は欧米帝国主義の荒波の中に引きずりこまれることとなった。明治元（一八六八）年に江戸幕府を倒した明治新政府は、欧米列強に追いつくべく急速な近代化と軍備拡大を遂行したが、「富国強兵」のスローガンのもとでひき起こされる国家の大変動は、日本の漁村社会に大きな影響を与えた。江戸時代、日本の漁業は「沖は入会、磯は地付」の原則に則って行われており、村人が村の地先の海の漁業権を持つとされてきた。しかし明治政府は、明治八（一八七五）年にこの原則を否定した上で海面の官有を宣言し、海面を借区制とした。そして規定の使用料を納付する者に限り、漁業を許可する方法をとった。

この新たな規定によって、各地で漁業権を巡る混乱と紛争が続発した。水面を厳密に区画することは不可能に近く、また魚種によっては借区内の漁撈に固定することは困難を極めたからである。これに驚いた政府は翌年、早くも規定を取り消し、旧慣による漁業権を再確認した上で、漁場使用に対して府県税を課すこととした。しかしこの間の混乱は、新旧漁民間の競争的な濫獲をもたらしただけでなく、折からの松方デフレの影響もあって、漁獲物の販路は閉塞した。

さらにまた、政府の急速な軍備拡大政策が漁村に深刻な影響を及ぼした。たとえば広島県における宇品築港と、それに伴う広島湾の埋め立ては、二保島など湾岸の漁民たちの漁場を奪っただけでなく、工事による自然環境の破壊によって、浅瀬でのカキや海苔の養殖が大きな打撃を受けた。また呉の軍港化と海軍兵学校が築地から江田島へ移転したことによって、付近の水面漁場が海軍の軍用地とされ、ますます湾岸の漁場が狭まったのである。このような急激な漁業環境の変化は、特に安芸郡、佐伯群の被差別部落の生活を圧迫した。かつて社会の最下層に位置づけられた被差別部落は、深刻な差別によって周縁化されてきた。しかし明治以降の古い身分制度の廃止と職業自由化によって、それまで被差別部落民の生業であった斃死牛馬の処理権や皮革産業の専売権が失われただけでなく、狭まる漁場の代替を求めても、差別によって入漁が認められなかった。そのため、これらの地域は他の漁村に先駆けて対馬、そして朝鮮海域に出漁してイワシを獲り、それを煮干しや干鰯にして日本に送った。続いて二保島や向洋、呉の吉浦、安芸郡坂町、下蒲刈島、そして倉橋島の漁民も朝鮮海域に出漁してイワシ網漁を行った[12]。もともと広島県の漁民は明治以前から対馬や朝鮮海域に出漁していた経緯がある。明治初期の政治的経済的混乱と海外渡航の自由化という時代の大きなうねりの中で、安芸郡坂町をはじめ、広島湾岸やその近辺に在住する漁民が続々とこれらの海域を目指したため、まもなく広島県は日本でも有数の朝鮮近海出漁県となったのである[13]。

近代化の波は山口県沖家室島の岸にも押し寄せた。この島でも地先の漁業権を巡って近隣漁民との争いが激化しただけでなく、明治以降、入会とされていた漁場が狭められた結果、働き盛りの漁民はことごとく他県海域へと出かけるようになった。明治一一（一八七八）年には、すでに島の人口の三分の一にあたる千人以上が、年末年始を除いて年中他の県海で過ごしており、島に残るのは、まだ半人前とされる若年層や、すでに第一線を退いた老齢の漁民ばかりで、それでも高松沖など遠方に出かけていくのが常であった。そして明治一一（一八七八）年以降になると、玄界灘や響灘で操業する「馬関組」、そして南北松浦郡から対馬、五島列島近辺で操業する「伊万里組」が結成された。また明治一二（一八七九）年に、伊万里組の原勘次郎と中山辰之助が長崎で対馬在住の漁民の話を聞いて朝鮮海域に出漁したところ、そこは比較的浅く水産資源が豊富で、当時としては破格の二八〇〇円の利益を手にした。それに驚いた島の漁民は、新たに「朝鮮組」と呼ばれる船団を結成して朝鮮海域へと向かった。以後、朝鮮組に参加する漁民の数はうなぎのぼりに増え、明治三五（一九〇二）年には漁船三五隻、漁民は二一〇人となった。そしてタイやサメ、サバなどを一本釣りしたが、時には延縄も使用した[14]。

このような朝鮮出漁の急激な拡大が可能となったのは、県や国による漁船や漁具、加工道具などの購入費用の補助のためである。とりわけ広島県は国外への出漁支援に熱心で、県や県水産試験場技師らと農商務省水産局によって組織された朝鮮海通漁組合が、一体となって朝鮮出漁を後押しすべく、補助金の支給や漁場の調査、出漁者の保護指導などを行った。その結果、一九〇〇（明治三三）年には広島県から全国で最も多くの漁船が朝鮮海域で操業するようになった[15]。また政府もアジア近隣への日本人の影響力を高めるべく、日本人の朝鮮出漁を推進するための様々な漁業法を整備した。たとえば一八九七（明治三〇）年に公布、翌年四月に施行された遠洋漁業奨励法は、補助金の支給に関する規定や漁船の改良、漁民の技術向上などのための援助を図っており、また一九〇〇（明治三三）年に可決した法律は、朝鮮に出漁する日本人漁民は旅券を携帯しなくても良しとした。

一九〇四（明治三七）年には、それまで日本人の入漁が禁止されていた朝鮮海域での制限を解き、さらに一九〇八（明治四一）年になると、朝鮮半島在住日本人の漁撈を許可したため、日本から現地に拠点を移す者も現れた。そして一九一〇（明治四三）年に日本が韓国を併合すると、日本人漁業はさらに拡大し、その頃の朝鮮海域には約五〇〇〇隻の漁船と二万一〇〇〇人の日本人漁民が操業する事態となった(16)。

日本による朝鮮半島の植民地化は、日本の零細漁民にとって必ずしも有利に作用したわけではない。朝鮮半島が日本の資本主義に組み込まれたことによって、大型漁船と多くの漁民を動員する大規模漁業が台頭した。その一方で、零細漁民が片隅に追いやられただけでなく、新たに朝鮮半島の漁民が参入したことによって、朝鮮海域における漁場を巡る争いが激しくなったからである。

朝鮮海域が大型、小型漁船で混み合ってくると、他の漁場を探す漁民も現れ始めた。特に日清戦争の勝利によって日本が併合した台湾周辺の海は、漁場も漁業も未開拓であり、併合による日本人人口の急速な増加も見込まれた。そこで沖家室島の漁民は、一八九〇年代後半から続々と台湾、特に基隆と高雄に出漁し始めた。当初は郷里で造った漁船を汽船で現地まで運んでいたが、やがて現地造船の漁船を使用し始め、船頭と呼ばれる船主のみ現地に家族を呼び寄せて居住し、船方や船子と呼ばれる乗組員は漁期になると沖家室島から汽船で台湾に通った。台湾では主に一本釣りによるタイ漁やマグロ延縄漁などに従事したが、中にはそこから大型延縄漁船に乗ってフィリピンやインドネシア、海南島付近まで出かけてマグロやカツオなどを獲る者もいた。さらに第一次世界大戦後、日本が山東省青島のドイツ権益を継承すると、沖家室島の漁船は黄海にも乗り出した(17)。台湾総督府も漁業振興のための経済支援や漁業に必要な陸上設備を整え、漁港や漁村の発展に必要なインフラを整備して日本人漁民の誘致に努めた[18]。

このように日本の植民地拡大は日本人漁場の拡大を伴ったが、前述の沖家室漁民のフィリピン、インドネシア、海南島出漁が示すように、その操業範囲は日本帝国の勢力圏内にとどまらなかった。現在の広島県福山市沖に並んで浮かぶ百島や田島からは、一九〇四（明治三七）年頃以降、アメリカの支配下にあったフィリピンのマニラ湾へ出漁して打瀬網漁に従事する者が多数現れた。これらの漁民は卓越した漁撈技術を持っていただけでなく、商品経済にも長けていたことから、たちまち現地の漁業における地位を確立した。朝鮮海域に出漁した日本人漁民と異なり、フィリピンへの出漁者は国家的支援を受けていなかったため、郷里の資産家の支援を受けての出漁であった。フィリピンのアメリカ植民地政府が日本人漁民に対して特に制限を設けなかったのは、アメリカ政府のフィリピン軽視のあらわれでもあり、また日本人漁民も特に警戒を抱かれる存在ではなかったためであろう[19]。このように、日本人の漁撈範囲の急速な拡大は止まるところを知らなかった。

日本の水産業における女性の貢献

日本人漁民の移動性と機動性の高さを論じるとき、忘れてはならないのが漁村女性の存在である。女性もまた紛れもなく海の民としての特徴を兼ね備えており、漁業において重要な役割を果たしてきた。海藻採取の主役は女性で、老いも若きも浅瀬で採った海藻を浜辺で広げて乾かして商品化した。船の守り神とされた船霊《ふなだま》信仰の広がりによって、女性の漁船への乗り込みは女神である船霊の嫉妬を呼び起こすとして忌避することもあったが、漁船の大きさや地域の違いによってその信仰にも濃淡があった。たとえば福岡県鐘崎では、女性も夫などとともに漁船に乗り込んで「艫《とも》押《お》し」という操船などの役割を果たしている。同じ鐘崎の漁船でも、タイやイカ漁船などの大型漁船が女性を乗せることはまれであったが、小型漁船への女性の乗船は頻繁に見られた。そして漁船が漁港に戻ると、女性は漁網にからまった魚を外したり、漁獲物を大きさや質によって仕分けたりするため忙しく働いた。鐘崎では地引き網を引いたり海藻を採取したりするのも女性の仕事であり、この地区が福岡県で最も大きな漁獲高を誇るまでになった背景には、男性だけでなく女性の存在も大きかった(20)。

家船《えぶね》と呼ばれる、文字通り船が家を兼ねる船もまた、船霊様を怒らせる恐怖よりも男女ペアで働くことによる効率化を重視した故に生まれたものである。家船に乗り込んだ人々は船内に畳を敷き詰め、家族単位で移動した。家船による漁撈は瀬戸内海や九州の湾口の奥など、波の穏やかな海域で行われた(21)。海を常に移動して回る家船の人々は、あてもなく海上をさまよったのではなく、その多くは特定の魚種を狙うべく、決まった目的地を持って移動した。そして盆や正月になると拠点である漁村に戻って同郷の人々と再会し、その間に結婚することが多かった。家船の女性は夫とともに艪を漕いだり漁撈に従事したりするかたわら家事や育児も行ったが、陸に上がったときに風呂に入ったり洗濯をしたりする場所を見つけるのもまた、女性の仕事であった。家船のほとんどは波が静かな内海や湾口内を航行したが、鐘崎の家船は一七世紀に定住する以前の中世時代には、玄界灘の荒波を超えて対馬まで出漁した経験を持っている。また明治時代以降になると広島県の家船も県からの補助金を得て済州島まで出漁しており、女性や子どもも一緒に海を渡った[22]。

このような夫とともに漁撈に従事する女性のほか、古来より日本では海女《あま》と呼ばれる女性たちが海に潜ってアワビやテングサ、サザエなどの巻き貝やナマコなどを採取した。とりわけ三重県志摩の海女が獲るアワビは伊勢神宮に奉納されたほか、皇室にも献上されるなど神聖なものとされた。海女が神に食物を奉納する役割は、神道と海の文化、そして女性の結びつきの強さを物語っており、海女は伊勢神宮や伊勢、志摩地方を治める豪族や大名から常に保護されてきた[23]。

男女の漁民たちが果敢に遠洋へ漕ぎ出したように、海女もまた遠くへ移動する傾向を持っていた。潜水漁は何年もの訓練を通して習得する技能であり、少女たちは一〇歳くらいになると母親から潜りを教わり始めた。そして成長して一人前の技量を身につけると、子どもを夫に託して家を出た。遠方への潜水漁の旅は、時に一年間にも及ぶことがある一方で、子どもが多い海女や高齢の海女などは家にいて近場の海に潜った[24]。海女の出漁先は北海道沖の礼文島や対馬など国内さまざまで、特に志摩や山口県の大浦の海女は、済州島や鬱陵島《うるるん》、朝鮮半島の南岸などに出かけた。たとえば一九〇〇（明治三三）年には志摩の海女が四〇隻の漁船に乗り込んで朝鮮半島に行き、テングサやアワビを獲っている[25]。また日本における海女発祥の地とされる福岡県の鐘崎からは、能登半島の輪島から約五〇キロ沖にある舳倉《へくら》島や隠岐の島、対馬、壱岐、そして五島列島など日本海側のあちこちに海女が出向いていた[26]。興味深いことに、現在も海女の子孫が住む鐘崎と、これらの土地との人的交流は続いており、中には鐘崎の男性と結婚する女性もいるとのことである[27]。

漁撈や潜水漁に従事する傍ら、海女や家船の女性たちは自分で獲った魚介類を取引した。魚介類は主食ではなく、米や野菜その他の食べものや日常品と交換するためのものであったが、このような素朴な物々交換は、やがて現金での販売へと変化した。商売によってもたらされる現金収入によって女性は一家の稼ぎ頭となった。そのため、夫が浮気をすると海女である妻から大きな制裁を受けた(28)。海女や家船の女性の中には専業の魚商人になる者もあらわれ、大分県の都留では、家船の女性が子どもを停泊中の船に残る夫に託して行商に出て、春にはミカン、夏にはサバ、それ以外の季節には台所用品などを売り歩いた(29)。

交渉や交易の分野で家船の女性が活躍したように、漁業経済における女性の存在は重要であった。海女になったり家船に乗り込んだりする女性の数は限られていたが、女性行商人は日本国中のどの漁村にもいた。文化人類学者のデービスらの研究によると、世界中のほとんどの漁村で女性が男性の漁獲物の加工や流通において重要な役割を果たしている(30)。これは日本にも当てはまり、男性の漁獲物に手を加えたり売りさばいたりする過程で、重要な役割を担っていたのは女性であった。夫のせっかくの水揚げを他人の手に委ねるよりは、妻が自分で取り扱うことによって利益を家族で独占しようとしたのである。出来るだけ高値で魚を売りさばくべく、妻は鮮度の管理に細心の気配りをし、また商品としての付加価値を付けるために魚の内臓を出す、干す、塩を振る、漬ける、あるいは焼くなどの加工を施した。

江戸時代における広島城の城下町で商売をする魚行商人のほとんどは、二保島や他の漁村からやってきた女性たちで、それは明治維新後も変わらなかった。大正時代初期になっても、広島市街地に一六八八人いたという行商人のうち一四八人は女性であった[31]。彼女たちが売り歩きながら発する「なんまえー」という声とそのトーンは街でよく知られていた。また周防大島でも「カタギ」と呼ばれる女性が魚をカゴや桶に入れて頭に乗せて島中を売り歩いた。一方、和歌山県の周参見《すさみ》の女性は、魚を背負って売りさばいた[32]。さらに沖縄県の糸満では夫の漁獲物をアンマー（おかあさん）と呼ばれる妻女が買い取って「イユー、コンチョーラニー（魚いりませんか）」と呼びかけながら那覇や首里まで行商する姿が見られた。その売り上げはワタクサーと呼ばれて女性の私財となった[33]。またこれらの女性行商人は、魚以外にも野菜や果物、台所用品や筆、墨汁、反物や陶器など、さまざまな物を商った。そして通常、得意先を中心としてまわり、他の行商人の顧客を奪い合うようなことは互いに避けあい、引退する際には娘が顧客を引き継いだ。民俗学者の瀬川清子が、このような女性行商人のことを日本文化の運び人と形容したように、彼女たちが水産物などを全国津々浦々、時には山奥にまで送り届けたおかげで、魚が日本人の食生活や宗教行事に深く組み込まれたのであった[34]。

女性行商人の行き先は近隣だけでなく、時には国境をも越えることがあった。たとえば「おたたさん」と呼ばれた愛媛県の松前《まさき》の女性たちは、広範囲な行商圏を持っていたことで知られている。彼女たちの行き先は国内全域に及び、中には千島列島や台湾、朝鮮半島、中国東北部や満州に出向く者もいた。また広島県の百島や田島の漁民がフィリピンのマニラに出漁した際には、同行して夫の仕事を支えた妻もいた。漁船船主の妻は現地での漁獲物の販売や乗組員の世話をし、乗組員の妻もマニラ市街やその近郊で魚の行商をした。言葉の壁などの障壁にもかかわらず、彼女たちは現地のフィリピン人や中国人顧客との日常のやり取りを上手くこなしていた[35]。

このような女性行商人の広範囲に渡る移動先を見ると、瀬川が言うように、彼女達は日本の海の文化の伝達者としての役割を果たしていた様子がうかがえる。また現金収入をもたらす仕事に携わっていたため、漁家の女性たちが、家庭においてある程度の経済的自立性と権威を持つことが出来たことに加え、夫や父親などの家父長的支配を弱めることにもつながった。さらに、たとえ女性たちが家から離れなかったとしても、男性たちが出漁のため家を留守にしている間、家庭を切り盛りしただけでなく、地域の行政や教育など様々な分野で活動した。このような漁村の女性による水産業や地域社会への貢献の大きさを鑑みると、家父長制度の無力な犠牲者と捉えることには無理があろう。

女性の活躍に見るように、漁村は農村と異なる特徴を持ち合わせていた。農村との相違においてまず挙げられることは、漁村の人々が漁期や状況に合わせて移動するという、その高い移動性と機動性である。遠方への出漁は、時として大型漁船の運航コストを下げるための母村の人々の移動を伴った。そのような場合、男女とも現地住民との交流を図りながら新たな環境に溶け込み、漁撈や加工、漁獲物行商に従事したのである。また漁村は農村社会のような厳格な長子相続制度を持たなかった。海難によって命を落とす危険性が高かったため、漁村では農村よりも柔軟性のある相続制度を持つようになり、時には末子が家の資産を受け継ぐこともあった[36]。その上、養子をとって漁業を仕込む習慣が広く行き渡っていたように、漁村は農村よりも人の出入りが多かった。漁港は漁民の出発点であっただけでなく、よそからやってくる輸送船や漁船が立ち寄る場所でもあったため、漁村の人々は日常的に見知らぬ人々と接する機会が多かったのである。よそから絶えず流入する人々は、出漁や行商のために村を離れる人々の不在を補い、絶えず新しい商品や情報を持ち込むことで村を活性化した。こうして漁村の人々はジェンダーや出身地に関係なく、互いに補い合いながら社会生活を送ったのである。

日本人漁民の太平洋各海域への拡散

何世紀にもわたって遠洋への出漁を行ってきた和歌山県の漁民は、近代に入るとさまざまな方面に向けてその出漁範囲を拡大化し、かつその速度も加速化した。海草郡の有田や日高郡など大阪に近い地域の漁民は、瀬戸内海を通って朝鮮半島へ出向き、紀伊半島の先端から東側にかけて広がる東牟婁郡からは日本海や千島列島、さらにサケや毛皮を求めてベーリング海へ出向く者も現れた。これらの東向き、西向きルートに加えて、和歌山の漁民は太平洋を横断してオーストラリアを目指す新たなルートも開拓した。通常、漁船は島伝いに海を渡った。壱岐や対馬を経て朝鮮半島に至るルートはその一例である。しかし文化人類学者の後藤明が述べるように、漁民は時として大洋をどこへも立ち寄らず一気に遠方へ渡り、出身地の海とまるで異なる自然環境を持つ海域に至ることがあった[37]。そして目的地が日本帝国の勢力圏内であろうとなかろうと、漁民はより良い漁場を求めて国家の許可を得ずに出漁、つまり密航したのである。

このような背景のもと、一九世紀後半になると日本人漁民がオーストラリアへ出向いて、真珠貝を採るための潜水漁に従事するようになった。一八七〇年代後半には島根県出身の野波小次郎（通称ノナ）という人物が、オーストラリアの木曜島において真珠貝ダイバーとしての名声を博していた[38]。木曜島はクイーンズランド州のダーウィン沖に浮かぶ小さな島でアラフラ海に面しており、その周辺には真珠貝が多く生息していた。当時、真珠貝は高級ボタンの材料として珍重されており、欧州での需要が高かった。二〇世紀初頭にはオーストラリアが世界で採れる真珠貝の九割を産出するほどになっていたが、海底に生息する真珠貝を獲る優れたダイバーが慢性的に不足していた。そのため採貝業者が目を付け、積極的に雇い入れたのが日本人ダイバーであった。一八九〇（明治二三）年代初頭には何百人という日本人男性が木曜島に出向いたが、そのほとんどは、田並や周参見、那智勝浦や新宮など、紀南と呼ばれる和歌山県南部の沿岸部からであった。

紀南と木曜島のつながりは、一八六九（明治二）年に樫野崎と潮岬に灯台を建てるために、イギリス人技師がやって来た時までさかのぼる。その後、イギリス人技師が神戸に移る際に何人かの地元の若者を連れて行った。神戸で儲かる仕事があるという情報はすぐに故郷へと伝わり、それにつられてやって来た若者たちは、やがて外国の会社に雇われてオーストラリアへ向かった。一八九四（明治二七）年には、木曜島の日本人クラブの会員数三四六人のうち二五四人（七三％）を和歌山県出身が占めていたが、それ以外には長崎県出身者が二二人（六・四％）、広島県出身者が一五人（四・三％）、福岡県出身者が八人（二・三％）いた。一九〇八（明治四一）年から一九一二（明治四五）年において、潜水病や潜水中の事故などによる日本人ダイバーの操業中の死亡率が毎年一割にも達したという数字が示すように、アラフラ海の採貝は非常に過酷な仕事であったにもかかわらず、その後も日本人ダイバーの数は増え続けた。故郷ではとうてい得られない高い賃金に加え、ダイバー達の経済的成功を求める気持ちや、自然の脅威に打ち勝とうとする固い意志が、死への恐怖を上回っていたためである。[39]一八九七（明治三〇）年には日本人ダイバーの数は一〇〇〇人を超え、木曜島の真珠貝採貝船の一五％以上（約三〇隻）を日本人が所有するようになっていた。[40]

日本を離れて木曜島へ向かった日本人の中から、佐藤虎次郎のように現地で有力な経営者に登りつめる者も現れた。佐藤は一八六四（元治元）年に武蔵の国（現埼玉県）本泉で生まれ、長じてミシガン大学に学び、和歌山県の材木商の娘と結婚した後は和歌山県に居住していた。一八九三（明治二六）年に和歌山県出身の陸奥宗光外務大臣から、オーストラリアに居住する日本人の様子を視察するよう委託を受けて同国を訪れた佐藤は、アラフラ海における真珠貝漁の可能性に目を付けた。そこで一端帰国したのち、和歌山県の若者数人と妻を連れて木曜島へ渡り、現地で採貝事業を開始した。この事業は大いに発展し、「木曜島のキング」と呼ばれるようになった佐藤は、やがて数十隻の採貝船と一八〇〇人以上のダイバーを雇うまでになった。しかし真珠貝事業において日本人の存在が増すと同時に現地の白人同業者たちの間の反日感情が強くなり、間もなく、帰化した英国人のみが採貝船を所有、もしくは貸し出すことが出来るとするクイーンズランド州法が可決された。さらに一九〇一（明治三四）年にオーストラリア連邦が成立すると、有色人種の移住を厳しく制限し、白豪主義をより強固にする移民制限法が制定された。そのため佐藤は事業の停止に追い込まれ、帰国せざるを得なくなった。しかしその後も日本人ダイバーは操業を続けた。白人採貝業者の組合が、政府に対して一定の日本人移住者を受け入れるよう働きかけただけでなく、上海や香港、インドネシアなどを経由して木曜島やオーストラリア東海岸に位置するブルームなどに密航してくる日本人が絶えなかったからである。そして船底に潜り混むなどしてオーストラリアに渡った日本人ダイバーは、海流が早くて危険きわまりない海域における採貝漁に従事し続けたのであった。

このような向こう見ずとも言える男性たちは、妻を伴って渡航しようとしなかった。オーストラリアの入国取り締まりが厳しく、合法的にオーストラリアに妻を連れてこられるのは、政府の役人や旅行者、医師、裕福な商人など限られた者だけであった。和歌山県串本の浜直一は当時を次のように振り返っている。

この辺りでは九州のような「からゆきさん」はあまりなかった。だから（男たちが）向こうで金貯めて帰ってくる、そして家を建てる、嫁をもらう。そして持ってきた金はなくなるでしょう。また行く、と。（中略）とても（妻と一緒に）イカしてくれんわ。そんな働きの所ではないし、自身さえ（アメリカや豪州に）上がる（上陸する）ことが大変だし、第一、船へは（女性を、よほどの保証人や事情がないと）乗せてくれへん。だから、向こうでは、女の人の働く場所がない。みんなこっちへ置いて行った。（奥さんを置いて）行っちゃうと、最低でも二―三年は帰れない。それっきり帰らず、そのまま異郷で、というケースも少なくなかった。(41)

浜のこの言葉は、オーストラリアでの採貝ダイバーの仕事がいかに儲かり、数年の稼ぎで家を建てて結婚し、家族を養うことが出来たかということを如実に物語っている。南紀の人々の間で広がっていたオーストラリアでの儲け話は、若者を魅了するに十分であった。しかし同時に、浜の言葉は、その代償として家庭生活が崩壊することもあったことを今日に伝えている。現地における排日政策と女性向けの仕事の欠如のため、オーストラリアは「男稼ぎ」の場であった。その一方で妻は日本に残り、長い間、夫の帰りを待ち、時には夫が戻らぬこともあった。

オーストラリアが日本人採貝業を厳しく制限し始めた頃、それに取って代わる新たな稼ぎ先として浮上したのがハワイである。一八八五（明治一八）年に、ハワイ王国が明治政府との取り決めに従って官約移民の受け入れを開始すると、広島県や山口県など西日本の出身者を中心に多くの日本人がハワイを目指した。王国が崩壊した一八九三（明治二六）年に官約移民が終了するまでの間、ハワイへ渡った日本人は主に砂糖キビプランテーションで働いた。しかしこれらの人々の多くが農民であった一方、広島県や山口県からハワイへ行った専業漁民は少なかった。すでに近隣の海域だけでなく朝鮮半島や台湾、フィリピンなどに出漁していたため、ハワイ行きに特段の関心を払わなかったからである。しかし紀南の田並に住む中筋五郎吉は、このような漁民とは異なる視点でハワイを見つめていた。代々漁業を営む漁家に生まれた中筋は、自身も長じて漁業に従事するようになっていた。祖母が亡くなってその遺産を受け継ぐと、当時の紀南の若者の多くが夢見たように、中筋もオーストラリアへ行って一稼ぎする計画を立てた。しかし現地で排日の動きが高まっていたことから、その計画を変更せざるを得なくなっていた。

そんな中筋の元にハワイから一通の手紙が届いた。一八八八（明治二一）年に和歌山県三尾村の工野儀兵衛《くのぎへい》がカナダへ渡り、数多くのサケがフレーザー川を遡る様子を故郷に伝えて以来、三尾村やその近隣からたくさんの人々がカナダへ向かっていた。それらの人々の中に村上萬吉というという中筋の友人がいた。カナダへ向かう途中に立ち寄ったハワイで、先住民であるハワイ人の「幼稚な」カツオ漁を目にした村上は、その様子をつぶさに手紙にしたためて中筋に送った。これを読んでハワイにおけるカツオ漁の可能性を直感した中筋は、祖母の遺産から九五円を投じて長さ三二尺(九・六九七メートル)、幅五尺八寸(一・七五八メートル)の四人乗りの漁船を造り、網など三年分の漁具とともどもハワイ行きの汽船に積み込んだ。自身は妻ヤエノと子ども、そして他の二人の漁民を伴って南洋丸に乗船し、ハワイへ向けて出港した。一八九九(明治三二)年のことであった。[42]

(1) 河岡武春『海の民――漁村の歴史と民俗』、平凡社、一九八七年、一〇五―一〇九頁。
(2) 同右、五五―五六頁、安藤精一「紀州加太領民の関東出漁」安藤精一編『和歌山の研究　第三巻　近世・近代編』、清文堂出版、一九七八年、四五―六八頁。
(3) 田島佳也「北の海に向かった紀州商人――栖原角兵衛家の事跡」網野善彦編『日本海と北国文化』、小学館、一九九〇年、三八〇―四一二頁。
(4) 同右、四〇八―四一〇頁。
(5) 秋道智弥「瀬戸内の生態学と古代史」網野善彦他編『瀬戸内の海人文化』、小学館、一九九一年、六二―六三頁。
(6) 谷沢明「瀬戸内の港町」網野善彦他編『瀬戸内の海人文化』、小学館、一九九一年、三八七―三九一頁、森本孝『東和町史　各論第三巻漁業誌』、山口県大島郡東和町役場、一九八六年、三六―三七頁、森本孝、須藤護、新山玄雄『沖家室　瀬戸内海の釣漁の島』、みずのわ出版、二〇〇六年、六頁。
(7) 吉田敬市『朝鮮水産開発史』、朝水会、一九五四年、八八頁。
(8) 宮本常一『瀬戸内海の研究――島嶼の開発とその社会形成　海人の定住を中心に』、未来社、一九六五年、三三五九頁。
(9) 宮本常一『対馬漁業史』、未来社、一九八三年、二三〇―三〇五頁。
(10) 吉田『朝鮮水産開発史』、一〇六―一〇七頁。
(11) 宮本『対馬漁業史』、三〇一―三〇五頁。
(12) 三輪千年「広島県下・瀬戸内海未解放部落漁夫の鮮海出漁」『漁業経済研究』、二一巻二号、一九七五年、四三―四五頁。
(13) 宮本常一『対馬漁業史』、二三二頁、呉市編纂委員会編『呉市史第六巻』、呉市役所、一九八八年、九一六頁、広島県編『広島県史近代現代資料集Ⅱ』、広島県、一九七五年、四一五頁。
(14) 森本孝編『東和町誌』、一三二、一八三―一八四頁、森本孝『船と港のある風景』、二〇二―二〇九頁、宮本常一『瀬戸内海の研究』、六八八頁。
(15) 武田尚子『マニラへ渡った瀬戸内漁民』、御茶の水書房、二〇〇二年、一五九頁、広島県編『広島県史近代1』、広島県、一九八一年、八〇三頁、広島県編『広島県移住史通史編』、広島県、一九九三年、二三二頁。
(16) 金柄徹『家船の民族史――現代日本に生きる海の民』、東京大学出版会、二〇〇三年、八八―八九頁。これらの漁民はさまざまな漁法を用いた。たとえば長崎県出身の漁民は潮の満ち引きが大きな有明海で利用したアンコウ網漁を行った。朝鮮半島南岸や済州島沿岸では素潜り漁も行われ、長崎県や徳島県、愛媛県、大分県、広島県、山口県、兵庫県、岡山県、和歌山県、熊本県などからやってきた漁民は潜水漁によってナマコやアワビなどを獲った。一方、朝鮮海域の鯨を追って香川県、長崎県、山口県、三重県の漁業会社がノルウェー式捕鯨を行った。またイワシ漁の発展に伴い、煮干しや干鰯の製造と日本への出荷も盛んとなった。日本人漁民は出身県から持ち込んだ漁業技術や漁具によって、朝鮮半島における近代的な漁業を拡大した。吉田敬市『朝鮮水産開発史』、一八〇―二二一頁。
(17) 森本孝『東和町誌』、一九六―二一七頁。
(18) 除本理史「戦前期台湾における日本人漁業移民――台北州蘇澳の事例」『東京経大会誌』、二四五号、二〇〇五年、九八―一〇〇頁。
(19) 早瀬晋三「明治期マニラ湾の日本人漁民」秋道智弥編『海人の世界』、同文館出版、一九九八年、三五三―三六五頁。
(20) 宗岡富男、宗岡千鶴子、筆者によるインタビュー、福岡県宗像市鐘崎にて、二〇〇九年一月二八日、鐘崎漁業史編纂委員会編『筑前鐘崎漁業史』、鐘崎漁業組合、一九九二年、九〇八頁。
(21) 広島県能地、二窓、吉和は家船船団の拠点として有名である。また広島県下蒲刈島や豊島、長崎県平戸や西彼杵半島も同じく家船船団の拠点であった。
(22) Byungchul Kim, "Sea Nomads of Japan," *International Journal of Maritime History* 11, no. 2 (1999): 87–105. 戦後になると子どもの教育問題や漁業の機械化、転業機会の増大などの原因によって、次第に家船は消滅した。広島県編『広島県史民俗編』、広島県、一九七八年、七二四―七二五頁。
(23) 森浩一「海人文化の舞台」網野善彦ほか編『伊勢と熊野の海』、小学館、一九九二年、四〇頁。
(24) 瀬川清子『海女』、未来社、一九七〇年、一七七、一八六頁。
(25) 吉田『朝鮮水産開発史』、二一一頁。
(26) 鐘崎の海女の歴史的背景については、Arne Kalland, *Fishing Villages in Tokugawa Japan* (Honolulu: University of Hawai'i Press, 1995), chapter 10 を参照のこと。
(27) 宗岡富男、宗岡千鶴子、筆者によるインタビュー、福岡県宗像市鐘崎にて、二〇〇九年一月二八日。
(28) 瀬川『海女』、二三四頁。
(29) 瀬川清子『販女』、未来社、一九七一年、七三頁。
(30) Jane Nadel-Klein and Dona Lee Davis, *To Work and to Weep: Women in Fishing Economies* (St. John's: Institute of Social and Economic Research, Memorial University of Newfoundland, 1988), 30.
(31) 川上雅之『広島太田川デルタの漁業史　第一編』、たくみ出版、一九七六、一〇頁。
(32) 宮本常一『周防大島を中心としたる海の生活誌』、未来社、一九九四年、一〇八頁、中村ひろ子「販女：行商の

発展」河岡武春編『講座日本の民俗　5生業』、有精堂、一九八〇年、一八二頁。
(33) 上原謙、筆者によるインタビュー、糸満市にて、二〇〇九年三月七日、新垣かおる、筆者によるインタビュー、糸満市にて、二〇〇九年三月七日、沖縄県糸満市役所「糸満の元気を支えるアンマーたち」http://www.city.itoman.lg.jp/kankou-navi/docs-kankou/2013020106681/（二〇一六年一一月九日取得）
(34) 瀬川『販女』、一一一頁。
(35) 武田『マニラへ渡った瀬戸内漁民』、二七七、三一〇、三二一頁、広島県編『広島県史民俗編』、広島県、一九七八年、六一一―六二二頁。
(36) 河岡『海の民』、六一―六二頁。
(37) 後藤明『海の文化誌』、未来社、一九九六年、一九四頁。
(38) 野波小次郎がなぜ、どのようにして木曜島に渡り、真珠貝ダイバーになったのか、などについては不明である。
(39) David C. S. Sissons「１８７１―１９４６年のオーストラリアの日本人」『移住研究』、一〇号、一九七四年、二七―五四頁。
(40) 小川平『アラフラ海の真珠』、あゆみ出版、一九七六年、一七頁。
(41) 清水昭編『紀南の人々の海外体験記録３』、私家版、一九九三年、六頁。
(42)『日布時事』、一九二九年四月二二日、六頁。

第二章　ハワイにおける日本の海の民

ハワイにおける日本人漁業の始まり

中筋五郎吉らを乗せた南洋丸が一八九九年一二月にホノルル港へ到着すると、街はペスト焼き払い騒動による混乱の最中にあった。ペストに汚染されたチャイナタウンの一角を焼き払うために点けられた火が、たちまち燃え広がって街全体を焼き尽くしてしまったため、チャイナタウンに居住していた中国人のみならず、多くの日本人を含む何千人もの人々が住み家を失ったのである。この火事は移民局の業務にも支障をきたしたため、中筋らは三週間に渡って移民局内に留め置かれた。ようやく移民局から出た後も住む場所がなかなか見つからず、しばらくの間あちこちを転々としているうちに三カ月がたった。その間にネフ（*nehu*、ハワイアンイワシ、*Stolephorus purpureus*）やイアオ（*'iao*、トウゴロイワシ、*Pranesus insularum*）といった、カツオ漁の生き餌となるイワシが群れをなして湾口内を泳ぎ回るのを目にした中筋は、ハワイにおける漁業の発展の可能性を改めて確信し

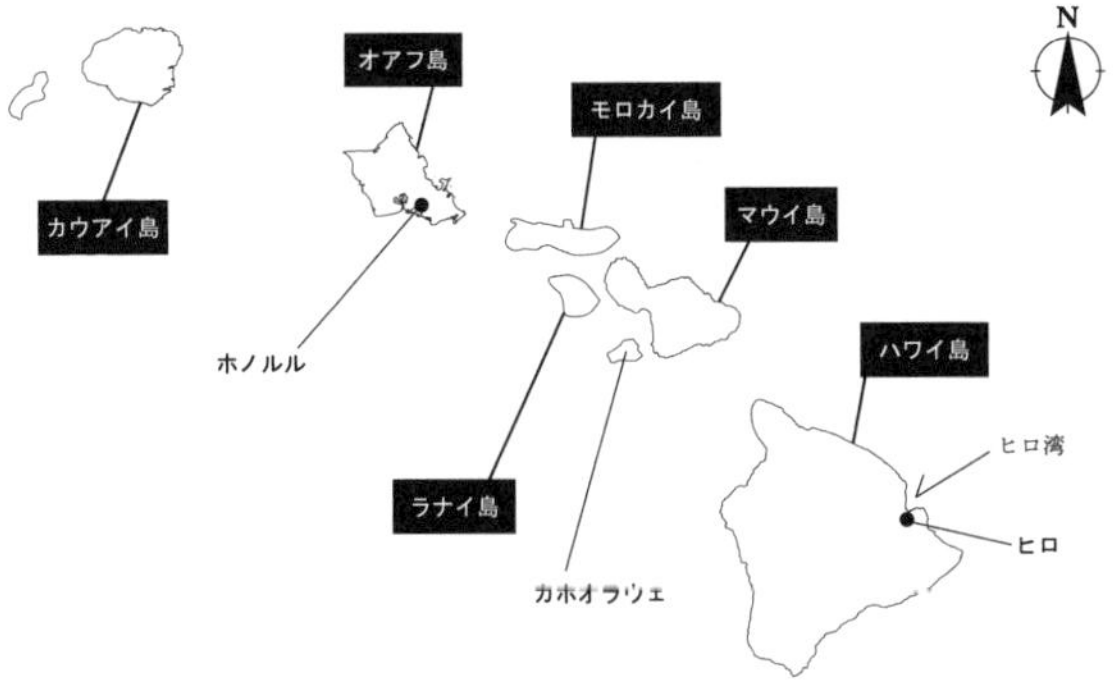

ハワイ諸島

たのであった[1]。

そのような明るい見通しにもかかわらず、当時のホノルルでは、せいぜい四―五隻の木造漁船がホノルル湾内で操業するのみであった。もっともハワイは一九世紀中頃に捕鯨業の基地として栄えた歴史があり、その頃の港にはアメリカやイギリスなどからやってきた約一万七〇〇〇隻の捕鯨船でひしめき合っていた[2]。しかしやがて石油が鯨油に取って代わって広く利用されるようになると捕鯨は衰退し、いつしかハワイでは先住民であるハワイ人が自給自足を目的とした漁撈に従事するのみとなっていた。そのため一九〇〇年のカツオの水揚げは一九〇トンにすぎなかった[3]。

その頃、数こそ少ないものの、ハワイ人漁民に交じって漁業を行う日本人も存在した。一八八五年二月八日に最初の官約移民を乗せて日本からホノルル港に入港した汽船、東京市号の乗客約九四〇人の多くは広島県や山口県の沿岸部からやって来ており、上陸後は主に砂糖キビプランテーションでの労働に従事した。これらの人々のほとんどは農家の出身であったが、その故郷である広島湾岸や山口県周防大島などは農業のみならず漁業も盛んな地域である。そのため漁業経験のある者はプランテーションでの就労の合間に漁業を行ったり、そこでの就労契約期間が終了した後に、専業漁民となったりした。周防大島の近くに浮かぶ平群島《へいぐんとう》から東京市号に乗ってハワイに来た中村馬太郎は、ほかの二〇人の島民と共にハワイ島ククイハエレの砂糖キビプランテーションで三年間働いた後、カウアイ島で漁船を造って漁業を始めた。「船はあるし漁の自信もあるので三〇分くらいで七―八ドルの漁獲がある事も珍しくない」儲けぶりだったという(4)。

官約移民の開始当初、ハワイを目指した日本人の多くは独身男性であったが、それらに混じってハワイへ渡った女性たちの中には漁業や魚の行商を行う者もいた。周防大島近くの笠佐島から来た栗原ノブは、夫、吉左衛門と子ども二人と共に東京市号でホノルルに到着した後、ハワイ島ククイハエレの砂糖会社で三年間働いた。その後、子ども達の教育のためにホノルルへ移動したが、なかなか仕事が見つからなかったため、オアフ島へイアで漁業を始めた。また土地を借りて野菜作りも行った(5)。こうして栗原ノブは夫とともに漁撈に従事したが、小原甚九郎の妻は夫が採った魚を売り歩いて家計を助けた。小原夫妻は一八九六年に山口県周防大島安下荘《あげのしょう》からやって来てプランテーションで働いたが、その合間に手製の漁具を用いて夫が捕獲した魚を妻が売り歩いたところ、一夜にして数十ドルの儲けにもなったという(6)。このような男漁女売の形態は、出身地である周防大島やその近辺の漁村の習慣を反映していた。

その頃のハワイでは、中国人漁民が主に浅瀬で網漁を行っていた。中国人漁民は自分たちが好むボラを主に狙っていたが、日本人があまりボラに関心を示さなかったことから、日本人漁民のライバルとはならなかった。しかし湾内を航行中の船舶が漁網を切断して死傷者を出す事故が起きて以降、湾内での漁網の使用が禁止されたため、中国人は網漁をやめ、ハワイ人から手に入れた養魚場でのボラの養殖に力を入れ始めた。(7) ハワイ人の文化では、古くから建設や維持管理のために多くの労働者を必要とするボラなどの養殖池を持つことが、首長の権力の象徴と見なされてきた。(8) ハワイ王国時代において養殖業は重要な産業の一つであり、養殖ボラは高価なものとされてきた。一九〇〇年時点でハワイには一〇三カ所の養魚池があったが、それらをハワイ人から買い受けることによって、中国人が養殖業に参入し始めたのである。(9)

このように、日本人や中国人は主に湾口内や沿岸部における漁業に従事していたが、沖に出て行うカツオ漁はハワイ人の独占状態であった。ハワイ人の漁撈の歴史は、ポリネシアの海の民がハワイ諸島に到達した古代にまでさかのぼる。ハワイ人が広大な太平洋を越えることが出来た要因の一つは、その卓越した漁撈技術にあった。ポリネシア人は魚を食べたり交易したりしつつ、農耕なども行いながら多くの島々の間を行き来した。(10) ハワイ諸島において魚介類は、首長のように豚や犬、鶏や野鳥などの肉を口にすることが出来なかった平民層にとって、欠かすことの出来ない蛋白源であった。ハワイ人漁民は二人から六人乗りの単艘、もしくは二艘カヌーに乗り込んで陸から約一・六キロほどの沖に出て、パー（*pā*）と呼ばれる疑似餌を用いてカツオを一本釣りした。(11) カヌーにはマラウ（*malau*）と呼ばれる、イアオなどの生き餌を入れる生け簀が備え付けられていた。(12) 海を偉大なる食糧の貯蔵庫とみなしていたハワイ人は、具体的にどの種類の魚を採ったり食べたりしてよいかを決める数々のカプ（*kapu*）と呼ばれるタブーを守っていた。特にカツオは、その昔、先祖がタヒチからハワイまで航海している途中に起きた嵐を鎮めた、神聖な魚と見なされていた。そのためカツオ漁の漁期はカプによって年六カ月間に制限されていた。もっともこの禁漁区間の設定は、産卵期や幼魚期のカツオを保護するためでもあったと考えられる[13]。

中筋五郎吉は、このようなハワイ人によるカツオ漁の禁漁期間を、単なる怠慢の産物であると考えた。水温を測って通年での漁が可能だと確信した中筋は、和歌山県から持ち込んだ漁船に乗り込んでカツオ漁を始めた。中筋の漁船はハワイ人のカヌーよりも多くの生き餌を収納することができたため、その七隻分の仕事をこなした。中筋の漁撈によってカツオの供給が飛躍的に増えたため、値段が以前の四分の一以下にまで下落して生活が成り立たなくなったハワイ人が中筋の命を狙い、沖に出たらカヌーからオールを上げ、それを合図に殺しにかかるという殺害計画が持ち上がるという事件も起きた。しかしそれを中筋本人に伝えたのもまた、漁場で親しくなったハワイ人であった。事前にその計画を知った中筋は、オールが上がるのを見て帆に一杯の風をはらませて逃亡した。彼の漁船はカヌーよりも足が早かった。和歌山県南紀地方の漁船は、港から漁場にたどり着くまで三八―八〇キロの距離を航行する[14]。そのため漁船はスリムかつ軽量に造られており、漁場まで三時間ほどで到着することができた。このような漁船をハワイに持ち込んだおかげで中筋は命拾いしたのである[15]。

このエピソードは、日本とハワイの漁業文化が出会った当初に起きた軋轢を象徴している。伝統的にハワイ人は自分たちが食べる分だけの魚を獲り、村落共同体の成員の中で公平に魚を分け合ってきた。また獲った魚は同じ村落だけでなく、その延長上にある家族ともいうべき、「オハナ（'ohana）」とハワイ語で表現される人々にも分け与えられた。沿岸部と山間部に住む人々が、それぞれの地域で生産される食べ物を交換しあい、オハナの健全な結束を図るという話は、ハワイ人の物語によく登場するモチーフでもある。(16) しかしこのような村落共同体における自給自足のための漁業の在り方は、日本人が突然、ハワイの海に持ち込んだ商売のための収奪的な漁撈と相容れぬものであった。

ハワイの海の新参者である日本人に対する暴力的な排斥は、中筋五郎吉がいたホノルルだけでなく他の地域でも起きていた。一九〇八年に九歳で家族と共にハワイへやって来て揚野貫三郎は、やがてマウイ島で漁業を始めた父親が、ハワイ人や中国人漁民から排斥される姿を目にしながら成長した。貫三郎の父親は大阪の水産講習所を卒業し、鹿児島県でカツオ漁に従事した経験を持っている。そしてマウイ島のカフルイで漁業を開始するや否や、先輩漁民から、たとえ嵐による避難であっても港を利用させてもらえず、魚の多いところでの漁撈を禁止されるといった数々の制約を突き付けられた。これらを破ると漁船を没収されたり、時には破壊されたりすることもあった。しかし柔道および相撲の心得のあった揚野の父親は、これらの制約を国際法や国際条約違反と見なして漁撈を敢行し、襲いかかってくるハワイ人を投げ飛ばしたところ、妨害行為がなくなったという。(17)

しかしハワイの海における日本人と他のエスニックグループとの交流が、軋轢や確執ばかりに彩られていたと見るのは早計である。とりわけハワイ人漁民と間で魚に関する知識や漁法、漁具などについての情報交換が頻繁に行われ、日本人は地元の人々に知られていなかった魚の名前をハワイの食卓に持ち込んだ[18]。たとえばメンパチ（ハワイ語で *u'u*、*Myripristis berndti* もしくは *Argyromus*）やシビ（同 *'ahi*、*Thunnus obesus*）、アジ（同 *akule*、*Trachurops crumenophtahlmus*）といった名前が地元に定着しただけでなく、一八九〇年頃に日本人がハワイに導入したとされる投網は、またたく間にハワイ人の間に広まって珊瑚礁の浅瀬の波打ち際などで使用されるようになった[19]。

一方、ハワイ人は日本人にケンケンと呼ばれる擬餌針を伝えた。このケンケンはポリネシアで広く使用されている鳥の羽と真珠貝を利用して作ったもので、これをハワイから和歌山県南紀地方に持ち帰った漁民が、アラフラ海から持ち帰った真珠貝を使って再現して利用し始めた。またヨットの原理を応用して、船底中心部にセンターボルドと呼ばれる板を縦にはめ込んで重心を安定させて速力を増し、さらに三本の帆を用いることによって前、後ろ、横からの風でも自由に航行出来るようにしたケンケン船と呼ばれる漁船の図面も、和歌山の漁民によって南紀に持ち込まれ、一九六〇年代にプラスチック船が現れるまで田並や周参見《すさみ》を中心に使用された。ハワイとオセアニアの漁業文化の結晶とも言うべきケンケン擬餌針は、現在も紀南を中心に広く利用されている[20]。

こうして時には他のエスニックグループと衝突し、また時には海についての知識を互いに伝授しあいながら、次第に日本人漁民は現地の漁業における地位を確立していった。そして増加する一方の日本人移住者に魚介類を提供したが、一九〇〇年に約五万人、ハワイ全人口の四割を占めていた日本人は、その後、九年間で約六万五〇〇〇人に増えた[21]。その多くはハワイに来てからも野菜や魚を中心とした食生活を送ったため、魚介類の需要は増えるばかりであった。そこで中筋五郎吉は、生き餌を採るための集魚灯を使い始めたり、サメに漁獲物を食い荒らされる被害に何度も遭遇しながらもマグロ延縄漁法を考案したりしながら漁獲物の増加に務めた。[22]ハワイで最初にガソリンエンジンを漁船に導入したのも中筋で、その後しばらくすると、ハワイではガソリンエンジンを搭載した漁船が主流となった。このように新たな漁法や漁具を工夫する傍ら、中筋はプランテーションで働く漁業経験者に声をかけた。プランテーション労働者が一週間に一八ドルの賃金を得ていた時に、漁業では三〇―四〇ドルの稼ぎになったため、勧誘は容易であった。[23]

折しもその頃のハワイを取り巻く政治的環境は激変の真っただ中にあった。一八九三年のクーデターによってハワイ王国が滅亡してハワイ共和国が誕生し、さらに一八九八年にアメリカに併合されてその準州となると、ハワイ基本法（Organic Act）による属領制の施行に伴い、合衆国移民法が適応されることとなった。その結果、契約期間が廃止されて日本人移住者は自由に職業を選ぶことが出来るようになったのである。それ以前には、一八九五年に田並から契約移民としてハワイへやってきた矢部五郎吉のように、ハワイ島の砂糖キビプランテーションで働き始めたものの、「そもそもの移民の目的は現地で鰹漁を試みること」だという理由で、契約期間の終了を待たずにプランテーションを脱出し、連れ戻されないように姓を竹中と変えてハワイ島ヒロのココナッツ島（Coconut Island）でカツオ漁を始めるといった者もいた。[24]しかし契約移民制度の廃止によって、そのような危険を伴う試みは不要となったのである。

太平洋を渡るさまざまな路

中筋五郎吉は、漁業人口を増やすべく砂糖キビプランテーション労働者に声をかける傍ら、郷里の田並から二五〇人の漁民をハワイに呼び寄せた[25]。また中筋のハワイでの成功に刺激された者が南紀から続々とハワイへとやって来た結果、一九〇〇年のオアフ島では二五九人の日本人が漁業に従事していたが、一九〇三年までにその数が七〇七人に増加した。その一方でハワイ人漁民人口は同じ時期に六五四人から五三三人に減少した[26]。日本人漁民人口の増加とまるで反比例するかのようなハワイ人漁民人口の減少はオアフ島以外でも起こり、とりわけハワイ島、ラナイ島、マウイ島でその傾向が著しかった[27]。日本人漁民の台頭は先住民の海からの排除を伴ったのである。

漁民が日本からハワイへ至るルートは、通常、日本から一直線にやってくる農民と比べて、はるかに複雑かつ多方向性に富んでいた。海についての豊富な知識と高度な航海術を持つ人々にとって、太平洋を渡る路は決して一本だけではなかったからである。実際、漁民が海を渡るルートは時に折り返しやジグザグ、周回などを含むだけでなく、そのためにかける期間もまた、何年もかけてやってくるなど多様であった。たとえば和歌山県の串本出身の小峰平助は最初、パスポートなしでも上陸出来るボルネオのサンダカンに行き、そこの領事館で兄がいるフィリピンへの上陸許可を得たのちフィリピンへ渡った。そして兄の商売の手助けをしながら三年間ほど過ごすうちに、船乗りになりたいと考えるようになった小峰は、兄の友達の誘いで二等機関士としてニューヨーク行きの船に乗り込んだ。途中、船がホノルルに寄港した際に、現地在住の従兄弟からの誘いに乗って夜中に船から海に飛び込むと、従兄弟の小舟に乗ってホノルル港へたどり着いた。上陸後はカツオ漁船に乗り込んで働いた。密航から五年たって税関の官吏に捕まると、自分には既に妻子がいるからハワイに残りたいと申し出た結果、釈放された。当時のハワイでは密航者の取り締まりはあまり厳しくなかったという[28]。

小峰と同じく和歌山県の周参見出身の浜口伴次もまた、密航によってアメリカのとある場所にたどり着いた後、和歌山からの密航漁民が多く集住して漁村を形成していたロサンゼルス近郊のサンペドロに移って漁業を始めた。また和歌山のある者は歩いてメキシコからアメリカに入国し、ある者は太平洋を横断する汽船がホノルル港やタコマ港などに入港した時に海に飛び込んで岸に泳ぎ着くなど、さまざまな手段を用いてホノルルやアメリカ本土に入り込んだ[29]。むろん、このような密航は時に大きな危険を伴った。シアトルに住む和歌山県西牟婁郡出身の市松某が郷里の新聞社編集部に宛てた手紙によれば、シアトル近海の水温は非常に低いため、飛び込んだ場合に命を落とす可能性が高い上に、官憲による取り締まりも非常に厳しかった。そのため下級船員としてシアトル港に入港した際には、くれぐれも船から逃亡を企てて命を落とすような蛮行を思い止まるよう、市松は郷里の人々に訴えていた[30]。

この市松の警告は、船員としてアメリカに入港して夜中に海に飛び込んで密航するという行為が、当時の南紀の沿岸部の人々の間で広く行き渡っていたことを示している。もっともそのような企ての「成功率」は、水温などの自然条件や、官憲の取り締まりの程度によって大きく変動した。水温が高く、取り締まりがシアトルより緩いホノルルに密航した小峰平助は幸運なケースであろう。ホノルルに上陸しさえしてしまえば、あとは同じ和歌山県出身の漁民が仕事や家庭生活など様々な面で面倒を見てくれた[31]。またこれら密航者に加えて、和歌山県から水害によって移民の割り当てが多かった新潟県蒲原郡などに本籍を移した上で、渡航許可を得てハワイへ「合法的」にやってくる者も多かった[32]。

さらに和歌山県の漁民の多くはアメリカ本土やカナダを目指したため、ハワイは太平洋を横断する経由地でもあった。しかしそのようなハワイでも、やがて「紀州カツオ組」と呼ばれる和歌山県出身漁民のカツオ一本釣り漁船船団が結成され、一九〇七年には八隻の漁船が、夏から秋にかけてモロカイ島沖まで出漁し、冬にはオアフ島エワ沖でカツオ漁を行うようになっていた。その活発な漁撈によって大量のカツオが市場に出回った結果、かつては高級魚であったカツオが、一匹一〇－二〇セントという安価で手に入る大衆魚となった[33]。

山口県、広島県出身漁民の台頭と日本人漁業会社の設立

和歌山県からハワイへやってきた漁民の多くがカツオ一本釣り漁に従事する一方、山口県や広島県出身者は、それ以外の漁法を用いた延縄漁や網漁などにおいて次第に台頭した。特に山口県沖家室島出身漁民の活躍はめざましかった。もっとも千戸ほどの住民しかいないこの小さな島から、官約移民開始当初にハワイへやって来た者はほとんどいなかった。前述したように、一八八〇年代か

ら九〇年代にかけて瀬戸内海の他の海域や九州、朝鮮半島沿岸への出漁が盛んに行われており、とりわけ朝鮮組と呼ばれた朝鮮海域出漁船団が、その頃の沖家室島の漁業の花形であった。しかし一九〇二年頃に起きた朝鮮組の遭難事故で二隻の漁船とその乗組員を失うと、その活動に終止符が打たれた。もともと朝鮮海域が日本各地からやってきた漁船で過密状態になり、一九〇〇年当時、二〇〇〇隻とも三〇〇〇隻とも言われた日本漁船の中で、沖家室船団の漁船が占める割合がわずか三%ほどに過ぎず、しかも年を追うごとにその割合を低下させていた。このような理由から、二〇世紀に入ると沖家室島の漁民は台湾や中国の青島だけでなく、ハワイの海に新たな活路を見いだすようになったのである。(34)

ハワイに上陸すると、沖家室島の漁民は次々に縁故のある者を郷里から呼び寄せた。一九〇八年には沖家室島およびその対岸にある周防大島安下荘出身の漁民が、ホノルル近辺で存在感を増していた。しかしその生活ぶりは決して誉められたものではなく、「漁に出る前に前祝いというて飲む、漁が思わしくないとクチ直しに飲む、漁がうまくいくと祝いに飲む、芸者を呼んで大騒ぎに騒ぐので金が残らない(35)」といった有様であった。これもある沖家室島出身の漁民によると、悪いこととは知りながら大金を無駄遣いするのは独身であるが故のことであり、「女房子供でもあれば違います」とハワイの日本語新聞、日布時事の記者に語っている。(36)

飲酒を伴う頻繁な会合は非経済的であり、かつ不健康である。しかしそれはまた、同郷の漁民同士、漁撈に関する様々な情報交換をする貴重な機会でもあった。上記の漁民が、「雲が北に走れば何風、空が高く晴れて居れば何風、どんな方角から吹く風が恐ろしいとか、この方角よりの風は都

写真1　ハワイ島ヒロのワイアケア川に浮かぶサンパン漁船。漁船はまだ動力化されておらず、風の力を帆に受けて前に進む。スイサン株式会社所蔵。

合がよいとか漁夫仲間で風模様を予知する方法がある」[37]と語ったように、飲酒の場は沖家室船団の結束を固め、新しい漁場の開拓に必要な気象条件や海流、その他欠かすことの出来ない情報交換の場としても機能した。そのような情報の共有化などによって、沖家室船団はハワイで急速に拡大し、一九一五年前後において、ホノルルで四六人、ハワイ島ヒロで五七人、マウイ島で四人、カウアイ島で五人が操業していたが、さらにその四年後にはホノルルで八四人、ヒロで九〇人、マウイ島で一三人、カウアイ島で九人となった。沖家室島からは多くの漁民が日本国外へ移住していたが、ハワイ在住者一九六人は台湾の一一〇人、朝鮮の九五人を上回って最も多かった[38]。また、これらの多くは妻子や親きょうだいを伴って移住したため、それらを含めた人数は大きく膨らんだ。そして家族の流入によって独身社会が抱えていたとされる問題は減少した。

早い時期に沖家室島からハワイへ移住した人々の中に、松野亀蔵と北川磯次郎がいた。松野はヒロ郊外で漁業に従事していたおじの招きで一九〇二年にハワイへ渡ったが、ハワイでプランテーション労働に従事した記録はない。最初は白人所有の酒店で働きながらホノルルのボーディングスクールに通った後、学校を辞めて魚の仲買業を始めると、毎朝四時に起床して夜一一時まで働いて、新たな事業を始めるための資金を貯めた。一方、北川磯次郎はハワイ島のプランテーションで働いた後、兵役に就くために帰国して日露戦争に参加した。そして再びハワイへ戻るとヒロで魚の行商を始めた[39]。ハワイ島のヒロ湾に面したヒロの街に形成されていた小さな日本漁村は、やがて多くの沖家室島出身漁民を抱えるハリイ島有数の漁業基地へと発展した。一九〇一年には、ヒロ在住の沖家室島出身者が同郷の者などで金を積み立て、仲間が事業を始めたり大きな買い物をしたりする時の資金を融通し合う仕組みである「講」を結成していた[40]。当時はまだ、日本人移住者が現地の銀行から資金を借りることが難しかったため、この講が日本人の経済活動において大きな役割を果たしていたのである。

このような、講をはじめとする沖家室島出身者の相互扶助の仕組みを利用しつつ、松野亀蔵と北川磯次郎は手を組んで事業の拡大に乗り出した。二人が一九〇七年に資本金一二五〇ドルで設立したスイサン株式会社（Suisan Company）、通称ヒロ（ワイアケア）水産は、魚の流通、加工を行うハワイで初めての日本人漁業会社であった。もともとヒロにはゲア魚市場（Gehr Fish Market）があったが、その所有者であるR・A・ルーカス社ごと買収して生まれたのが、このスイサン株式会社で、沖家室島出身の門田菊松が社長に就任し、松野や北川も経営に参加した[41]。そしてヒロを拠点とする漁民や鮮魚商人が五ドルの株を買って新会社の設立を支えた。その多くは沖家室島出身者であったが、広島県出身者もまた会社に出資したり経営に参加したりしており、門田の跡を継いで社長に就任した江川平太郎は二保島出身である[42]。仁保島は大がかりな埋め立てによって漁場を失うまで、住民の多くが半農半漁の生活を送っており、朝鮮海域へ出漁する者もいたが、そこで多くの漁民と競争するよりは、と、ハワイにやって来るものもまた多かった[43]。

ホノルルで最初の日本人漁業会社が誕生するのはスイサン株式会社設立の翌年、一九〇八年のことである。漁民や鮮魚商人らが出資して設立したスイサン株式会社と異なり、ホノルルでは日本語新聞社の経営者など、日本人社会の指導的立場にあった人々がこの動きを主導した。日布時事社を経営する相賀安太郎によると、日本人が漁業を独占していたにもかかわらず、最も利益を得ていたのは中国人商人で、儲けで酒を飲んでしまう日本人漁民は、鮮魚市場を独占している中国人商人の前では無力であった[44]。

相賀が言うように、当時、ホノルルにおける鮮魚流通を握っていたのは中国人であった。チャン・クン・アイ（Chung Kun Ai）という中国人商人が一九〇四年に私設の市場を設立するまで、ホノルルにはハワイ準州政府が運営する市場しかなかった。その市場は「大規模でしかるべき人がしかるべき運営をしていた」という[45]。しかし中国人鮮魚商人から、準州の監察人が不正を働いているという苦情が出たため、アイがシティマーケット（City Market）という新たな市場を設けたのであった。するとその翌年に、アニン・ヤング（Anin Young）を中心とする有力な中国人商人らが、シティ

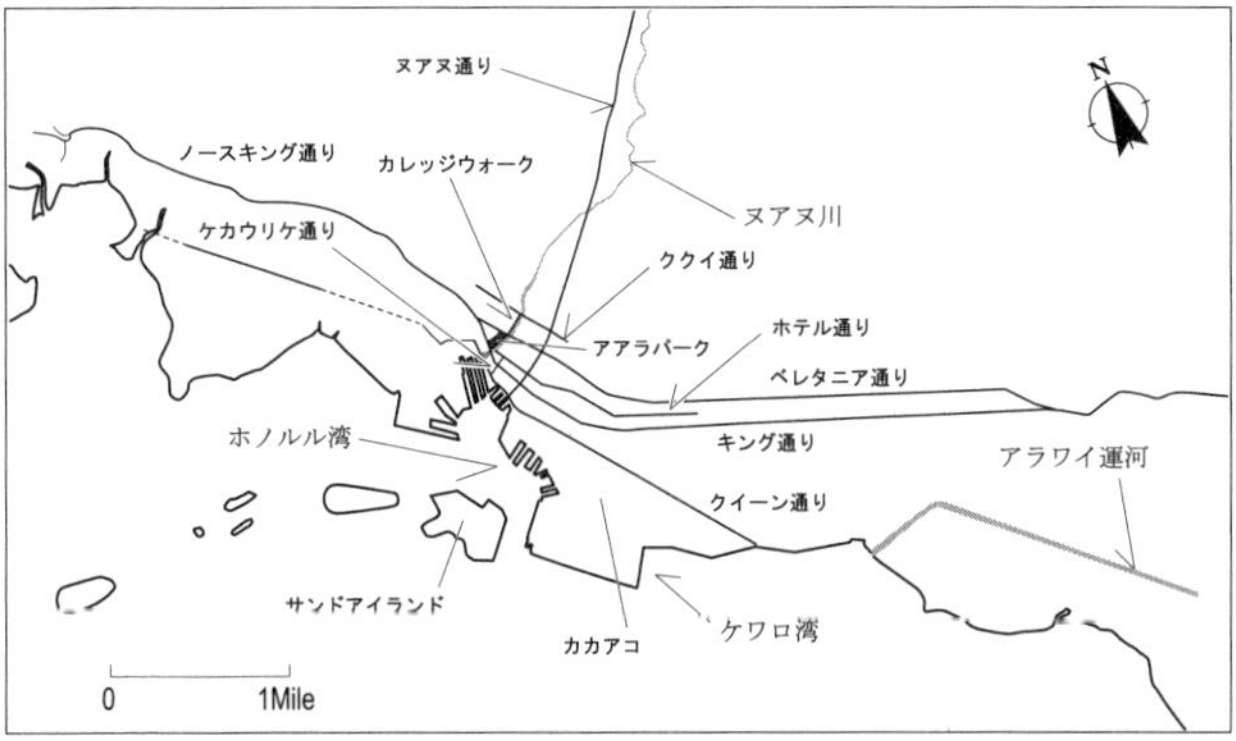

ホノルル

マーケットの隣にオアフ魚市場（O'ahu Fish Market）を建てた。こちらの方が目抜き通りであるキング通りと路面電車の停留所に近かったこともあって多くの鮮魚商人が集まった結果、政府の市場とシティマーケットはともに閉鎖に追い込まれた(46)。それ以降、オアフ魚市場がホノルル唯一の市場として水揚げされる鮮魚を一手に扱うようになり、その売り上げの一割を手数料として徴収した。相賀安太郎は、日本人漁民が中国人支配に屈しているだけでなく、自分の稼ぎを酒に費やしている実情を憂えた。またホノルルの日本語新聞社、布哇新報社の芝染太郎や、山城ホテル経営者の山城松太郎、和歌山県出身の三田村俊行医師が相賀に賛同し、日本人漁村に出向いて生活態度の改善と自分たち自身の利益を守る組織作りの必要性を訴えた。相賀らが頻繁に訪れたのは、日本人漁民とその家族が集まる、ホノルルのケワロ湾沿いに広がるカカアコという地区で、そこに通っては中国人から漁業の主導権を奪う必要性を住民に訴えた。

相賀と行動を共にした山城松太郎は、一八九〇年に契約移民として広島県二保島からハワイへやって来て六年間プランテーションで働き、つましい生活を送って資金を貯め、一八九六年に元気屋旅館をホノルル市内に建てた。しかし一九〇〇年に起きたチャイナタウンのペスト焼き払い騒動に巻き込まれて旅館が灰燼に帰したため、その四年後、市内の別の場所に山城ホテルを設立した。一九〇九年にオアフ島各地の砂糖キビプランテーションで日本人労働者がストライキを起こすと、山城は増給期成会の会計を担当し、ホテルを会合の場として提供した(47)。このストライキへの関与が示すように、日本人社会への貢献を重視する山城は、有力者との豊富な人脈を持っていた。またプランテーションだけでなく水産業にも高い関心があったため、山城は相賀らと共に日本人漁業会社の設立を目指したのであった。

一九〇八年二月に辰丸事件が起きると、日本人漁業会社の設立はいよいよ急務となった。この辰丸事件の発端は、マカオ沖で日本の貨物船第二辰丸が清国官憲に密貿易の嫌疑で拿捕拘留されたことである。これに対し、日本政府は清国政府に第二辰丸の即時釈放と賠償を求めて抗議したところ、清国政府が日本側の要求をほぼ全面的に受け入れる形で日本に対して謝罪し、辰丸を釈放した。これを屈辱と捉えた中国人は日本製品のボイコット運動を展開した。そしてこの運動がハワイにも飛び火した結果、中国人鮮魚商人は日本人漁民の漁獲の買い上げを拒否した。

この事件が大きなきっかけとなって、一九〇八年九月に資本金五万ドルを以て設立されたのが布哇漁業会社（Hawaii Fishing Company）である。その設立メンバーには相賀安太郎、芝染太郎、三田村俊行らが名を連ねた。なお、三田村は一八八九年にハワイ王国の招きで来ており、漁業とは無縁である。しかし実業家としてのセンスを見込まれた三田村は、この新しい漁業会社の初代社長に就任した。同社はまた、ケカウリケ通りにキング魚市場（King Fish Market）も開設して、水揚げから小売りに至る鮮魚の流通ルートを確立した[48]。

布哇漁業会社の設立から二年後の一九一〇年、今度は山城松太郎が資本金一万ドルで太平洋漁業会社（Pacific Fishing Company）を設立した[49]。社長を始めとする役職ポストを日本人が独占したヒロのスイサン株式会社や布哇漁業会社と異なり、山城の新会社は白人、中国人との共同出資である上に、副社長や会計に中国人が就任するなど、日中共同経営の形を取っていた。当時のホノルルの水産流通業界において、大きな影響力を持つ中国人商人ネットワークを取り込んだためであったが、この日中共同経営という方針に反発した日本人漁民は、同社への水揚げを拒否した。しかし布哇漁業会社が取引を渋る小魚を引き受けるなど、漁民への地道なサービスが功を奏した結果、次第に大洋漁業会社は漁民の信頼を得て事業を拡大した[50]。また一九一四年にはホノルル漁業会社（Honolulu Fishing Company）が資本金五〇〇〇ドルで設立され、山口県

写真2　山城松太郎。山城ホテルの経営のみならず太平洋漁業を設立するなど、水産業にも大きな功績を残した。エロイーズ・ヤマシロ・クラタ所蔵。

出身の中藤長左衛門が社長に就任したが、和歌山県紀南の江須の川という小さな集落出身の貴多鶴松らが会社の設立を手助けした(51)。貴多は中筋五郎吉の弟子でカツオ漁で成功し、故郷の春日神社にちなんで名付けた春日丸Ⅰと春日丸Ⅱという二隻の漁船を所有していた。その傍ら、貴多は江須の川からの移住者の互助組織や漁船船主組合、さらには和歌山県人会などの結成にも尽力し、密航者の支援活動なども行っていた(52)。和歌山出身漁民の中心人物である貴多の参画が示すように、ホノルル漁業会社は他の二つの日本人漁業会社よりも多くの和歌山県出身者の所有漁船を抱えての発足であった(53)。

こうしてハワイに次々と誕生した漁業会社は、漁民と仲買人を結びつける結節点として機能し、会社同士が互いに切磋琢磨しあうことによって、ハワイにおける日本人漁業は飛躍的に発展した(54)。各漁業会社は所属漁船の水揚げをセリにかけ、代金の五分から一割を手数料として徴収した(55)。また漁業会社は漁民のパトロンとしての役割を果たし、漁撈に必要な氷や燃料、食糧などの費用の肩代わりをした。さらに漁民が漁船の造船のために銀行から資金を借りる際の保証機関となった他、会社が直接、資金援助を行うこともあり、それによって多くの漁民が自分の漁船を所有するようになった。こうして間もなく、ホノルルのケワロ湾は「サンパン」と呼ばれる木造の和船で一杯になった(56)。新造船の登録や港の係留費用は漁業会社が負担したが、これらの支援と引き替えに、漁民は所属する漁業会社に水揚げをする義務を負ったのである(57)。

このような漁業会社による漁民への様々な支援は、広島県や山口県において、商主《ショーヌシ》と呼ばれる仲買人と漁民が、一種の親方、子方関係で結ばれていたことを彷彿とさせる。近代的な金融、流通システムが確立する以前において、商主が漁具や食糧など漁撈に必要な物の購入代金を用立てし、漁民は魚の売り上げによって返済した。多くの漁民は仲買人に借金をしており、しばしば漁獲を買い叩かれることもあって両者の関係は対等ではなかった[58]。ハワイにおいても漁業会社はこのような家父長制的な関係を築いたが、商主が行ったような一方的な値付を行わず、セリによって値段を決める制度を導入するなど、封建的な要素は弱められていた。さらに漁獲物の売上金をすぐ支払わない商主と異なり、漁業会社では毎日、漁民に売上金を支払い、仲買人から週に一度、その代金を集金した[59]。

一九一〇年代に入ると、ハワイの日本人人口が一〇万人を超えた[60]。高まる鮮魚需要に応えるべく、各漁業会社は腕の立つ漁民に漁船を持たせるよう便宜を図って水揚げを増やし、会社の業績を伸ばそうとしたため、資本を持たない漁民でも漁船を持つことが可能になった。前述の和歌山からの密航者、小峰平助もそのような漁民の一人で、小峰は密航当初、小さい漁船の乗組員として働き始めたが、漁業会社からその腕を見込まれて融資を受け、当時としては大型漁船である六五馬力のマウイ丸のオーナーとなった。その後約三〇年間に渡って、彼は会社の期待を裏切らない成果を上げ続けた[61]。

このように漁業会社と漁民の関係は比較的良好であった。その理由の一つは、漁民の収入が他の職業と比べて高かったためでもあるが、何よりも会社が漁民と信頼関係を築き上げるべく、細やかなサービスを提供したことがその要因として挙げられる。太平洋漁業会社の山城松太郎は漁民の組合を立ち上げ、さらにその積立金として一〇〇〇ドルを寄付した。また毎月最大の漁獲を挙げた船長に対して景品や奨励金を出し、正月には漁民や仲買人を宴席に招いた。そして漁船の遭難事件があると会社の費用で捜索を行った[62]。他の漁業会社の経営者も漁民に対して類似のサービスを行っており、新年会への招待や様々な相談窓口の提供、遭難者の捜索や遺族の世話などを通して、漁民との信頼関係の構築に努めていた。このような数々の慈善活動や助力によって、日本人漁業会社は漁民と共存共栄する関係を作り上げた。

ホノルルにある三つの日本人漁業会社は、いずれもケカウリケ通りとキング通りが交差する場所にあり、当時のホノルルの中心街の一角を占めていた。そしてオアフ市場に店舗を構えていた中国人と日本人商人らが、一九一八年頃にアアラ市場（A'ala Market）をクイーン通りとカレッジウォークに面した場所に設立すると、布哇漁業会社とホノルル漁業会社がそちらに移動した[63]。この新しい市場はセリ会場や貯蔵庫を備え、商品の取扱いや計量、簿記サービスを提供していた。早朝に漁船がケワロ湾に戻ってくると水揚げされた魚はセリ会場へ運び込まれ、大型の魚は床に並び、小さな魚はトロ箱に入れられて朝六時から始まるセリにかけられた。

魚の仲買人や小売商人は、セリに参加してもしなくても市場に足を運んで値段を確認したり、仲間と情報交換したりするのが常であった[64]。そのためセリ市場は水産関係者にとって、水産物流通や価格その他の重要な情報をやり取りしたり、人脈を広げたりする場としての役割を果たしていた。さらに市場周辺は水産関係者のみならず、一般市民にとっても社交の場として利用されていた。ハワイ共和国のサンフォード・B・ドール元大統領は、このアアラ市場周辺の賑やかな様子を次のように振り返っている。

この古い魚市場は、ホノルル中のあらゆる物産を扱う通常の市場としてだけでなく、選挙の時には、にわかに集会が始まって空のサケ樽の上で政治的な演説が行われたりする、ホノルルの政治活動の中心地であり、私はこれを重要な施設であると呼んできた。またここはある意味、社交の場でもあった。特に土曜日のビジネスが最高潮に達したり、ハワイの人々が市場が閉まる日曜日を過ごすための買い物をしたり、土曜の午後、仕事が終わって休暇となると男女が着飾ったり、交通が盛んであっただけでなく、ニュースやゴシップや冗談やそのほか楽しいことが飛び交う場所でもあったのだ(65)。

こうドールが記したように、魚市場及びその近辺は、ホノルルのコミュニティにおける経済、政治、そして社会的活動にとって重要な場となっていた。そしてそのような人々の集いの中心にあったのが、ハワイの海の幸を集積し、集配する漁業会社であった。

このセリ市場では、三日から五日前に獲れた魚を鮮魚として扱うなど、法律違反の疑念を呼ぶこともあった。さらに魚市場内での飲食物の販売や、生きた鳥類の飼育状況などが不衛生であるとして準州から改良の指導が入ることもあった(66)。また第一次世界大戦中に魚価が急激に上昇すると、仲買人による価格の談合疑惑が持ち上がった。そこで準州政府はセリを停止した上で公定価格を導入したが、その後も価格が下がらなかったため、カカアコ漁民組合（Kaka'ako Fishermen's Association）を結成するよう奨励して漁民が直接、漁獲物を売りさばくようにした。しかしこのような一連の政策によって魚価が下落すると、出漁すればするほど赤字になるとして漁民の反発を招き、出漁をボイコットするする騒ぎまで起きた(67)。しかし間もなく、需要と供給のバランスが落ち着いて政府の介入の必要性もなくなるとセリが再開された。[68] これ以降、セリによる水産物流通の仕組みそのものに当局側が直接介入する事はなかった。

仲買人によるボイコット騒ぎと紀州船団の独自性

漁業会社は漁民にとって保護者のような存在であった。そのため漁民の側が表立って不満を表明することはなかったものの、そこで商売する全ての関係者が会社の経営方針に満足していたわけではない。一九一〇年二月に布哇漁業会社で起きた鮮魚仲買人のボイコット騒ぎは、会社側に対する不満が顕在化した出来事であった。この頃、会社から「棚」と呼ばれる場所を借りていた一二人の日本人と八〇人の中国人鮮魚仲買人は、競り落とされた魚の扱いをボイコットした。その発端は会社が誰でもセリに参加出来る方針を取ったことである。以前は限られた数の仲買人や卸売り業者のみがセリに参加していたが、一般人もセリに参加して恣意的な値付けをしたため、市場の魚価が急激に乱高下するようになった。

日中仲買人がエスニシティや国籍の壁を越えて団結した上で、漁業会社の方針に楯突くという大胆な行動に走ったその背景には、鮮魚仲買人の自立性があった。仲買人は会社の庇護下で操業する漁民ほど会社へ依存しておらず、むしろ賃料を払って棚を借り、そこで商売をする会社の顧客でもあった。その上、仲買人の多くが中国人であったこともあって、多数の日本人が占める会社の経営陣と協調しつつ一定の距離を保っていたのである。また一九〇三年に中国人が立ち上げた魚商組合は、一九二〇年に独自のクラブハウスを建設するまでに成長しており、水産業界に一定の影響力を持っていた[69]。その中国人鮮魚仲買人と日本人同業者は、一般人がセリで不当に高い値段をつけて魚価全体を釣り上げているという見解で一致し、布哇漁業会社に対して、一般人が相場以上の値段で魚を買い入れた場合は仲買人に「割り戻し」を行うか、もしくは素人を除外した別の卸売り方法を取り入れるよう要求したのであった。さらにアチューなる中国人商人のセリ参入も問題視した。この人物はセリで大量の魚を高値で買い占めて氷で冷蔵保存し、汽船に売り渡していた。そのため仲買人は、アチューが漁業会社と結託して魚価を操作していると主張したのである[70]。

仲買人、漁業会社とも譲歩しなかったためボイコットは長引いた。会社側としては、最も高値を付けた者に魚を売るのは当然のことであり、また会社もセリを行うために毎年六〇〇ドルのライセンス料を準州政府に支払っている、セリを停止した上で別の卸売りを行うのは非現実的であると反論した。そして仲買人の強硬な姿勢を目の当たりにした会社は、鮮魚の直接販売を開始したのである[71]。

ホノルル最古の日本人漁業会社に対する日中仲買人の合同ボイコットは、日本人社会の反中感情を刺激した。そのため日本人仲買人は、「今回のボイコットは相互の利益の問題」であり、「同業者として利害関係を同じうする者は日本人、清国人と区別する必要なし」、さらに「今回の問題については人種の区別をなす必要なし利害関係同じき者が相一致するのは当然」と述べて同胞の理解を求めた[72]。この言葉に象徴されるような、エスニシティや国籍を超えた結束の強さは、異なるエスニックグループが対立しがちであったプランテーション社会と好対照をなしている。このような確執は白人（ハオレ、*haole*）プランテーション所有者によって作り出されたもので、白人支配者側はプランテーション労働者のエスニシティによる宗教や習慣の違いを敢えて強調し、エスニシティや人種、国籍によって異なる賃金形態を導入して、労働者が互いに嫉妬や憎悪の感情を持つよう仕向けていた。その狙いは、プランテーション労働者が結束して白人支配に刃向かわないようにすることであった[73]。そのため、オアフ島各地のプランテーションで働くフィリピン人と日本人が、劣悪な労働環境の改善を求めて起こした一九二〇年のストライキは、プランテーション社会において労働者が国籍を超えた連携の重要性を認識し、行動に移した顕著な例とされている[74]。

しかしこのようなプランテーションにおける労働者の「分断統治」は、あくまでも陸上での出来事であり、水産業界において、そのようなエスニックグループ間の対立が煽られることはなかった。日中仲買人の合同ボイコットや、先述の太平洋漁業会社における日中共同経営などに見られるように、早くも一九一〇年代のホノルルの水産業において、エスニシティや国籍を超えた同業者同士の強い結びつきが誕生しており、プランテーション社会と異なる様相を呈していたことは特筆すべきである。この仲買人ボイコットの場合も、会社との交渉が長引く間、仲買人に無料で棚を貸し出して応援したのは、アリヨンという中国人商人であった[75]。

会社側はセリへの自由参加の方針を変えなかったため、結局妥協を強いられたのは仲買人側であった。しかしこの出来事によって、エスニシティを超えた同業者同士の結びつき以外に顕在化したのは、ホノルルの水産業界における和歌山出身漁民の独自性である。ストライキの最中でも仲買人が商売を続けることが出来たのは、紀州船団が漁獲物を提供し続けたからであった[76]。和歌山県出身の漁民は布哇漁業会社と一線を画していただけでなく、居住空間や生活スタイルなどにおいても、他の同業者と比較して「一風変わって」いたと語るのは、沖家室島出身のある漁民である。それによると、紀州船団は他の多くの日本人漁民が住むカカアコから離れた、ヌアヌ川河口のハックフェルド桟橋の一区画に漁船を係留していた。そしてケカウリケ通りとその近辺のキング通りやホテル通りの貸し長屋に居住し、フンドシ姿のまま二階の窓に半身をまかせて往来を見下ろしている姿は「余り褒められた体裁でも」なかった。そもそも漁民は粗暴であるが、とりわけ紀州組はひどく、よく喧嘩をした。しかしこれが海の上では素晴らしい活動となり、喧嘩で慎むべき蛮勇は頼もしい勇気にもなっていたという(77)。

この沖家室漁民の言葉のように、紀州船団は、貨物船に明け渡す一九三三年ごろまでヌアヌ川河口に近いホノルル湾一六番桟橋に漁船を係留し、ホノルル湾や市場の近くに居住していた(78)。一方、他の日本人漁民はケワロ湾を操業の拠点とし、隣接するカカアコ地区に住んでいた。当時、紀州船団がカツオの一本釣り漁において独占的な地位を保っており、その独自の漁法を身につけていない他の船団と協力しあう必要性はなかった。加えて和歌山の漁民は米本土西海岸へ転向する傾向が強く、そのための通過点に過ぎないハワイで、敢えて地元の他の漁民と交流する必要もなかった。

このような和歌山漁民が持つ特性の賜物とも言うべきものが、一九一四年におけるホノルル漁業会社の設立であった。この会社に所属する漁船の多くが和歌山出身者の所有船であったことは言うまでもない。実際、ホノルルの日本人漁業会社は特定の県出身者との強い結びつきを持っていた。布哇漁業会社は山口県出身者とのつながりが強かった。一九二二年に経営困難に陥った同社を山口

写真3　ホノルル湾16番桟橋に浮かぶ紀州船団のものと思われるサンパン漁船。1910年から20年頃の様子か。祭日を祝うためであろう、日章旗を掲げている。ハワイ州立公文書館所蔵。

県上関出身の上田新吉が買収した上で、新たに布哇水産会社として再編成すると、経営陣を山口県出身者で固めた[79]。一方、広島県出身の山城松太郎らが中心となって設立した太平洋漁業会社に所属する漁船は、他の会社よりも広島県出身者が多かった。しかしながら、このような漁業会社における出身県による派閥意識は、年を追うごとに弱まっていった。一九二〇年代になると、和歌山漁民の先駆けとでも言うべき存在である中筋五郎吉が、広島県閥であるはずの太平洋漁業会社に所属する一方で、多くの広島県、山口県出身者の所有漁船がホノルル漁業会社に水揚げをするようになっていたことを鑑みると、その頃までには漁業会社の経営陣の出身県にかかわらず、漁民が自由に所属会社を選ぶようになっていたことがうかがえる[80]。

排斥の波

二〇世紀初頭には数える程しかいなかった日本人漁民が、短期間でその数を急増させたことによって、表向きは資源保護という名目を使いつつ、増加する日本人漁民の排斥を目指す勢力も現れ始めた。一九〇九年にマウイ選出の準州上院議員、ウィリアム・J・コエルホー（William J. Coelho）が、議会に非市民の漁業を禁止した上で違反者には一〇〇ドルの罰金を科す法案を提出した。地元英字紙、パシフィックコマーシャルアドバタイザーによると、準州上院はこれを「馬鹿げたカリフォルニア議会のやり方」であり、「他国国民の条約上の権利侵害」であるとして批判した上で否決した[81]。

コエルホー法案は明らかに、カリフォルニア州の排日法案を模して、ハワイの漁業からの日本人締め出しを狙ったものであった。一八九〇年からカリフォルニアのモントレーなどで和歌山県、広島県、千葉県出身者を中心として、日本人がサケ漁やアワビ潜水漁に従事するようになっていた。その後、日本人漁業の拠点は南下し、一九一〇年代になるとロサンゼルスの南にあるサンペドロが、カリフォルニアにおける日本人漁業の中心地となった。そして、ツナ缶詰の開発によって、それまで魚を食べる習慣がなかった白人の間でその消費が急速に拡大すると、ツナ缶詰の原料となるマグロを獲る日本人、とりわけ和歌山県出身の漁民の活躍が顕著になった。しかしカリフォルニア州議会は高い課税や数々の規制を設けることで日本人漁民の排斥を図った。またワシントン州やオレゴン州議会もそれに倣って類似の法案を成立した。さらにモントレーなどの水産業界関係者は、イタリアのシチリア出身者など他のエスニックグループの漁民を招聘することによって、海における日本人の独占状態を崩そうとした(82)。

このような米本土西海岸の海における排日の動きから日本人漁業を守ったのは、皮肉にもツナ缶詰工場の白人経営者であった。たとえばロサンゼルスのツナ缶詰工場では、経営者側が排日法案の可決を阻止すべく州議会などに対してロビー活動を行う傍ら、ターミナル島にバラックやアパートを建てて日本人漁民に貸し出した。そして「最高の漁民」である日本人が工場に漁獲を卸す契約を結ぶよう、漁船を持つための費用を前貸ししたり費用を出したりして保護した。また日本人漁民の方も、缶詰会社の労働者としての意識を強く持つようになっていた(83)。こうして西海岸では漁民とツナ缶詰工場間において相互依存関係が確立していたが、それとは対照的に、ハワイの日本人漁民は地元の白人エリート階級に支配されることもなければ、その保護も受けなかった。ハワイではビッグファイブと呼ばれる五大白人財閥がハワイの土地や経済、政治、メディアなどを支配し、その強い影響力は陸における様々な分野に及んでいたが、海はその権力の範囲の範疇外であった。そのため強い自立性を持つ代償として、日本人漁民は己の利益を自分たち自身で守らなければならなかった。

ハワイの日本人漁業にとって追い風となったのは、ライバルとなる漁民の不在と水産物需要の増大であった。カリフォルニアのように日本人に取って替わるイタリア人など、他のエスニックグループの漁民がいないハワイにおいて、唯一の競合相手はハワイ人漁民のみであった。しかし前述したように、二〇世紀初頭以降、ハワイ人漁民の数は激減していた(84)。準州議会は、日本人を排斥した場合、代わりに鮮魚を供給する者がいなくなるという事情を考慮した結果、コエルホー法案を否決したものと考えられる。

しかし日本人排斥の動きは簡単に収まらなかった。その後まもなく、新たにヒロ湾での網漁を二年間禁止する法案が準州下院議会で提出されると、その一週間後に上下院で可決された。この法案は漁業資源を守る目的をうたっていたが、日本人の目にはコエルホー法案の否決に対する報復として映った。ヒロは当時のハワイにおける最大の漁業基地であり、ヒロ湾における網漁の禁止は、沖へ向かう前にそこで生き餌を獲るカツオ漁にとって大打撃となる。また網を使わない方法の導入も、それまでの漁網への多大な投資が無駄になるだけでなく、従来とは全く異なる新たな漁法を身につける必要があるため非現実的であった[85]。スイサン株式会社の試算によると、ヒロで操業する日本人漁民二五〇人が仕事を失う可能性があったため、会社を挙げて失われた漁業権を回復するための陳情活動を開始した。しかし有力者への陳情活動の成果が見られなかったため、会社は二名の弁護士を雇って訴訟を起こした。ヒロ巡回裁判所で行われた裁判では、会社の役員を始め漁民たちも次々と証言台に立った結果勝訴し、この法律は無効とされた。

この裁判での勝利は、ヒロの水産関係者にとって喜ばしいことであったが、同時に思わぬ副産物も産み出すことになった。訴訟のためにかかった多額の費用によって会社の経営が悪化したため、漁船の水揚げから徴収していた手数料を従来の五分から一割に引き上げた。この決定に対して会社は賛成派、反対派に二分し、やがて内紛がエスカレートして会社が反対派を訴えると、反対派も会社の書記の松野亀蔵を偽証罪で訴えた。社員や株主総会での話し合いでも決着が着かず、ヒロの日本語紙、ハワイ殖民新聞の社長が仲裁に入って双方を招いて話し合いを行った。しかしこの会合が決裂に終わると、反対派が会社を離れて新たにハワイ島漁業会社（Hawaii Island Fishing Company）を設立するに至った。

排日の波はハワイ最古の日本人漁業会社を分裂させただけにとどまらなかった。一九一三年に準州議会が、カツオ一本釣り漁の生き餌であるネフとイアオを、一二フィート以上の長さの漁網で捕獲してはならないという法案を新たに可決すると、日本語新聞はこれを、日本人漁業全体に対する嫌がらせと捉えて反対運動をするよう呼びかけた。そして布哇新報社の芝染太郎、布哇報知社の牧野金三郎、日布時事社の泉記者、太平洋漁業会社の山城松太郎、そして天神丸と高砂丸を所有する船長らが弁護士を伴って春日丸に乗り込み、夜半に禁止された網を使用してネフ漁を敢行した結果、春日丸船長の貴多鶴松が逮捕された。しかしこの漁の参加者たちが地元有職者との人脈を通じて働きかけたため、貴多は間もなく釈放され、ネフ、イアオ漁に課された制限も解除された。もっともこの変更はオアフ島でしか適応されなかったため、引き続き山城松太郎と牧野金三郎らが各島の関係者とともに、準州議会に対して制限を撤廃するよう運動を続けた。その一方で、マウイ島の大八平五郎という漁民が準州政府を訴えて敗訴したため、牧野金三郎は大八を「愚昧代表者」「自分勝手」であると非難した。しかし大八のこの行動は、一般の漁民が指導者の指示を待たずに自分自身の権利を守るために立ち上がったことを示している[86]。この後もネフ、イアオ漁制限に対する議論は続いたが、日本人は漁業に関する制限が課せられる度に、法の抜け穴をかいくぐり、必要であれば裁判に訴えるなどの手段を取りつつ、ネフ、イアオ漁を続けたのであった。

白人財閥支配からの独立——大谷松治郎の挑戦

漁民たちが恣意的な漁業規制に翻弄されていた頃、陸の上でも鮮魚行商人を悩ませる出来事が多発していた。鮮魚販売に関する明白な規定がないため、警察官が魚をバスケットに入れて売り歩いている行商人を呼び止めて衛生法違反の罰金を科すことが多く、商売に支障をきたしていたのである。このような現状を変えるべく立ち上がったのが、沖家室島出身の若き行商人、大谷松治郎であった。一九一〇年に大谷はわざと荷馬車を衛生局の前に止めて逮捕されると、裁判において初審で敗訴したものの上告審で勝訴したため、その後は鮮魚の行商に罰金が科されることが無くなった。

裁判のために三七五ドルという「驚くほどの大金」をはたいて弁護士を雇った大谷松治郎は、決して裕福な青年ではなく、懸命に働いて貯めた金と同郷者の講から工面した費用を使って裁判を闘ったのであった(87)。一八九〇年に沖家室島で誕生し成長した大谷は、漁や商売のために国内外各地へ出かける先達に倣い、漁業や船大工の仕事をしながら自身も外国へ行く機会をうかがっていた。もともと朝鮮半島へ渡るつもりであったが、後にヒロのスイサン株式会社を設立する北川磯次郎が島に帰省した折に、ハワイの漁業が儲かるという話を聞いた大谷は、単身者の手続きを渋る移民会社に三人分の費用を支払って説得し、わずかな所持金を懐に、一九〇八年にハワイへやって来たのであった。その後さまざまな仕事を転々とした後、同郷者が多く住むカカアコに落ち着いて魚屋を始めた。そして一九一一年にキング魚市場の一角に講で得た資金を使って大谷生魚店を開店したこと

写真4　大谷松治郎。1908年にわずかな所持金を携えて山口県沖家室島からハワイにやってくると、やがて大谷はハワイを代表する水産会社を築き上げた。

を皮切りに、次第に営業を多角化して食料品の輸出入を手がけるようになった。一九二〇年にはハワイに呼び寄せた弟、宇佐之助と二人で大谷商会を設立し、同年、ハワイの五大財閥であるテオ・H・デービス社やアメリカンファクターズ社を押さえてアームストロング陸軍兵営でのカニ缶詰の入札を勝ち取った。こうして大谷は陸軍を顧客に加えることに成功したが、入札で日本人に負けたことは財閥企業側にとって恥辱であり、両社は大谷に対して「不可解な、不愉快極まる行為」を取った。しかし、大谷はこのような白人エリート層による差別的な扱いに屈することなく、翌朝、デービス社の者を呼び出して抗議した上で、今後一切の取引の停止を告げた。またアメリカンファクターズに対しても同様の措置を取った[88]。

　このような大谷の一連の大胆な行動は、差別に対する感情的な反発という以上に、地元の財閥企業抜きで商売が成り立つという冷静な判断に裏付けられていた。日本人労働者が従属的な立場に置かれているプランテーション社会であれば、デービス社やアメリカンファクターズ社側が大谷に報復することも可能であろう。しかしハワイの水産業にはプランテーション社会と異なる人種関係があり、力関係が働いていたことを両社は自覚していなかった。これ以降、両社との関係を断ち切った大谷は、新たに米海軍を顧客リストに加えることにも成功した。折しもその頃の米陸海軍は、太平洋における戦略上重要な拠点としてハワイの軍事基地化を推進していたため、その動きと比例するかのように大谷は事業を拡人させた。また彼は他の山口県出身者と共に布哇水産会社の経営にも参加し、やがてハワイにおける水産業界の中心的人物となったのであった。

ハワイの水産業における日本の海の民の地位の確立と他のエスニックグループとの関係

布哇《はわい》に於ける漁業は全部日本人により従事され居ると云うを得べし、他は一二あるも数えるに足らず所謂日本人の独占事業にして之同胞が其業に専門的経験を有するが為めなり、他島に於てもホノルル同様漁業は凡て日本人の手により営まれ居れり(89)

これは一九二二年に出版された『ホノルル日本人商業会議所年報』の一節である。ハワイの漁業は日本人の独占状態にある、というこの記述は、決して誇張ではなかった。そして日本人漁業の屋台骨とも言うべき機能を果たしていたのが漁業会社である。この頃にはハワイの二大漁業基地であるホノルルとヒロに設立された複数の漁業会社を拠点として、日本人が水産物流通も支配するようになった。また会社の成長は日本人漁民への投資の増大にもつながったため、漁船船団の拡大とその効率性の向上をもたらした。本章で見てきたように、ハワイにおける日本の海の民のプレゼンスの拡大過程は、現地におけるハワイ人や中国人商人との確執や協調に彩られていた。二〇世紀以降、ハワイ人漁民はその数を大きく減少させたものの、引き続き単独、あるいは日本人漁船の乗組員として漁業に従事し続けており、日本人との間で漁具や漁法、魚種に関する知識の交換を活発に行っていた。また中国人商人も、辰丸事件をきっかけに日本人の漁獲物流通を拒否したり、あるいは日本人同業者と手を組んで日本人漁業会社の方針に反対したり、逆にその運営に参画したりしつつ、水産物流通の分野で一定の影響力を保ち続けた。

その一方で、日本の海の民と白人支配階層との関係は、より複雑な様相を呈していた。ハワイの海における日本人の急激な台頭は地元政財界を刺激し、ある者は日本人と手を組んで漁業会社を立ち上げたが、またある者は日本人漁業の制約や排斥を企てた。排日の動きに対して、日本の海の民は自分たちの利益を自分たちの手で守ろうとしたが、米本土西海岸の同胞のように白人による保護も受けなかった。もっともハワイの白人支配層による排日の火種は、日本の海の民が現地の水産業を独占的に支配するようになると次第に鎮火し、やがてその事業を支える方向へと方針を転換させていくことになる。その経緯については次章以降で詳述する。

（1）『日布時事』、一九二九年四月二二日、六頁。

（2）Gerald Horne, *The White Pacific: U. S. Imperialism and Black Slavery in the South Seas After the Civil War* (Honolulu: University of Hawai'i Press, 2007), 113.

（3） Christofer H. Boggs and Bert S. Kikkawa, "The Development and Decline of Hawaii's Skipjack Tuna Fishery," *Marine Fisheries Review* 55, no. 2 (1993): 62;『日布時事』、一九二九年四月二五日、七頁。

（4） 日布時事社「一回船渡航布哇現存者中村馬太郎翁」『官約日本移民布哇渡航五十年記念誌』、日布時事社、一九三五年、六七頁。

（5） 日布時事社「一回船渡航布哇現存者栗原ノブさん」『官約日本移民布哇渡航五十年記念誌』、日布時事社、一九三五年、一九頁。

（6） 和歌山県編『和歌山県移民史』、和歌山県、一九五七年、五一一頁。

（7）『日布時事』、一九二九年四月二三日、六頁、『日布時事』、一九二九年四月二四日、七頁。

（8） Moke Mau, et al., *Hawaiian Fishing Traditions* (Honolulu: Kalamakū Press, 2006), 8-9.

（9） Aubrey Haan and Albert L. Tester, "Hawaii's Fishing Industry," *Hawaii Educational Review* 38, no. 3 (1949): 61. のちに日本人も養殖業に参入したため中国人と日本人の養殖業者の数は約半々になった。日布時事社『日布時事布哇年鑑』、日布時事社、一九二八年、九七頁。

（10） Edward Glazier, Janna Shackeroff, Courtney Carothers, Julia Stevens, and Russel Scalf, *A Repot on Historic and Contemporary Patterns of Change in Hawai'i-Based Pelagic Handline Fishing Operations — Final Report* (Honolulu: School of Ocean and Earth Science and Technology, University of Hawai'i at Mānoa, 2009), 8.

（11）『日布時事』、一九二九年四月二四日、七頁。この疑似餌と釣り針は水面すれすれに飛ぶようになっており、釣り針は真珠貝や骨で出来ていた。また疑似餌の部分も真珠貝など様々材料から出来ていて、それらには異なる名称が付けられていた。Daniel Kahā'uleio, *Ka'Oihana Lawai'a: Hawaiian Fishing Traditions* (Honolulu: Bishop Museum Press, 2006), 36.

（12） Kahā'uleio, *Ka'Oihana Lawai'a*, 25-29.

（13） Margaret Titcomb, *Native Use of Fish in Hawaii* (Honolulu: University of Hawai'i Press, 1972), 13-14.

（14） 農商務省水産局編『日本水産捕採誌』（再版）、岩崎美術社、一九八三年、一七三頁。

(15)『日布時事』、一九二九年四月二四日、七頁。
(16) Manu et al. *Hawaiian Fishing Traditions*, xvi–xvii.
(17) 揚野貫三郎「四十五年前の漁業界」ハワイタイムズ編『布哇タイムズ創刊六〇周年記念号—2』、ハワイタイムズ、一九五五年、一二頁。
(18) Oliver P. Jenkins, *Report on Collection of Fishes Made in the Hawaiian Island, with Description of New Species* (Washington, DC: Government Printing Office, 1903): 419.
(19) John R. K. Clark, *Guardian of the Sea: Jizo in Hawai'i* (Honolulu: University of Hawai'i Press, 2007), 6.
(20) 後藤明「ハワイ日系移民の漁具と南紀地方のケンケン漁法——移民をめぐる民具研究」『民具研究』、八四号、一九八九年一一月、一—一六頁、後藤明「ハワイ帰りの紀州漁師」後藤明、松原好次、塩谷亮編著『ハワイ研究への招待——フィールドワークから見える新しいハワイ像』、関西学院大学出版会、二〇〇四年、一六七—一六八頁。
(21) ハワイ日本人移民史刊行委員会編『ハワイ日本人移民史』、布哇日系人連絡協会、一九六四年、三一一—三一三頁。
(22)『日布時事』、一九二九年四月二六日、八頁。
(23) 和歌山県編『和歌山県移民史』、五一六—五一七頁。
(24) 串本町史編さん委員会編『串本町史通史編』、串本町、一九九五年、六九八頁。
(25) 後藤「ハワイ日系移民の漁具と南紀地方のケンケン漁法」、五頁。
(26) John N. Cobb, "The Commercial Fisheries of the Hawaiian Islands in 1903," Department of Commerce and Labor, Bureau of Fisheries (Washington, DC: Government Printing Office, 1905), 507.
(27) Cobb, "The Commercial Fisheries of the Hawaiian Islands in 1903," 483, 484, 492, 495.
(28) 清水昭編『紀南の人々の海外体験記録1』、私家版、一九九三年、一六—一九頁。
(29) 清水昭編『紀南の人々の海外体験記録3』、私家版、一九九三年、一二三頁。

（30）串本町史編さん委員会編『串本町史通史編』、六三三頁。
（31）清水昭編『紀南の人々の海外体験記録1』、一六―一九頁。
（32）清水昭編『紀南の人々の海外体験記録2』、私家版、一九九三年、二九頁、串本町史編さん委員会編『串本町史通史編』、六八六頁。
（33）『日布時事』、一九〇七年一月一〇日、三頁。
（34）森本孝『東和町誌――各論編第三巻漁業誌』、山口県大島郡東和町役場、一九八六年、一八三―二一八頁。
（35）『日布時事』、一九〇八年一一月二三日、四頁。
（36）同右。
（37）同右。
（38）次の資料より算出。泊清寺編『かむろ復刻版1』、みずのわ出版、二〇〇一年、泊清寺編『かむろ復刻版2』、みずのわ出版、二〇〇二年、泊清寺編『かむろ復刻版3』、みずのわ出版、二〇〇二年。
（39）大久保源一『布哇日本人発展名鑑　防長版』、布哇商業社、一九四〇年、二頁。
（40）北川磯次郎「布哇島の概況」『かむろ』、三号、一九一五年五月五日、一一―一二頁。
（41）森田栄『布哇日本人発展史』、真栄館、一九一五年、二七八頁、泊清寺編『かむろ復刻版1』、一一四頁、ケアリー・タハラ（Cary Tahara）所蔵のスイサン株式会社関連資料。一九一四年にスイサン株式会社は鮮魚のセリを開始した。
（42）北川「布哇島の概況」、一〇―一二頁。
（43）広島市編『新修広島市史　第3巻社会経済編』、広島市役所、一九五九年、五二〇頁。
（44）相賀安太郎『五十年間のハワイ回顧』、五十年間のハワイ回顧委員会刊行会、一九五三年、三六七頁。
（45）Jenkins, *Report on Collections of Fishes Made in the Hawaiian Islands*, 419.
（46）Chung Kum Ai, *My Seventy-Nine Years in Hawaii* (Hong Kong: Cosmorama Pictorial Publisher, 1960), 159-162.

(47) Michael M. Okihiro and Friends of A'ala, *A'ala: The Story of a Japanese Community in Hawaii* (Honolulu: Japanese Cultural Center of Hawai'i, 2003), 47.

(48) 相賀安太郎『五十年間のハワイ回顧』、三六八頁、森田栄『布哇日本人発展史』、二七七頁。

(49) 森田栄『布哇日本人発展史』、二七七—二七八頁。

(50) 『ハワイタイムズ』、一九六六年九月二二日、六頁。

(51) 森田栄『布哇日本人発展史』、二七七頁。

(52) 貴多勝吉「我が父を語る」ハワイ和歌山県人会編『復活十五周年記念誌』、ハワイ和歌山県人会、一九六三年、一九八頁。

(53) 布哇新報社『布哇日本人年鑑』、布哇新報社、一九二二年、九七—九八頁。

(54) マウイ島には漁業組合や日本人魚商組合などがあったが、一九四一年にアイランダー漁業会社が誕生するとともに、同社所属の魚商小売組合も組織された。また、カウアイ島には日本人漁業会社がなかったが、漁民同士で漁業組合や水産奨励組合などを組織していた。日布時事社『日布時事布哇年鑑』、日布時事社、一九三二—三三年、一〇二—一〇六頁、日布時事社『日布時事布哇年鑑』、日布時事社、一九四一年、一〇七頁、『マウイ新聞』、一九三九年一二月二五日、二頁、『マウイ新聞』、一九四一年一月一〇日、一頁。

(55) Owen K. Konishi, "Fishing Industry of Hawaii with Special Reference to Labor" (Honolulu: University of Hawai'i Reports of Students in Economics and Business, 1930), 28-29; Donald M. Schug, "Hawaii's Commercial Fishing Industry: 1820-1945," *Hawaiian Journal of History* 35 (2001): 23.

(56) サンパンの名前の由来は定かではなく、中国南部か東南アジアから伝わったと考えられる。

(57) Konishi, "Fishing Industry of Hawaii with Special Reference to Labor," 32.

(58) 森本孝『東和町誌』、二五二—二五四頁、河岡武春『海の民』、平凡社、一九八七年、二〇〇頁。

(59) Konishi, "Fishing Industry of Hawaii with Special Reference to Labor," 32.

(60) ハワイ日本人移民史刊行委員会編『ハワイ日本人移民史』、三一五—三一六頁。

(61) 清水昭編『紀南の人々の海外体験記録1』、二〇頁。
(62)『ハワイタイムズ』、一九六六年九月二二日、六頁。
(63) Okihiro and Friends of A'ala, *A'ala*, 25.
(64) Susan Blackmore Peterson, "Decisions in a Market: A Study of the Honolulu Fish Auction," (PhD diss., University of Hawai'i, 1973), 126.
(65) S. B. Dole, "The Old Fish Market," *Twenty-Ninth Annual Report of the Hawaiian Historical Society* (1921): 20.
(66)『布哇報知』、一九二三年一〇月二一日、四頁。
(67)『日布時事』、一九〇八年一月三日、五頁、『布哇報知』、一九一八年七月一七日、五頁、『布哇報知』、一九一八年七月二三日、五頁、『布哇報知』、一九一八年七月二四日、五頁。
(68) Earnest Wakukawa, *A History of the Japanese People in Hawaii* (Honolulu: Tōyō Shoin, 1938), 214.
(69) Tin-Yuke Char, ed., *The Sandalwood Mountains: Readings and Stories of the Early Chinese in Hawaii* (Honolulu: University of Hawai'i Press, 1975), 152-153.
(70)『日布時事』、一九一〇年二月五日、一頁。
(71)『日布時事』、一九一〇年二月四日、一頁。
(72)『日布時事』、一九一〇年二月九日、四頁。
(73) Dennis M. Ogawa, *Kodomo no Tameni: For the Sake of the Children* (Honolulu: University of Hawai'i Press, 1978), 133.
(74) アケミ・キクムラ・ヤノ著、東栄一郎訳「一世の開拓者たち――ハワイとアメリカ本土における日本人移民の歴史1885~1924その6」http://www.discovernikkei.org/en/journal/2011/2/7/3786/?show=ja(二〇一七年一月八日取得)
(75)『布哇殖民新聞』、一九一〇年二月九日、一頁。

(76)『日布時事』、一九一〇年二月四日、一頁。
(77)『日布時事』、一九〇八年一一月二四日、四頁。
(78)『布哇報知』、一九七三年六月五日、一頁。
(79)ハワイ日本人移民史刊行委員会編『ハワイ日本人移民史』、二七頁。
(80)日布時事社『布哇同胞発展回顧誌』、日布時事社、六〇頁、布哇新報社『布哇日本人年鑑』、一三一―一三八頁。
(81)*Pacific Commercial Advertiser*, February 20, 1909, 1-2.
(82)和歌山県『和歌山県移民史』、三八一―三八六頁；Sandy Lydon, *The Japanese in the Monterey Bay Region: A Brief History* (Capitola, CA: Capitola, 1997), 54-80.
(83)Arthur F. McEvoy, *The Fisherman's Problem: Ecology and Law in the California Fisheries, 1850-1980* (Cambridge: Cambridge University Press, 1986), 137; Andrew F. Smith, *American Tuna: The Rise and Fall of an Improbable Food* (Berkeley: University of California Press, 2012), 50-51.
(84)日布時事社の相賀安太郎によると、準州政府が日本人漁業を抑制するために、米本土からイタリア人漁民を百人招聘したが、何らかの理由でハワイに長く留まることなく本土へ戻ったとある。しかし、このことに関する詳細な記録は、今のところ見つかっていない。相賀『五十年間のハワイ回顧』、三六七頁。
(85)『布哇殖民新聞』、一九〇九年五月一四日、二―三頁。
(86)『布哇報知』、一九一三年九月八日、四頁。
(87)『日布時事』、一九五〇年一〇月一八日、七頁。
(88)大谷松治郎『わが人となりし足跡――八十年の回顧』、大谷商会、一九七一年、三七―三八頁。
(89)小野寺徳次編『ホノルル日本人商業会議所年報』、ホノルル日本人商業会議所、一九二二年、一四九頁。

第三章　サンパン漁業の最盛期——漁業の実態と漁村の社会生活

漁業関連事業の拡大とハワイアンツナパッカーズ社の誕生

ハワイにおける日本人漁業の発達は、漁民の数の増大のみならず、漁撈のために使用する漁具や餌、燃料、そして乗組員のための飲料水や食べものの販売といった関連事業の拡大を伴った。日本人漁具商人が釣り針、延縄、孟宗竹の竿などの漁具を、出身地である和歌山県南紀地方や米本土などからも取り寄せ、それにハワイの漁法に合うように改良を加えた上で販売していた(1)。またハワイの気温は高く、傷みやすい魚介類の保存に氷が欠かせなかったため、漁船やセリ市場、魚屋の商品棚などに氷を提供するための製氷業も始まった。

ハワイでは造船業もまた盛んになった。中筋五郎吉のように日本から漁船を持参した例は極めて少なく、通常はハワイで作られた漁船が使用された。船大工の多くは紀南の出身者でヒロやホノルルのカカアコに造船所を構え、日本から導入した和船を、ハワイの荒い波に耐えられるよう船首をより高くして船体を安定させるなど工夫を重ね、ハワイに合う独特の船型を持つサンパンと呼ばれる漁船を作り出したのであった。[2] 二〇世紀初頭のサンパン漁船は長さが六メートルほどで、主に釣り漁や刺網漁などに使われたが、一九一〇年代になると、それまでの帆や艪による推進力に代ってガソリンエンジンの搭載が急速に進み、珊瑚礁の外には滅多に出ることがなかったハワイ人よりも、はるか遠くに出漁するようになった。エンジンの利用によって、船の長さも九～一八メートルほどへと大型化した。一九二〇年代にカシワバラキヨシという人物が漁船にディーゼルエンジンを搭載したところ、ガソリンエンジンの燃費の半分で済んだため、その後、ディーゼルエンジンの導入が進んだ。その一方で、特にカツオ一本釣り漁船の大型化が進み、中には一六〇馬力のエンジンを搭載した長さ二七メートルのものまで現れた。延縄漁などに使われる漁船はカツオ一本釣り漁船より少し小型であったが、氷を使用した冷蔵設備の導入によって、何週間にも及ぶ航海が可能になった。こうして一九二四年から一九三一年の七年の間に、ハワイ諸島のサンパン漁船の数は二七二隻から三五五隻へと増加した。その大きさは一人乗りや三～四人乗りの小型のものもあれば、二〇〇馬力のエンジンを備えた大型のものもあり、漁船の船主は、ほぼ全て日本人であった。[3]

海における漁船の大型化や改良が進む一方、陸においても水産加工業が活性化した。大谷松治郎が広島県から技術者を招いて蒲鉾製造を開始したところ、この蒲鉾は評判を呼び、ハワイ諸島中から注文が殺到した。[4] また和歌山県田並生まれで、東京の水産講習所を卒業したのち一九〇六年にハワイへやってきた山本荒太郎は、カツオ節の製造に取りかかった。カツオの煮熿や整形の技術を日本から持ち込んだものの、当初は自然環境が異なるハワイにおいて、製品に虫が付いたりしてなかなか上手くいかなかった。試行錯誤の末、ようやく高品質なカツオ節の製品化に成功すると、砂糖やパイナップルなどと並んで、日本へ持ち帰るハワイ土産として重宝されるようになった。(5)

さらにツナ缶詰工場の設立によってハワイの水産業は大いに発展した。F・ウォルター・マックファーレン（F. Walter Macfarlane）という若きパイナップル農園のプランターが、カカアコのクック通りにツナ缶詰工場や造船所を設立し、日本人船大工や漁民を雇い入れた。水産業の知識や経験を持たないマクファーレンは、米本土からツナ缶詰加工の技術者を高給で呼び寄せた上に、雇った漁民に対しても月給を支払ったため人件費がかさんだ。そこでマクファーレンは経営が悪化した工場をアメリカンファクターズ社に売却したものの、その後の経営も思わしくなかった。そして一年ほど経った後に、白人と日本人起業家や日本人漁民が共同でこの工場を安く買い取り、ハワイアンツナパッカーズ社（Hawaiian Tuna Packers, Ltd.）として一九二二年に経営を開始した。E・C・ウィンストン（E. C. Winston）が初代社長に就任し、太平洋漁業会社の山城松太郎が副社長、その長男の松一が書記、和歌山県出身でカツオ漁船船主の貴多鶴松が支配人にそれぞれ就任した。水産業に明るい経営陣によって再編成されたツナ缶詰工場の経営は軌道に乗り、一九二七年には二万個ほどだった缶詰の製造数が一九三〇年になると一五万個という具合に、年々生産と販売を拡大させた。(6)

やがてハワイアンツナパッカーズ社はヒロでもツナ缶詰製造を開始した。ヒロでは魚が水揚げされるワイロア川河口から二・四キロほど内陸に入った借地で缶詰製造を行ったが、一九三七年に借地権が期限切れとなるため、新たにヒロのケアウカハにある公有地に、最新の設備を整えた、より規模の大きな工場を建設する計画を立てた。ヒロを拠点とする日本人漁民は、この計画を歓迎したものの、日本人漁業の興隆を快く思わない地元住民、エディス・アリオリ（Edith Arioli）は、工場建設による悪臭や水質汚濁といった環境の悪化の可能性を前面に打ち出した反対運動を起こした。アリオリはエリノール・ルーズベルト大統領夫人や政府関係者への手紙や反対署名の送付、地元英字新聞への投稿、また準州政府関係者とハワイアンツナパッカーズ社が開いた公聴会の場での強固な反対意見の表明など、活発な反対運動を展開した。その結果、同社の工場新設計画は撤回に追い込まれ、一九三七年にヒロでのツナ缶詰工場経営から撤退せざるを得なくなった。(7)

このようないきさつがあったものの、ハワイにおけるツナ缶詰製造の開始はカツオ需要の拡大をもたらしたため、より多くの熟練した漁民が必要になった。そこで山城松太郎と貴多鶴松は和歌山県に赴いて、三七人の経験豊富な漁民とその家族をハワイに移住させた。(8) ほかの和歌山県出身漁民も郷里から知人を招くなどしたため、ハワイにおけるカツオ漁船船団は急速に拡大した。(9) ホノルル日本国総領事館が一九二四年に行った調査によると、和歌山県からの移住者一一二四人のうち九〇％が漁業に従事しており、三八％がオアフ島で操業していた。(10) 製造効率を上げるため、ハワイアンツナパッカーズ社は日本人漁業会社のシステムを導入し、腕の立つ漁民には自分の漁船を持つための費用を工面する一方で、その漁獲を独占した。また漁業会社との協力関係を深め、同社所属の漁船がカツオ以外の魚を獲った場合は、それらを漁業会社に引き取ってもらったり、逆にカツオの漁獲が足りない場合は漁業会社から融通してもらったりした。このような漁業会社との共存関係を築きながら、ハワイアンツナパッカーズ社は漁業の発展に大いに寄与した。

ハワイの漁業の諸相

二〇世紀初頭には数えるほどだった日本人漁民の数は、一九二〇年代後半までに一一〇〇人ほどにまで増加した。その頃になると、ホノルルとヒロの漁業会社が動力エンジンを備えた登録漁船の九割を所有し、その魚介類の水揚げ金額は毎年約一二〇〇万ドルであった。また漁業会社に属さない独立漁船の水揚げや、ボラなどの養魚場から供給される魚介類もあったため、その価値は二〇〇〇万ドルほどだったと推測される。そして一九二〇年代から三〇年代にかけての漁民の収入は、砂糖キビプランテーション労働者の三倍から四倍であった。もっとも漁民の年収は経験や個々の技術、乗り込む漁船の船長の技量によって大きく異なり、その頃は一人から二人乗りの小型漁船の年間水揚げ高の平均が二〇〇〇ドルから三〇〇〇ドル、三人から五人乗りの中型漁船で一万ドル、七人から一〇人乗りの大型漁船で二万ドルほどになった。[11] しかしこれらの売り上げが全て漁民の懐に入ったわけではない。その賃金は通常、出来高払いで支払われた。たとえばその日の漁獲の売り上げが一〇〇〇ドルであった場合、その中から漁業会社が一割を手数料として徴収し（一〇〇ドル）、さらに水や食糧、燃料代などの実費を差し引く（三〇〇ドル）。残額の六〇〇ドルから漁船所有者が半分の三〇〇ドルを取り、残った三〇〇ドルを乗組員で平等に分配した。漁船所有者が乗組員を兼ねる場合は、前記の三〇〇ドルに加えて他の乗組員と同額の分配金を受け取った。[12]

日本人漁民はハワイでも初心者に対して日本式の厳しい修行を課した。ウォルター・アサリ

（Walter Asari）は高校生になる頃、和歌山県出身の漁民である父親が乗船するカツオ漁船に乗り始めた。乗組員の序列で最下位に位置する見習い身分として、皆のために火鉢で食事を作ったり衣服を洗濯したりしただけでなく、船倉からデッキに魚を上げるなどのきつい仕事をこなさなければならなかった。

大漁で三〜四千ポンド（一・三六〜一・八一トン）のカツオを獲って船倉が一杯になった場合でも、その中に入ってデッキに魚を放り上げる作業は一人で行った。作業中、誰も助けてくれる者はおらず、先輩は非常に厳しくて、デッキから早くしろと言うだけであった。[13]

貴多勝吉もまた、父、鶴松から同様の厳しい修行を課せられた。学齢期に達すると同時に漁船に乗り始めた勝吉は、多くの「汚れ仕事」を割り当てられ、体罰を受けることもまれではなかった。とにかく「年を取った漁師は何も言わず、ただ間違いを犯したときだけ竹竿が飛んできたものだった」と勝吉は当時を振る。[14] こうして若い見習いは体罰に耐え、きつい仕事をこなしながら熟練者の漁業技術を目で見て体得していかなければならなかったのである。

やがて見習いが一人前になると、今度は自分の漁船を所有し、その船長として操業することを目指した。小さな漁船を繰っていた時代と異なり、動力エンジンを備えた大型漁船が導入されるにつれ、六五〜七五馬力のガソリンエンジンを備えた漁船が約一万ドル、さらに大型のカツオ漁船になると二万ドルから三万ドルと、その値段も跳ね上がった。[15] またディーゼルエンジンの導入によって漁船の値段が更に上昇したため、漁船の建造には大きな資金が必要となった。漁民の多くは漁業会社に経済的支援を求めたが、時には船大工が費用を立て替えることもあり、ホノルルで船井造船所を経営する船井清一は、漁獲の売り上げから造船の費用を受け取った[16]。

船井清一は和歌山県南紀の周参見村（現すさみ町）出身である。『すさみ町誌』によると、船井は一九一七年に醬油運搬船の船人工としてホノルルにやってきた。その運搬船の船長が、船井と他の二名の乗組員を船に残したまま帰国してしまったため、日本国総領事の計らいでハワイに滞在する許可を得たという[17]。もっとも船井は長男のテルオに対し、船が難破したため仕方なくハワイに残ったのだと語っていたが、実際には後に妻となるキミというマウイ生まれの二世の女性に出会ったためだとテルオは信じている[18]。ハワイに残った理由がどうであれ、ハワイ在住の同郷者の経済援助を得てカカアコに造船所を構えた船井清一は、一九五〇年代半ばに引退するまでに一五〇隻以上のサンパン漁船を造った[19]。

写真5　船井清一。1917年に紀南の周参見村（現すさみ町）からハワイへやってきた船井は、その後ホノルル市内に造船所を構え、150隻ほどのサンパン漁船を造船した。船井テルオ所蔵。

一九二〇年代における日本人漁業は、大きく分けてカツオ一本釣り漁、キハダマグロ延縄漁、そし

写真6　カツオ一本釣り漁船における操業の様子。この頃になるとサンパン漁船は大型化し、ハワイ特有の大きくうねる波に合わせて様々な工夫が施されていた。ハワイ州立公文書館所蔵。

て網漁などがあった。カツオ漁船とマグロ漁船の形は似ているが、通常、カツオ一本釣り漁船の方が大きく、生き餌を収容するための船倉が備えられ、そこに海水が流れ込む工夫が施されていた。一九二〇年代後半には一〇人から一一人がカツオ漁船に乗り込み、出漁するとまず湾口内などの浅瀬で生き餌にするためのネフやイアオを網で獲った。夜明けとともに漁を開始する漁船もあったが、多くは夜間に生き餌を獲った。魚をおびき寄せるために使用する灯りに蚊が群がるため、蚊よけの米袋を頭から被ったりしたものの、猛烈な蚊の襲撃に耐えきれなくなり、ハワイでの漁撈を諦めて米本土に移動する漁民も出るほどであった[20]。

生き餌漁が終わって夜が明けてくると、漁船はカツオの群れを探しながら沖に出た。かつては帆を備えた漁船で漁を行っていたため、沿岸で獲れる四～五ポンド（約一・八～二・三キログラム）ほどの小さめのカツオを狙っていたが、動力エンジンの導入以降、より良い漁場を求めて漁船は沖へ

写真7　カツオ一本釣り漁業の様子。釣り上げた魚を脇で抱えて釣り針を外す。漁民は麦わら帽子にデニムの着物を着用している。ハワイ州立公文書館所蔵。

沖へと出るようになり、一匹約一一キロ以上もある大物を獲るようになった。(21)カツオ漁船の乗組員は通常、水平線上に現れる鳥の群れを探した。鳥の群れはカツオに追われて水面近くに浮上してくる小魚を狙う。強い直射日光と飛び交う釣り針から身を守るためにデニムの着物と麦わら帽子を被った乗組員たちは、カツオの群れを見つけると船倉の生き餌を撒いてカツオを海面近くにおびき寄せ、船尾および船尾近くの両舷に並んだ人影を隠すために杓子で海水を撒きながら、先端に三メートルほどの丈夫な釣り糸が付いた長さ約三・七メートル、直径約五センチの竹竿を使ってカツオを釣り上げた。釣り針には返しがついておらず、釣り上げたカツオは脇の下で挟み、針を外してはまた釣り上げるという動作を繰り返した。言うまでもなく、この一本釣りの技術を習得するためには長い時間がかかった。

日本のカツオ一本釣り漁では通常、漁船の左舷、もしくは両舷に並んで魚を釣り上げる。しかしハワイで同じような釣り方をすれば、大きくうねるハワイ特有の波に船が飲まれてしまう。そこでハワイの漁民や船大工は船尾から釣り上げるよう、船の形状に改良を加えた。また漁船の色も日本でよく目にする白ではなく、ハワイの海の色に合わせて濃紺に塗られていた。そして釣り上げたカツオで空になった船倉が一杯になると真っすぐ漁港に戻った。[22] 日本と異なりカツオ漁は通年で行われたが、夏が最盛期であった。[23] 一九七〇年代に孟宗竹の竹竿がファイバーグラス製に代わったほか、カツオ一本釣りの漁法は長年、変化することがなかった。[24]

カツオ一本釣り漁業に従事する漁民のほとんどが和歌山県の出身であった。その一方で山口県や広島県など瀬戸内海沿岸部の出身者は、主に網漁や延縄漁に従事した。そして小型漁船を使って浅瀬で行われる網漁では、珊瑚礁があるために引き網ではなく投網が使用された。また地元でオペルと呼ばれるクサヤモロ（*opelu*、*Decapterus pinnulatus*）を獲る場合、まず網を七尋（約一二・八メートル）ほどに沈め、続いて潰したカボチャを布に包んだものを餌として海中に入れ、それを急激に引っ張り上げたり沈めたりして餌を海中に拡散させて魚をおびき寄せた。そしてオペルが餌を食べ始めると網を引き上げて漁獲した。このような漁法は、より高価なウラウラと呼ばれるハマダイ（*ulaula*、*Etelis carbunculus*）や、マヒマヒと呼ばれるシイラ（*mahimahi*、*Coryphaena hippurus*）、ウルアと呼ばれるアジ科の魚（*ulua*、*Caranx*）などの漁にも使われた。カボチャを餌として使用する

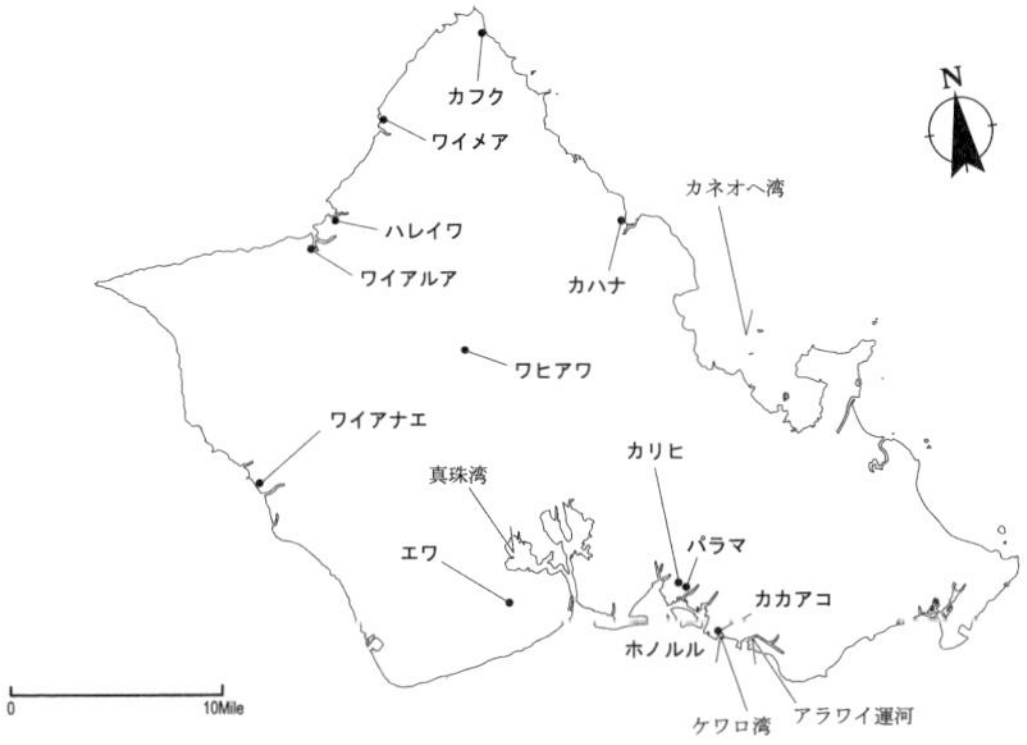

オアフ島

漁法はハワイ人が行っており、日本人がそれを取り入れたものであろう。

また地元でシビ縄漁と呼ばれたマグロ延縄漁においては、中筋五郎吉がハワイに導入して以降、和歌山、山口、広島などの県の出身者が主に従事していた。一九二〇年代のハワイのマグロ延縄漁はカツオ一本釣り漁に次ぐ規模を誇っており、その頃の記録によると漁に使用される幹縄の直径は鉛筆ほどの太さがあり、長さが約一〇〇〇～一五〇〇尋（約一八二九～二七四三メートル）、それに枝縄が約一五〇本備わっていた。餌は前述のオペルや、アクレと呼ばれるメアジ（*akule*、*Trachurops crumenophthalmus*）が使われた。

漁船は早朝に漁場に着くと、海流の早さや向きを注意深く観察した上で半円形に延縄を入れた。幹縄には浮きが付いていて海面近くにあり、紅もしくは白色の旗が先端に付いた細い竹竿が付いていた。旗の下には魚がいる深さ（約九一～一五二メートル）まで枝縄が下がっていた[25]。そして漁民は旗の下がり具合を見て、い

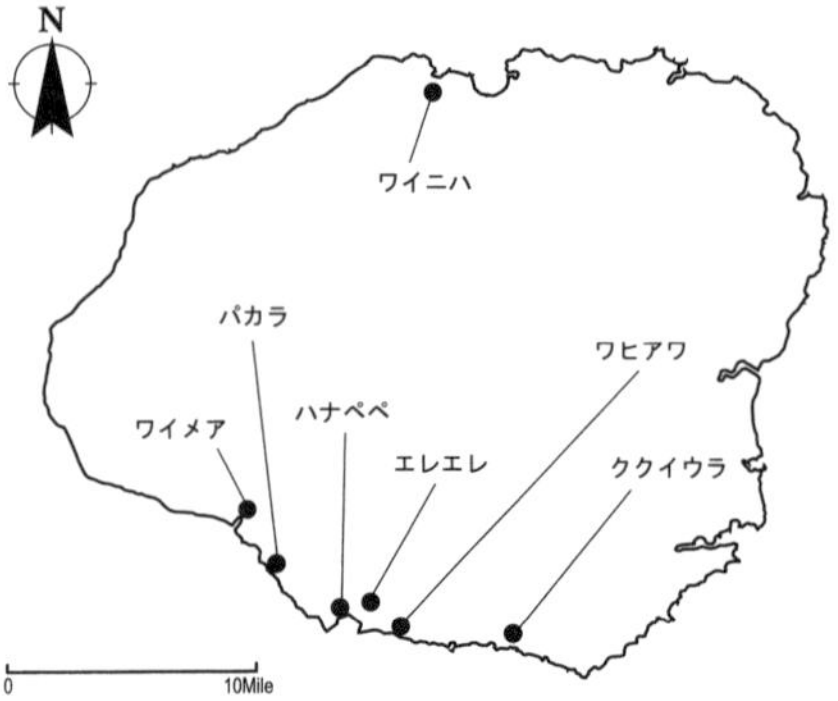

カウアイ島

つ、どこで魚が餌に食いついて潜ったかを確認し、魚がかかった場所へ向かって漁獲するという作業を二時間ほど続けた後、沿岸近くに漁船を停泊させ、翌朝、また同じ漁場に戻って同じ作業を繰り返した。マグロの漁獲量は通常、カツオのそれよりも少なかったため、マグロ延縄漁船はカツオ一本釣り漁船と比べてやや小さかったが、氷室を備えた大きめの漁船は何日間も漁に出ることがあった。一九二〇年以降になると、ホノルルのマグロ延縄漁船はオアフ島のワイアナエやカフク近海のみならず二週間、あるいはそれ以上の時間をかけて時には何百キロも沖に出漁した。(26)

漁村の生活と女性の活躍

「ほとんどの漁師はいい人だった。中には傲慢な者もいたが、そんな人は大抵、大家族を持っていて一生懸命働いていたものだった。(27)」このように在りし日の日本人漁民のことを振り返る大谷明は、一九二一年に

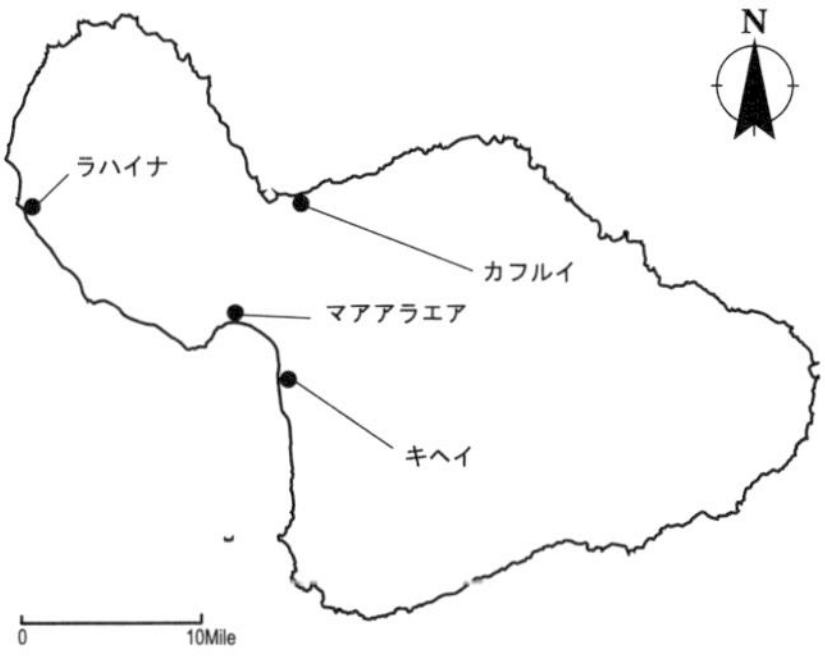

マウイ島

大谷松治郎の次男としてカカアコの漁村で生まれた。明の記憶にある子どもの頃のカカアコでは、男も女も老いも若きも家族や地域のまとまりの中で互いに助け合って生活していた。サンパン漁船がカカアコ地区に隣接するケワロ湾に帰港すると、子ども達は「オカズ」と叫びながら群がって魚を分けてもらった。「漁師たちは気前が良かった」と語るのは船井テルオである。テルオは一九二六年生まれで、船大工の父、清一が決して魚をタダでもらおうとしなかったことを覚えている。漁民と日々接触する中で漁業の大変さを感じていた清一は、その好意に甘えることはなかった[28]。

大谷や船井が語るように、漁村の住人が互いに助け合い支え合って生活する光景は、ハワイ諸島の他の日本人漁村でも見受けられた。漁業をはじめ海と密接に関わる生業を持つ海の民のほとんどは漁港近くに集住しており、漁港の周辺には漁村が形成されていた。オアフ島ではカカアコが最も大きく、ホノルル以外ではワイアナエに広島県出身の漁民が何十人も住んでいた。

またハワイ島ではヒロに大きな日本人漁村があったほか、カウアイ島にはクイウラやワヒアワ、ハナペペ、ワイメア、パカラ、エレエレなどに小さな日本人漁村が形成された。またモロカイ島、ラナイ島、カホオラウェ島に面したマウイ島南岸のラハイナや、マアアラエア、キヘイにも日本人漁村があった(29)。ホノルルやヒロの漁民は大型漁船で操業していたが、それ以外の場所では小型漁船を使って主に地元住民に供給する魚を獲っていた。

カカアコ在住でカツオ漁に従事する和歌山県西牟婁郡下芳養《しもはや》村(現田辺市)出身の漁民、竹中伊勢松に誘われた清水松太郎は、一九二一年に和歌山県西牟婁郡田辺町(現田辺市)からハワイへやって来た。また竹中は清水以外にも親戚や同郷の漁業仲間に声をかけてハワイへ呼び寄せたため、紀州船団は拡大した。そして竹中の妻、ハルも一九二〇年に芳養からカカアコに来て娘の静枝を産み、続いて二人の息子を出産した。しかし伊勢松が妻と三人の子どもを残して死去すると、ハルは妻に先立たれて男手一つで息子を育てていた清水松太郎と再婚した。静枝は継父、松太郎が「根っからの漁師」でいつも海に出ていたことを覚えている。

(松太郎は)魚を獲るまでは帰らない。時化の時でも沖にいる。この凪くらい、と港に戻るのを嫌った。辛抱辛抱で、諦めることを知らない。燃料が切れたときだけしょうがないと帰った(30)。

松太郎は、たとえ上陸中であっても滅多に帰宅せず、港で漁具や漁船の手入れをしていた。このように家庭における父親の恒常的な不在は、漁村では極めて普通のことであった。

漁師の子どもはうちのパパが家におるの、見たことないと言う。港へ戻ってきても延縄を積んだりエンジンや船を見て、油積んだりアイス積んだり、いろいろなことをするのに忙しい。家にいても二日か三日。出るのは朝早い。四時に起きて五時半ごろに出る。子どもは父親に会えない。ママの顔は分かってもパパの顔は見たことない。家にあまりいないから。(31)

このような、父親が不在がちという家庭生活によって生み出されたのが、漁村ならではの社会的経済的仕組みであった。夫が漁に出ている間、妻は水産物加工などの仕事に従事しており専業主婦は稀である。ホノルルでは漁村女性の多くがハワイアンツナパッカーズ社で働いた。(32) このように漁村の男性が漁業に従事する一方、女性が漁獲物の加工に従事するという性別役割分担は、日本から持ち込んだ慣習の延長である。北米西海岸、たとえば和歌山県出身の魚民やその家族が集住したカナダのスティーブストンでも、男性がサケ缶詰工場の漁船に乗り込む一方、女性が工場でサケの身を切ったり缶詰に詰めたりする作業を行っていた。このような漁村女性の動員の背景には、漁民の妻や娘を安く雇用しようという工場経営者側の思惑がある。(33) しかし女性の方も自分たちの就労を当然視しており、漁民の夫を持つモト・スズキは「私がここに来たとき、妊娠六カ月でした。七月で漁の最盛期だったため、すぐに缶詰工場で働き始めました(34)」と、一九二五年にカナダへやってきた当時を振り返る。

スティーブストンのサケ缶詰工場の従業員は、日本人の他に白人や先住民、中国人など様々な人種や民族で構成されていたため、時にはそれぞれの民族ごとに分裂して、熾烈な競争や緊張関係に

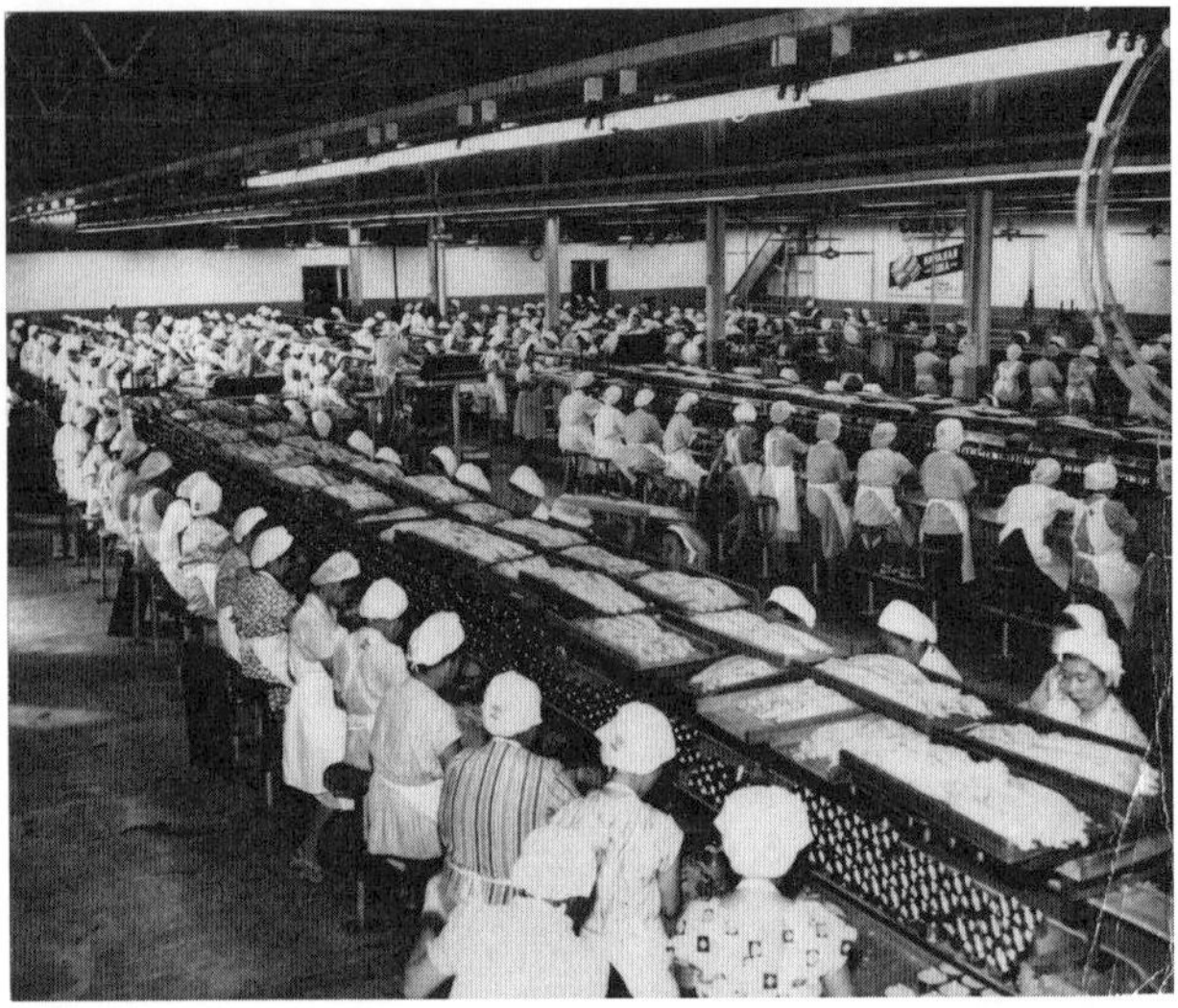

写真8　ハワイアンツナパッカーズ社で働く女性達の姿。漁村に住む多くの日本人女性がここで働いていた。1959年撮影。ハワイ州立公文書館所蔵。

陥ることもあった。しかしそのような問題はハワイの缶詰工場では聞かれない[35]。そもそもツナ缶詰製造を含むハワイの製造業に従事する女性の八七％が日本人であったため、民族間の争いが目立たなかったのであろう[36]。漁の最盛期に人手が足りないということで、ハワイアンツナパッカーズ社で働き始めた沖縄出身のヤマウチツルによると、そこで働く女性のほとんどは日本人女性で、カツオの身を切ったり洗浄したり缶に詰めたりする作業をしていた。また現場監督は全員、日本人女性で、工場で使われる言葉も日本語であった。ヤマウチの賃金は身の皮をはぐ作業で時給二〇セントと安かった上に、工場の悪臭がひどく、「私は臭いが嫌だった。いつも着替えを持参したが、それほど多くの服を持っているわけではなく、どうしようもなかった。悪臭のため人前で歩くことが出来なかった。[37]」このヤマウチの言葉が示すように、悪臭に低賃金といった悪条件にもかかわらず、漁村女性はこぞってハワイアンツナパッカーズ社で働いた。その中の一人である清水静枝は、

カカアコに住む漁師の奥さん達はみんな、ツナパッカーズで働いた。私も行ったよ。仕事はそんなにえらい（しんどい）ことないよ。カンにきれいに（身を）入れて、ほかに雑用もあるしね。仕事は（午前）七時半から（午後）四時まで。途中、三〇分の昼休みがあった。[38]

このように当時を振り返る。ハワイアンツナパッカーズ社は日本人女性を低賃金で雇い、繁忙期には長時間に及ぶ就労をさせた。その一方、漁獲の少ない時期には一日わずか数時間の労働時間であったため、一九三九年の統計によると、ツナ缶詰製造を含む製造業の一週間の平均賃金は四ドル四〇セントと、パイナップル缶詰工場の一三ドル四〇セントと比較して非常に低かった。[39]

不安定な労働時間と低賃金にもかかわらず、多くの漁村女性が水産物加工に従事したのは、家計の足しにするためだけでなく、働くことによって夫が不在がちな生活から生じる孤独感を和らげ、同じ境遇にいる仲間と日々の苦労を分かち合うことが出来たためである。加工の現場に漁村女性が集まって仕事の合間におしゃべりをするなど、職場は漁村女性社会の中核としての機能も果たしていた。「みんな仲良し」だったという女性従業員達は、「病気になった時なんかはみんな助け合うよ、私ら親戚いないからね、自分らだけ」であったため、日々の生活の様々な場面で助け合っていた。[40]

写真9　ホノルルの街角でおしゃべりに興じる女性。子ども達が産まれ日系コミュニティが拡大した。ハワイ州立公文書館所蔵。

仕事と家事、育児の両立は、いつの時代でも働く女性の悩みの種となるが、子どもを持つ女性労働者のための託児所を備えていた砂糖キビプランテーションと異なり、カカアコの漁村にそのような施設はなかった。そこで女性達は各家庭や職業といった垣根を越えて連携しあい、地域で子育てを行うことによって母親個人にかかる負担を軽減した。船井テルオが赤ん坊の頃、母のキミはテルオを含む五人の子どもに加えて、夫の造船所で働く六人ないしはそれ以上の人数の見習い工の面倒も見なければならず、いつも大忙しであった。そんなキミに代わってテルオのお守りをしたのは近所の人たちである。また、大谷明の家はテルオの家のすぐ近所にあり、幼なじみの二人はよく互いの家を行き来した。明の父、松治郎はテルオの記憶によると「非常に厳格な仕事人間」で、松治郎が家にいるときに明と一緒に騒ぐと叱られた[41]。その頃、松治郎は魚の行商を始めていた。そして妻のカネもまた、明を含む八人の子ども達を育てながらパイナップル缶詰やツナ缶詰の工場で働いていた。松治郎が夜遅くに帰宅すると、カネは行商に使用した馬車の泥を落として馬に餌を与えた。息子の一人が重い病にかかった時にも、家を離れることをためらう松治郎の背中を押し、サンフランシスコとシアトルでの商談

写真10　日本人女性行商人。この写真の裏面には「魚を売り歩く日本人女性」という説明書きがあるが、実際は薪などそれ以外の商品も扱っていた様子が伝わってくる一枚である。ハワイ州立公文書館所蔵。

に向かわせた。「よくやってくれたものと思う」と、松治郎は後年、妻の長年にわたる家庭と仕事への貢献に対して感謝の言葉を残している(42)。

カネの並外れた勤勉さはもちろん賞賛に値するが、大谷家の隣りに住んで家事や育児を手伝ったカネの母親や、ベビーシッターとして雇われていた福田アキという日本人女性の存在もまた忘れるべきではないだろう。さらにカカアコ地区に張り巡らされていたご近所の「目」や、自動車が非常に少なかったことなども、子育ての不安を和らげていた。テルオや明は子どものころ、車にはねられたり犯罪に巻き込まれたりする心配をすることもなく、いつも道路で野球をして遊んでいた。全力で逃げ出したのは、ホームランを打って誰かの家の窓ガラスを割った時だけであった(43)。

漁村の女性たちは、ツナ缶詰工場などでの

就労や、仲間同士、ご近所同士の付き合いを深めることによって地域の生活を安定させ、また水産物流通、加工業に携わることによって水産業の発展に大きく寄与した。そもそもハワイにおける日本人漁業の黎明期から、女性たちは漁獲物をプランテーションで売り歩くことによって、魚を獲る夫と消費者をつなぐ役割を果たしてきたが、近代的な水産物流通の仕組みが確立した後においてもそれは変わらなかった。一九〇五年にオアフ島のワイアルアに生まれ、そこで成長したポルトガル系のルーシー・ロベロ（Lucy Robello）は、日本人女性魚行商人について次のように回顧している。

魚の行商人――その多くは日本人女性であった――がやってきたときには、ポルトガル人は魚が好きなので、私たちはいつも魚を買って食べた。行商人は氷の塊と一緒に魚を入れた箱を背負っていた。そして魚をハカリに乗せ、お客さんは欲しい分だけ買った。魚のほとんどはアクレと呼ばれるムロアジ類やオペルと呼ばれるサバなどの小魚で、値段が手ごろであれば、私の母はたくさん魚を買い込み、その日の我が家の食卓に鮮魚が供された。私たちは冷蔵庫を持っていなかったため、残りの魚は塩漬けにした。日本人行商人は魚がない時でも、ヘッドキャベツやさつま芋などを売っていて、私たちはそれらの野菜を買ったものだった。(44)

この話から、日本人女性魚行商人の行動範囲が日本人社会の枠を超えて他のエスニックグループの食卓にまで及んでいたことが分かる。氷を使って傷みやすい魚の鮮度管理を行い、魚が手に入らない時には野菜など他の商品を売るなど、日本から持ち込んだ商売の方法を使って多民族社会ハワイ

写真11　大谷商会のオフィス。大谷松治郎の子ども達が父の事業を補佐した。左から松治郎、次女グラディス、長男治郎一、奥に座っている女性が長女フローレンス。大谷明所蔵。

で商品を一軒一軒売り歩き、顧客のさまざまな要望に応えながら新たな市場を次々と開拓したのであった。

またホノルル市街地の鮮魚の仲買や小売りを行う会社においても、女性が人脈を最大限に活用しながら経営方針その他の決定事項に大きな影響力を及ぼし、商売に大きく貢献するという日本の家族経営の特徴が見受けられた(45)。日本の家族経営企業の多くが女性を経営陣に抱え入れていたように、大谷松治郎の水産会社では、息子の治郎一と明に加えて娘のフローレンスとグラディスが会社のスタッフとして活躍した(46)。子ども達に支えられつつ、一九三九年三月に松次郎は、アホイという中国人からアアラマーケット(A'ala Market)を買収した上で、マーケットが建つ土地の二五年間の借地権をデイリンハム社（Dillingham Corporation）並びにその子会社であるオアフ鉄道土地会社（Oahu Railway and Land Co., Ltd.）から手に入れた。しかしその翌年、マーケットで発生した火災によって、一〇万ドル分の損害を被った。この悲劇に大谷松次郎は打ちひしがれることなく、一六万ドルをかけてマーケットを再建したのみならず、新たに設備の拡張と改良を行った。松次郎の再起を常に支えていたのもまた子ども達であった。この頃、過度の疲労に加えて、なかなか資金を貸し出そうとしない銀行からの融資を取り付けるための心労などがたたり、松次郎は毎年のように入院したが、危機を乗り越えるべく家族が結束してマーケットの再建に当たったのであった。(47) 地元のホノルルスターブリテン紙は、この頃の大谷商会について、息子や娘達が経営陣の中核となり「家族が基盤」の経営体制を敷いていると描写している。(48)

大谷松次郎の会社の経営への娘達の参画は、ハワイにおける家族ビジネスにおいて例外ではない。連邦労働省女性局が行った調査によると、一九三八年当時、ホノルルの小売業界の被雇用者の六二％以上、ヒロ及びそれ以外の街では四六％が女性であった。(49) またハワイにおける小売りの現場では、商品が何であれ働く女性の姿がそこかしこに見られた。鮮魚仲買や小売りについての男女別の統計資料は存在しないが、一九七〇年代初頭に行われた文化人類学者の調査によると、過去何一〇年間にも渡って、「資本がほとんど要らないが、大変な労力を要する（中略）一日一〇から一四時間、週七日間」という鮮魚販売の現場では女性の存在が目立っていた。これらの女性の多くは日系で、日々顧客に接したり、事務室の奥で事務仕事に専念したりといった水産流通の様々な場において、女性は重要な位置を占めていたのである。(50)

漁村の宗教的活動

カナカ着一衣でも呑気で何処へも行く、飾り気のない国訛りで何処でも大声で喋舌《しゃべ》る、少々暴風雨が続いて金がなくなっても平気である五日て《ママ》も十日でも茶粥啜って何とも思わぬ丈け豪気なのである、只だ夫の身の上気遣う一念ばかりである。（中略）何々一金何弗御花右は何々御神様より下さると読み上げる芳名は漁夫の妻の芳名少なからす、又義捐金にも思い切って出すのは漁夫の妻である(51)

これは一九一〇年に地元の日本語新聞に登場した漁村女性の様子である。細かいことを気にせず、ざっくばらんな様子で生活する様を描いているが、とりわけ注目すべきなのは彼女たちの信心深さである。漁撈や航海に危険はつきもので、女性達は心から神仏の加護を求めた。漁村の女性同士の相互扶助ネットワークや常日頃のやりとりの中で、夫不在ゆえに生じる寂しさや海に出た夫を案じる不安は幾分、和らいだかもしれない。それでも埋めることの出来ない心の隙間を埋めたのが神仏への祈りであった。日本の漁村の中核を成してきたのは、老若男女が集って安全祈願や大漁祈願などを行う村の守り神である(52)。そのような日本の漁村からハワイへやって来た人びとは、故郷の信仰を持ち込んで社会の基盤とした。ハワイには既に仏教やキリスト教など、地元の日本人社会に深く根を下ろした宗教が存在したが、海の民が心のより所としたのは金刀比羅神社などの海神であった。

現在も「こんぴらさん」の愛称で親しまれている香川県の金刀比羅宮は、海の守護神として過去何百年もの間、海の民の信仰を集めてきた。讃岐平野を見下ろす象頭山《そうずさん》にある金刀比羅宮は、昔から沖を航行する船の目印となってきた。言わば自然の灯台として多くの命を救ってきた金刀比羅宮は、やがて航海守護の神様としての名声が高まり、日本各地の沿岸部から参拝者が訪れるようになった。その人気は明治維新以降、日本国中に押し寄せた近代化の波に押し流されることもなく、むしろ近世の金毘羅講を母体とした崇敬講社の結成や、その資金を活用した水難救済事業の推進など、当時の先進技術を取り入れた取り組みを行うことによって、前時代の伝統と遺産を受け継ぎつつ、近代的な航海術を学んだ船乗りにも受け入れられる新時代の神として再編成することに成功していた。このため金刀比羅宮では、近代以降も参拝者が途絶えることがなかった。(53)

ハワイの「こんぴらさん」の歴史は、早くも一九〇一年にマウイ島ワイルクに金刀比羅神社が誕生したように、日本人漁民がハワイの海に現れ始めた時期とほぼ同じ頃までさかのぼる。(54) ホノルルでは一九一九年に、サンパン漁船所有者の寄付金によって運営されるカカアコ水産慈善会事務所の神棚に金刀比羅宮のお札が祀られた。この水産慈善会では、サンパン船主が定期的に集まって漁業や魚価関連の問題について話し合い、水難が起きた際には水産慈善会の費用で捜索活動を行っていた。そのような日々の活動の守護神として「こんぴらさん」が選ばれたのは、ごく自然な成り行きであった。そして神棚は一九二一年に正式に鎮座してカカアコ金刀比羅神社となって以降、近隣に居住する漁民やその家族の信仰を集めた。(55)

ホノルルにはもう一カ所、カパラマのウォルターレーンとノースキング通りの角にも金刀比羅神社がある。山間部に位置する広島県比婆郡敷信村《ひばぐんしのう》(現庄原市)出身の広田斎《いつき》が、知人らと協力して一九二〇年ごろに創建したのがハワイ金刀比羅神社であった。この神社は一九二一年一一月一三日にカマレーンに移転し、現在に至っているが、当時の神社の敷地面積は約一四〇七坪と、一九五七年にルナリロフリーウェイ建設のためその三分の二を失うまで、ハワイの神社最大の面積を誇っていた。境内は人々から寄せられた二万五〇〇〇ドルの寄付金によって建てられた神殿や拝殿、社務所や社宅、遊技場、鳥居、手水舎、土俵などを備えていた(56)。このハワイ金刀比羅神社の規模の大きさは、ホノルルはもとよりオアフ島内外の日本人漁村の繁栄を物語っている。また社殿が完成する一〇日前に、香川県の金刀比羅宮から金刀比羅宮崇敬講社布哇支部設立が許可され、翌一二月に初めての講社祭が斎行されたが、この講社祭は今日まで踏襲されている(57)。さらにハワイ金刀比羅神社以外にもホノルル市内に海神《わたづみ》神社、カカアコやオアフ島ハレイワやアイエアに「恵比寿さん」を祀る恵比寿神社、そしてカウアイ島カパアには厳島神社が誕生し、漁村の人々の信仰を集めていた(58)。

このような海神を祀る神社に参拝するかたわら、人びとはさらに故郷の神仏の加護を求めて積極的に寄進した。たとえば沖家室島の泊清寺や蛭子《えびす》神社には、ハワイを含む諸外国からの送金が途絶えることがなかった。現存する泊清寺の格調高い本堂や、蛭子神社の立派な石段は、海の向こうから寄せられた信心の賜でもある。また、通常、寺社仏閣詣でのために利用される講という組織も、ハワイでは宗教的、かつコミュニティの社会的活動の基盤として機能していた。一九三一年当時、ハワイ在住の沖家室島出身者は九つの講を組織しており、それぞれ男女の会員を有していたが、講によっては男女比のばらつきがあった。たとえば毎月開かれていた観音講の集まりの参加者の多くは女性であったが、八幡さまを祀る講は、女性よりも男性からの寄進を多く集めて沖家室島の戦没

写真12　沖家室島の蛭子神社の石段。同島出身でハワイ島ヒロ水産業界の第一人者であった北川磯次郎など、海外からの寄進者の名前が刻まれている。筆者撮影。

者遺族への送金を行っていた。これらの講はハワイ在住の同郷者同志の絆を深めるとともに、故郷との精神的、金銭的な回路としての役割を果たしていた。また講の集まりでは募金活動や溺死者の霊を慰める宗教儀礼のみならず、運動会やクジ引き、盆踊りなどの娯楽に関する活動も行っていた[59]。

漁村ならではの労働や生活習慣が、「陸上に居る人々の心理とは幾分か違った所[60]」を生み出したと語るのは、カカアコ水産慈善会書記、吉村国一である。吉村によると「漁業に従事する者は陸上の問題に余りタッチしない」ため、漁民の中には「陸上に居る人」の圧倒的な勢力下にある日本人会などはどうでもよい、と考える人がいた[61]。このような陸と海の隔たりは、オアフ島のプランテーション労働者の約七七％にあたる八三〇〇人の日本人とフィリピン人労働者が参加した一九二〇年の大ストライキに、漁民があまり大きな関心を払っていなかったことからも窺い知ることが出来る。[62] 沖家室島の青年団によって一九一四年から一九四〇年まで毎月発行されていた雑誌『かむろ』は、毎月のようにハワイから寄せられる多くの手紙の内容を掲載していたが、プランテーション労働者の生活にとって非常に大きな影響を与えたこのストライキについて言及した記述がほとんど見当たらない。ハワイと沖家室島との手紙のやり取りから推測する限り、島出身の漁民たちにとって、プランテーションでの出来事は、島出身の漁民の生活にあまり大きな影響を与えなかったようである。[63]

日本人漁民の高齢化と後継者問題

一九二〇年代から三〇年代を通して数多くのサンパン漁船が操業し、漁業会社の安定した経営のもとで魚市場には活気があふれ、海の危険から人々を守ってくれる立派な神社を備えた日本人漁業は、まさに黄金時代をおう歌していた。[64] しかし同じ頃、業界全体を悩ませる後継者不足問題が次第に深刻化していた。ハワイ生まれの二世たちが父親の後をなかなか継ごうとしないため、漁民の平均年齢が上がる一方であった。これは一九二九年以前の数字であるが、ホノルルとヒロにある五つの日本人漁業会社所属漁船の漁民七三六名のうち六五四人が三〇歳以上、八二人が三〇歳未満であり、一〇代の若者は四名だけであった。[65] 通常、見習いが一人前となるには何年もの修養が必要である。さらに後継者の不在によって漁業技術が途絶える恐れもあった。

海で働く若年層の減少は、当時のハワイにおける日本人社会の傾向と軌を一にしていた。一九二〇年代や三〇年代のハワイは、依然としてプランテーション経済に依拠しており、教育を受けた二世を受け入れるだけのホワイトカラーの職は限られていた。それもかかわらず二世の多くは教育や、医療、ビジネス、法律関係や公務といった職を求めたため、人種差別によって、ただでさえ狭い門が一層狭くなっていた。日本人社会の指導的キリスト者で、マキキ聖城教会創立者である奥村多喜衛《おくむらたきえ》は、仕事が見つからない二世の境遇に胸を痛め、プランテーションでの就労について考え直すよう促していた。そして「帰農運動」というスローガンを用いながら、奥村は二世の若者に、農業についての専門的な知識と技術を身につけた上で、自分の土地を持ち、アメリカの伝統に則って自作農《yeoman》として生きるよう呼びかけた。また併せてパイナップル栽培や牧畜や養鶏などを教えるための農業学校の設立も訴えた[66]。このような奥村の呼びかけに対する二世の反応は鈍く、街の仕事を捨ててプランテーションへ向かう者は皆無であった。二世にとってプランテーションに戻るということは、二級市民としての地位に甘んじる以外の何物でもなかったからである[67]。

若い世代はまた、漁業に対しても、体力的にきつくて危険な仕事と否定的な印象を持っていた。実際には一八九七年から一九三一年にかけて、三二人の漁民が操業中に命を落としたり行方不明になったりしており、一年間に一人が海で命を落とした計算になるため、陸上の交通事故と比較して特に多いわけではない。しかし「板子一枚下は地獄」ということわざ通り、漁業は常に危険と隣り合わせであることに変わりはなかった。ハワイに押し寄せる強くて大きな波は、簡単に人間を飲み込んでしまう上に、何百キロもの沖で操業する者には、嵐による遭難の危険性が常につきまとった。

たとえ遭難の恐怖を乗り越えて大漁旗を掲げて港に戻れたとしても、それに見合うだけの高値で魚が売れることはなかった(68)。

漁師ほど危険の多い苦労の多い仕事はない。又漁師の生活ほど割りの悪い、惨なものはない。だから自分達は、今さら仕事を変える事は出来ないが、自分達の子供は子孫は絶対に漁師にしたくない(69)。

モロカイ島で漁業を営む揚野貫三郎は、こう率直に自分の気持ちを綴った。揚野は一九〇八年に九歳で家族とともにハワイへやってきて以来、父親が苦労を重ねながらマウイ島カフルイで漁業を行う姿を見ながら成長し、やがて父から漁業を教わって自らも漁業で生計を立て始めた。その一方で常に漁業の研究を重ねては新たなアイデアや提言を次々と地元の日本語新聞に発表し、水産業の発展や漁民の生活向上に寄与すべく務めていた。揚野はまた、漁業につきものの危険性や、季節によって変化する水揚げ量、不安定な収入などとともに、日本人社会における漁民の地位の低さを指摘した上で、漁業に魅力がないため、このままでは子ども達に他の仕事を勧めざるを得ないと訴えた(70)。その上で揚野は、漁業における問題点を解決し、後継者を確保するための手段として、二世のための職業教育の必要性を説いたのであった。特に親世代に対して、子どもを日本の水産学校で学ばせることを推奨した。これはハワイに水産教育を行う教育機関がないためであるが、将来的にはハワイにも航海学や気象学、漁法学や海洋生物学など、水産関連の学問を教授する水産学校の設立を訴えた(71)。またハワイアンツナパッカーズ社マネージャーのアレックス・コロール（Alex Korol）も、若者が船上での厳しい修行に耐えられず、給料が低くても陸上の仕事に逃げてしまうが、「漁民の収入にしても教育されたものであったら現在の二倍以上の収入になり、漁民の社会的経済的地位も少しずつ向上するに違いない[72]」と語り、従来のサンパン漁船における見習い制度の問題点を指摘した。

このような声に代表されるように、一九三〇年代初旬になると、マッキンリー高校に漁業訓練コースを設置する運動が起きた。マッキンリー高校はカカアコの近くにあり、日系二世の生徒が多かったことから東京ハイクールとも呼ばれていた。その高校への漁業訓練コースの設置は、明らかに漁民の子弟を対象としており、同校のマイルス・ケアリー（Miles Cary）校長が準州政府関係者とともに、このコース設置に向けて動いていた[73]。ケアリー校長は通常、職業教育に対して消極的な態度を取る一方、アカデミックなジャーナリズムや言語、数学、社会科学や自然科学の分野の教育に力を注いでいたことで知られている[74]。しかし例外的に漁業教育については特別な関心を払っていた。

またハワイの日本語新聞、日布時事の英語版社説が、若い二世が現状のままプランテーションでの就労に満足すると考えるのは「馬鹿げて」いると指摘するとともに、ハワイの海の大きな可能性を指摘した上で、若者の漁業への進出を促した。十分な漁業調査と漁撈における効率の向上が実現すれば、ハワイの海は世界中で最も豊かな漁場の一つになり得ると力説する日布時事社の社長、相賀安太郎は、ホノルルにおける最古の日本人漁業会社設立の立役者でもあった[75]。就職先に悩む二世にとって、海がその受け皿になると相賀は考えたのである。

見習い制度に取って代わる職業教育の実行や、最新の漁法や漁具を用いた操業の近代化、そして科学的な漁業調査の実施によって漁業をより魅力的な職業とすることが、いわば「帰海運動」の核心であった。この運動は、奥村多喜衛が出来るだけ多くの二世をプランテーションで就労させようと唱えた「帰農運動」の対を成しているようにも見える。しかし奥村の提唱が、白人プランターを頂点とする寡頭制の維持を前提としていたため、その支持層もまた白人プランターが中心であったのに対し、「帰海運動」は水産業者のみならず準州政府関係者の支持を取り付けていた点において、前者と大きく異なっていた。マッキンリー高校での漁業訓練の実施は実現しなかったものの、一九二〇年代後半以降、ハワイの漁業振興の重要性を次第に認識するようになった準州政府を中心に、漁業の近代化へ向けた様々な政策が打ち出されるようになるが、それについては後述する。

また二世の中からも、揚野貫三郎や相賀安太郎らの熱意に応える者が現れた。一九三六年に、太平洋漁業会社に所属する二世の濱本義雄が七五〇〇ドルをかけて漁船、新栄丸を市内の谷村造船所で建造した上で、その船長として四五人の乗組員を雇用した。濱本は自分の漁船を建造した最初の二世であったため、年を取りつつあった多くの漁民はその活躍に目を細めた(76)。その一方で、濱本と対照的な生き方を選んだのが、和歌山県出身の清水松太郎の継子、トキハルであった。トキハルは松太郎と同じ漁船に乗っていたが、結婚して子どもが生まれると、子どもの傍にいて欲しいという妻の要望に応えて漁船を降りた。その後、溶接の仕事を始めたトキハルは、漁船の知識を生かして時々船舶の溶接も行ったが、時とともに漁業関連の仕事が減り、息子にも漁業を勧めることはなかった(77)。この清水家のエピソードが物語るように、漁業の厳しさを知るがゆえに老いゆく日本人漁民の後を継ごうとする二世は少なかった。その一方で、他のエスニックグループのアメリカ市民が、少しずつハワイの海における存在感を増しつつあった。一九四〇年前後の統計によると、その頃までに商業漁業のライセンスを所有する市民の数は、非市民のそれを陵駕するようになっていた。[78]もっとも、二世市民の名前でサンパン漁船の所有者登録をしておきながら、実際には非市民である一世が漁撈に従事するというケースも多かったため、この数字は必ずしも現実を反映していない。ともあれ、一九三〇年代を通して日本人漁民の高齢化問題が解消されることはなかった。

水揚げの減少とハワイ準州政府による新たな取り組み

広大な太平洋の中央に位置するハワイ諸島は、長い間、あたかも無限の水産資源に恵まれていると考えられていた。しかし日本人が年中無休で魚を獲り続ける様子を目の当たりにした、レラントスタンフォードジュニアカレッジ（のちのスタンフォード大学）教授、オリバー・P・ジェンキンス（Oliver P. Jenkins）は、「日本人の漁法は非常に破壊的で、適切な規制をしなければ食糧供給源としての海洋動物相を枯渇させてしまうであろう」[79]と早くも一九〇三年に予測していた。また日本人関係者側も乱獲による水産資源の枯渇に対する懸念を抱いていた。ヒロのスイサン株式会社の設立メンバーの一人である林虎鎚《とらづち》は、二〇世紀最初の一〇年の間に、乱獲によってホノルル湾周辺のみならずオアフ島沿岸から、まるで「ホウキで掃いた」ように魚がいなくなったことで、そのうちハワイから沖ノ鳥島まで出漁しなければならなくなるかも知れないと嘆いていた。一九一〇年のことである。[80]林が予言した通り、間もなく近海の魚を獲りつくすとミッドウェーを目指す漁船が現れた。

一九二〇年代から三〇年代に入ると、漁船の動力化と冷蔵設備の大型化や漁法の改良が進み、遠洋漁業が可能になったことで、沖ノ鳥島近海も新たな漁場として視野に入ってきたのである。(81)

このような事態に直面した関係者は、新たな漁場を求めて遠洋を探索する傍ら、近海の水産資源を増やしたり新たな養殖業を試みたりするなどの対策を取り始めた。また準州政府も、一九二七年に農林行政員会(Board of Commissioner of Agriculture and Forestry)内に魚類鳥獣委員会(Fish and Game Commission)を再編した魚類鳥獣課(Division of Fish and Game)を設置すると、連邦商務省漁業局などと協議しながら、地元の漁業振興とハワイ海域の水産資源の増加のために動き出した。そもそもハワイ諸島周辺の海域の地形は、珊瑚礁の外側が深海に切れ込む断崖となっているため、貝や海苔の生成に不向きである。そのため採貝漁や海苔の養殖は行われていなかった。一方で、ハワイ人は長年、浅瀬に造った養殖池でイナ(*ina*、*Echinomera mathaei* 並びに *E. oblonga*)やアワ(*awa*、*Chanos chanos*)などの養殖を行ってきたが、二〇世紀に入ると、それらの多くが中国人や日本人の手に渡った。そして一九二〇年代から三〇年代にかけて、毎年約二万ドルから三万ドル分の養殖魚が魚市場に提供されていた。

このような自然環境において、一九二〇年代後半以降、外来生物の放流事業が盛んに行われた。記録によると、日本から持ち込んだアサリをホノルルやカリヒ、エワ沿岸や真珠湾で放流した結果、アサリが急激に増えたという。また一九二五年には石川千代松東京帝国大学名誉教授が、約二五万個の鮎の卵をオアフ島のカリヒやカハナ、ワイメア、ワヒアワやカウアイ島のワイヒナの河川に放流した。さらにハワイ準州政府も、輸入した三万三〇〇〇個のマスの卵を河川へ放ち、日本から輸入したハマグリをオアフ島北部の海岸へ放流した。また連邦商務省漁業局は、カウアイ島やオアフ島、ハワイ島、マウイ島の河川での何万というマスの幼魚の放流事業を支援した。他所から持ち込んだ真珠貝やサモアガニを繁殖させる試みもまた、ハワイの水産業振興のために行われた。これらの実験のうち、放流されたマスの卵がふ化して釣り客を楽しませるようになったという「成功」例も報告されたが、その多くはハワイでの新たな事業の発展と市場の開拓につながるような結果を得ることなく終わった。さらにサモアガニが増えすぎて養魚池の魚を殺し始めるといった、ハワイの海の繊細な生態系を破壊する事態も起きた[82]。

現代のエコロジーの観点からすれば、外来生物をハワイの河川や海に大量に放流する方法は批判されるべきである。しかし官民によって推進されたこれら一連の事業は、ハワイ準州政府が日本人漁業の排斥からその保護、そして共に新たな水産資源の開発を模索するという方向に大きく転換したことを物語る上で重要であった。さらに準州政府は農林行政員会や魚類鳥獣課を中心に、連邦政府商務省漁業局に対して、準州内における市場調査、漁場及び漁法調査、養殖業の推進、漁業資源調査、魚の増殖及び新種の導入調査に充てる費用を要請し始めた。その際に準州政府とワシントンの間に立って直接的な交渉を行ったのが、ワレス・ファーリントン（Wallace R. Farrington）知事と連邦議会ヴィクター・ヒューストン（Victor S. K. Houston）代議士[83]である。二人は互いに連絡を取り合いながら商務長官や漁業局長ら関係者と折衝を重ねた結果、商務省側から好意的な回答を取り付けたが、まもなく起きた大恐慌のよってこの活動は中断を余儀なくされた[84]。

しかし一九三五年になると、準州農林行政委員会のゲオ・ブラウン（Geo I. Brown）委員長がジョゼフ・ポインデクスター(Joseph B. Poindexter)知事に宛てて送った書簡の中で、商務省漁業局長をハワイに派遣させて漁業の実態を知らしめる必要性を説いた。ブラウンはまた、ハワイにおけるカツオやマグロなどの外遊魚の生態がよく知られないまま、それらを含む魚の需要が伸びていること、有事の際には地元産の食糧確保が必要となることに加えて、ハワイの水産業の約九割が外国人の手中にあるのは滑稽(ridiculous)であることなどを指摘した。そして市民のための水産訓練施設を設立せよと力説したのであった。[85] 日本人による水産界の独占が滑稽かどうかといった主観的な表現はともかく、これらの主張は揚野貫三郎ら「帰海運動」推進者の提案と多くの部分で重複している。揚野らとブラウンを始めとする準州の水産関係者との直接的な関係性は不明であるが、この頃になると、水産教育施設の設立や国家予算による大規模な漁業調査の実現が、ハワイの水産業者のみならず準州の関係者にとっても悲願となっていた。

ブラウン農林行政委員長からこの書簡を受け取ったポインデクスター準州知事は、ただちにそれを連邦内務省準州島嶼課(Division of Territories and island Possessions)のアーネスト・グルーエニング(Ernest Gruening)課長に転送するとともに、ブラウン提案の実現へ向けた調整を依頼した。[86] ブラウン書簡の複写は、グルーエニングからハロルド・イッキーズ(Harold L. Ickes)内務長官を経てダニエル・ローパー(Daniel C. Roper)商務長官の手元に届いた。[87] ローパーはイッキーズへの返答の中で、これまで商務省漁業局がハワイにおけるマスの放流などを行ってきた実績に触れつつ、ハワイ海域の調査のため漁業局長をハワイに送ることを明言した。[88]

こうして準州や連邦政府の関係者が科学的な漁業調査の実現へ向けて動き出すことによって、それまで漁民の「勘と経験」のみに頼っていたハワイの漁業は、少しずつ変化しようとしていた。しかしブラウン書簡が「有事」の際の食糧事情に言及したように、日米関係の悪化に伴って次第にハワイを取り巻く状況も変化し、やがてその影響がハワイの海全体を暗く覆いつくそうとしていたのである。

（1）農商務省水産局『海外における本邦邦人の漁業事情』、農商務省水産局、一九一八年、一七六頁。

（2）Hisao Goto, Kazuo Shinoto, and Alexander Spoehr, "Craft History and the Merging of Tool Traditions: Carpenters of Japanese Ancestry in Hawaii," *Hawaiian Journal of History* 17（1983）: 158, 168-170; Hans Konrad Van Tilburg, "Vessels of Exchange: The Global Shipwright in the Pacific," in *Seascapes: Maritime Histories, Littoral Cultures, and Transoceanic Exchanges*, ed. Jerry H. Bentley, Renate Bridenthal, and Kären Wigen（Honolulu: University of Hawai'i Press, 2007）, 47.

（3）布哇新報社『布哇日本人年鑑』、布哇新報社、一九二四年、一三一―一三八頁、日布時事社『日布時事布哇年鑑』、日布時事社、一九三一―三二年、九八―一〇〇頁。

（4）大谷松治郎『我が人となりし足跡　八十年の回顧』、大谷商会、一九七一年、四八頁。

（5）日布時事社『日布時事布哇年鑑』、日布時事社、一九二九年―三〇年、一〇四頁。

（6）『日布時事』、一九二二年九月二六日、三頁、日布時事社『日布時事布哇年鑑』、日布時事社、一九三一年―三二年、一二四頁。

（7）Letter from Mrs. Peter E. Arioli to Secretary Harold Ickes, June 7, 1937; Letter from Mrs. Peter E. Arioli to Miss Ruth Hampton, August 2, 1937; Letter from L. M. Whitehouse to J. B. Poindexter, August 2, 1937; Letter from Edith Arioli to Dr. Gruening, October 16, 1937; "Public Hearing in the Chamber of Commerce Rooms of Proposed Erection of Tuna Cannery in Hilo by Hawaiian Tuna Packers, Ltd.," August 4, 1937; County of Hawaii, Territory of Hawaii Resolution No. 361, 以上 United States National Archives and Records Administration at College Park, MD.,（以降特別な表記がない場合ＮＡＲＡ）, Record Group (RG) 126, Entry (E) 1, Box (B) 680.

（8）『布哇報知』、一九七三年六月五日、一頁。

（9）清水久男、清水静枝、筆者によるインタビュー、ホノルル市内にて、二〇〇八年三月三日。

（10）和歌山県編『和歌山県移民史』、和歌山県、一九五七年、五一二―五一三頁。

（11）日布時事社『日布時事布哇年鑑』、日布時事社、一九二八年、九八―一〇〇頁。

（12）Owen K. Konishi, "Fishing Industry of Hawaii with Special Reference to Labor" (Honolulu: University of Hawaïi Reports of Students in Economics and Business, 1930), 38; 大谷明、筆者によるインタビュー、ホノルル市内にて、二〇〇七年九月四日。

（13）Mike Markrich, "Fishing for Life," in *Kanyaku Imin: A Hundred Years of Japanese Life in Hawaii*, ed. Leonard Lueras (Honolulu: International Savings and Loan Association, 1985), 142; 大谷明、筆者によるインタビュー、ホノルル市内にて、二〇〇八年三月三日。

（14）Markrich, "Fishing for Life," 142.

（15）大谷松治郎「日系漁業会社の変遷を語る」『布哇タイムス創刊六十周年記念号―9』、一九五五年一〇月一日、一〇頁。

（16）船井テルオ、筆者によるインタビュー、ホノルル市内にて、二〇〇八年三月三日。

（17）すさみ町誌編さん委員会編『すさみ町誌下巻』、和歌山県西牟婁郡すさみ町、一九七八年、二九四頁。

（18）船井テルオ、筆者によるインタビュー、ホノルル市内にて、二〇〇八年三月三日。

（19）すさみ町誌編さん委員会編『すさみ町誌下巻』、二九四頁；John R. K. Clark, *Guardian of the Sea: Jizo in*

Hawai'i (Honolulu: University of Hawai'i Press), 6.

(20) H. Hamamoto, "The Fishing Industry of Hawaii" (BA thesis, University of Hawai'i, 1928), 25; ジャック・Y・タサカ「ハワイと和歌山県人」『太平洋学会誌』、三一号、一九八六年七月、六六頁。

(21) 『布哇報知』、一九七三年六月五日、一頁。

(22) Hamamoto, "The Fishing Industry of Hawaii," 26–28; Konishi, "Fishing Industry of Hawaii with Special Reference to Labor," 17–18.

(23) Hamamoto, "The Fishing Industry of Hawaii," 26–28; Konishi, "Fishing Industry of Hawaii with Special Reference to Labor," 17–18; 船井テルオ、筆者によるインタビュー、ホノルル市内にて、二〇〇八年三月三日。

(24) Linda Lucas Hudgins and Samuel G. Pooley, "Growth and Contraction of Domestic Fisheries: Hawaii's Tuna Industry in the 1980s," in *Tuna Issues and Perspectives in the Pacific Islands Region*, ed. David J. Doulman (Honolulu: East-West Center, 1987), 226.

(25) Hamamoto, "The Fishing Industry of Hawaii," 35–36; Hudgins and Pooley, "Growth and Contraction of Domestic Fisheries: Hawaii's Tuna Industry in the 1980s," 230. 日本人漁民はロサンゼルス近郊のサンペドロにも大きな漁村を形成し、その多くがマグロ漁に従事していたが、ハワイと異なる漁法を用いていた。詳細は以下を参照のこと。Andrew F. Smith, *American Tuna: The Rise and Fall of an Improbable Food* (Berkeley: University of California Press, 2012), 52–54.

(26) Hamamoto, "The Fishing Industry of Hawaii," 29–32; Susan Blackmore Peterson, "Decisions in a Market: A Study of the Honolulu Fish Auction" (PhD diss., University of Hawai'i, 1973), 41.

(27) 大谷明、筆者によるインタビュー、ホノルル市内にて、二〇〇八年三月三日。

(28) 船井テルオ、筆者によるインタビュー、ホノルル市内にて、二〇〇八年三月三日。

(29) 布哇新報社『布哇日本人年鑑』、布哇新報社、一九二一年、一三二―一三八頁、飯田耕二郎『ハワイ日系人の歴史地理』、ナカニシヤ出版、二〇〇三年、七六―七八頁、一〇三頁。

(30) 清水久男、清水静枝、筆者によるインタビュー、ホノルル市内にて、二〇〇八年三月三日。
(31) 同右。
(32) "Farmers of the Sea," *Sales Builder* 5, no. 9 (September 1932): 5.
(33) Chris Friday, *Organizing Asian American Labor: The Pacific Coast Canned-Salmon Industry, 1870-1942* (Philadelphia: Temple University Press, 1994), 43, 116-118.
(34) Daphne Marlatt, *Steveston Recollected: Japanese-Canadian History* (Vancouver: Provincial Archives of British Columbia, 1975), 23.
(35) Friday, *Organizing Asian American Labor*, 117-118; ナンシー・オオタニ、エヴェリン・オオタニ、筆者によるインタビュー、ホノルル市内にて、二〇〇七年九月四日、清水静枝、筆者によるインタビュー、ホノルル市内にて、二〇〇八年三月三日。
(36) Ethel Erickson, "Earnings and Hours in Hawaii Woman-Employing Industries," Bulletin of the Women's Bureau (Washington, DC: US Government Printing Office, 1940), 19. この連邦女性局の報告書による、八七%の製造業女性従事者が日本人という数字は、缶詰工場二カ所、缶製造工場一カ所、小さなパン工場一カ所、コットンマットレス工場二カ所が含まれている。しかしツナ缶詰工場と缶製造工場の従業員数が他よりも圧倒的に多かったため、それらの製造現場では日本人女性が多数を占めていたと考えられる。
(37) Ethnic Studies Oral History Project, Ethnic Studies Program, "Tsuru Yamauchi," in *Uchinanchu: A History of Okinawans in Hawaii* (Honclulu: University of Hawai'i at Manoa, 1981), 501-502.
(38) 清水静枝、筆者によるインタビュー、ホノルル市内にて、二〇〇八年三月三日。
(39) Erickson, "Earnings and Hours in Hawaii Woman-Employing Industries," 3.
(40) 清水静枝、筆者によるインタビュー、ホノルル市内にて、二〇〇八年三月三日。
(41) 船井テルオ、筆者によるインタビュー、ホノルル市内にて、二〇〇八年三月三日。
(42) 大谷『我が人となりし足跡』、三四頁。

（43）大谷明、筆者によるインタビュー、ホノルル市内にて、二〇〇八年三月三日。
（44）Michi Kodama-Nishimoto, Warren S. Nishimoto, and Cynthia A. Oshiro, eds., *Hanahana: An Oral History Anthology of Hawaii's Working People*, Ethnic Studies Oral History Project (Honolulu: University of Hawai'i at Manoa, 1984), 80-81.
（45）Theodore C. Bestor, *Tsukiji: The Fish Market at the Center of the World* (Berkeley: University of California Press, 2004), 83-84＝テオドル・ベスター著、和波雅子、福岡伸一訳『築地』、木楽社、二〇〇七年。
（46）『日布時事』、一九四一年一二月四日、六頁。
（47）*Honolulu Star-Bulletin*, December 4, 1931, 3; 大谷『我が人となりし足跡』、五三―五八頁。
（48）*Honolulu Star-Bulletin*, December 4, 1941, 3.
（49）Erickson, "Earnings and Hours in Hawaii Woman-Employing Industries," 2.
（50）Peterson, "Decisions in a Market," 129.
（51）『布哇殖民新聞』、一九一〇年七月一五日、二頁。
（52）Bestor, *Tsukiji*, 170.
（53）印南敏秀「住吉信仰から金比羅信仰へ」大林太良編『瀬戸内の海人文化』、小学館、一九九一年、二三一頁。
（54）『馬哇新聞』、一九四一年二月二五日、二頁。なお、馬哇金刀比羅神社の歴史は明らかではないが、一九四一年になるとすっかり衰退していたようで、社殿や鳥居などの改築費用の募金運動などが行われた。現在、馬哇金刀比羅神社はマウイ神社の兼務社とされているが、マウイ神社の有根トラ子神職が二〇一四年に百歳で逝去した後は神社の存続そのものが危ぶまれている。
（55）このカカアコ金刀比羅神社は一九四六年にキング通りの個人住宅に移転し、間もなく自然消滅した。前田孝和『ハワイの神社史』、大明堂、一九九九年、二〇七頁。
（56）前田『ハワイの神社史』、二〇六―二一〇頁；"History of the Shrine," Hawaii Kotohira Jinsha-Hawaii Dazaifu Tenmangu, http://www.e-shrine.org/history.html, accessed April 28, 2014.

(57) 前田『ハワイの神社史』、二〇八―二〇九頁。

(58) Clark, *Guardian of the Sea*, 50 ;『日布時事』、一九三二年一月一一日、五頁 ; J. Sterlino Adams, "Shinto Sects in the Territory of Hawaii," September 14, 1942, NARA, RG60, E146-10, B5.

(59)『かむろ』、八二号、一九二九年五月、九頁、同九〇号、一九三一年三月、六頁、同九一号、一九三一年八月、六頁、同一四〇号、一九三八年五月、四頁。

(60)『日布時事』、一九二二年一〇月一〇日、五頁。

(61) 同右。

(62) Gary Y. Okihiro, *Cane Fires: The Anti-Japanese Movement in Hawai'i, 1865-1945* (Philadelphia: Temple University Press, 1991), 70-76.

(63) もっとも、漁民がストライキに参加した人々に鮮魚などの魚介類を提供して支えていたことも考えられる。一九二〇年のオアフ島ストライキと漁民との関係については、今後、さらなる検討が必要であろう。

(64) 一九三〇年頃、ハワイでは三五九隻のガソリン、もしくはディーゼルエンジン搭載サンパン漁船が操業していた。それらのうち最も大型のものは一三五馬力エンジン、そして最も小型のものは三馬力のエンジンを備えており、サンパン漁船所有者の多くは日本人であった。ホノルルでは、ハワイ水産会社が六二隻、太平洋漁業会社が五一隻、ホノルル漁業会社が三七隻の所属船を持っており、ホノルル以外のオアフ島各地では四四隻が独自に操業していた。またハワイ島ではスイサン株式会社が五四隻、ハワイ島漁業会社が二六隻の所属漁船を抱えていた。一方、前章でも述べたようにカウアイ島、マウイ島、モロカイ島、ラナイ島には日本人漁業会社がなく、日本人所有の漁船は独立して操業していたが、マウイ島に漁業組合や日本人魚商組合、カウアイ島に漁業組合や水産奨励組合などの組織が形成され、漁民や漁商の相互扶助を行っていた。なおカウアイ島で四五隻、マウイ島で三七隻、モロカイ島で二隻、そしてラナイ島で一隻のサンパン漁船が操業していた。日布時事社『日布時事布哇年鑑』、日布時事社、一九二八年、一〇一―一〇四頁、日布時事社『日布時事布哇年鑑』、日布時事社、一九三〇―三一年、一一五―一一九頁。

(65) 日布時事社『日布時事布哇年鑑』、日布時事社、一九二九—三〇年、一〇六頁。
(66) 奥村多喜衛『布哇に於ける日米問題解決運動』、内外出版印刷、一九二五年、六五頁。
(67) Dennis M. Ogawa, *Kodomo no Tame ni: For the Sake of the Children* (Honolulu: University of Hawai'i Press, 1978), 198-199.
(68) 日布時事社『日布時事布哇年鑑』、一九三一—三二年、一二五頁。
(69) 『日布時事』、一九四一年八月一五日、二頁。
(70) 同右。
(71) 揚野貫三郎「布哇の漁業を論ず」布哇報知『布哇日本人実業紹介誌』、布哇報知、一九四一年、四四頁。
(72) 松本生「ハワイの食糧問題と水産学校の設立」布哇報知『布哇日本人実業紹介誌』、布哇報知、一九四一年、七四頁。
(73) 日布時事社『日布時事布哇年鑑』、一九三二—三三年、一〇〇頁。
(74) Okihiro, *Cane Fires*, 157.
(75) 『日布時事』、一九二九年四月九日、二頁。
(76) 日布時事社『日布時事布哇年鑑』、一九三七—三八年、一二四頁。
(77) ブルックス・タケナカ、筆者によるインタビュー、ホノルル市内にて、二〇〇八年九月四日。
(78) 日布時事社『日布時事布哇年鑑』、一九四〇年、一二〇頁、「布哇の漁業」布哇報知『布哇日本人実業紹介誌』、四〇頁。
(79) Oliver P. Jenkins, "Report on Collections of Fishes Made in the Hawaiian Islands, with Descriptions of New Species," Series US Commission of Fish and Fisheries, Doc. 534 (Washington, DC: Government Printing Office, 1903), 419.
(80) 『布哇殖民新聞』、一九一〇年一〇月五日、五頁。
(81) 大谷松治郎「日系漁業会社の変遷を語る」、一〇頁。

(82) 日布時事社『日布時事布哇年鑑』、一九二八年、九八頁、同、一九三二―三三年、一〇一―一〇二頁、同、一九三五―三六、一〇九頁、同、一九三六―三七、一一四―一一五頁、同、一九三七―三八頁、一二四頁。
(83) 準州は連邦議会に議員を送ることが出来ず、現地の日本語新聞が代議士と呼ぶ本議会投票権のないオブザーバーを下院に一名、送っていた。本書ではこれに倣って代議士という呼称を用いる。
(84) Letter from Wallace R. Farrington to Secretary of Commerce, June 3, 1929, NARA, RG126, E1, B680.
(85) Letter from Geo I. Brown tc Joseph B. Poindexter, April 16, 1935. NARA, RG126, E1, B680.
(86) Letter from J.B. Poindexter to Ernest Gruening, April 20, 1935, NARA, RG126, E1, B680.
(87) Letter from Harold L. Ickes to the Secretary of Commerce, May 11, 1935, NARA, RG126, E1, B680.
(88) Letter from Daniel E. Roper to the Secretary of the Interior, May 18, 1935, NARA, Rg126, E1, B680.

第四章　太平洋戦争とサンパン漁船の消滅

日本人漁業に対して高まる連邦政府の疑念と排日の動き

ハワイの海に進出した日本の海の民は、前章までで述べた通り、郷里や同業者同志の結びつきを中核とした人的ネットワークによって、互いに扶助しあいながら現地の水産業を立ち上げ発展させたのであり、拡大を続ける日本帝国の傘下にあった朝鮮や台湾に進出した日本人漁民のように、母国及び植民地政府から金銭的物質的な援助を受けることはなかった。それはまた、日本帝国の支配を受けなかったということでもある。

しかし米連邦政府関係者の中には、ハワイの日本人漁民を日本帝国の手先と見なして強い警戒心を示す者もいた。ワレン・ハーディング（Warren Harding）大統領によって組織されたハワイアン労働委員会（Hawaiian Labor Commission）がジェームズ・J・デービス（James J. Davis）労働長官に提供した情報によると、卓越した性能を持つ日本人のサンパン漁船は、一度に数千人を乗せて五〇〇マイル（約八〇五キロ）を航行することが出来た。また陸軍情報部ハワイ部門G2のジョージ・ブルック（George Brooke）課長も、「軍事的視点から見た日本人の実情とハワイ準州への影響」と題した報告書の中で、日本人漁民がハワイ諸島周辺の珊瑚礁や湾口に関して、相当な知識を持っていることを指摘するとともに、合衆国の水域において外国人から漁業権を没収するべきであると提言した。またブルックの後任であるA・A・ウッド・ジュニア（A. A. Wood Jr.）大尉はさらに一歩踏み込んで、日本人漁民の中には祖国の海軍への従軍経験を持つ者もいるため、有事の際は外国によるハワイ諸島の占領を手助けする可能性があると警告した(1)。

このような誇張を含む情報に基づく懸念は、やがて外国人を海から締め出す漁業関連規制法の制定へとつながっていった。連邦政府は一九二三年に制定された関税法第四四九条の解釈を変更し、一九三〇年五月以降、公海上において非市民が所有する漁船が捕獲した魚類一ポンド（約四五四グラム）につき一～三セントを課税することとした。この新たな方針によって、約四〇〇隻の日本人所有サンパン漁船が操業するハワイの水産関係者は楽観論、悲観論の二つの立場に分裂した上で大混乱に陥った(2)。たいした影響は出ないであろうと予測した楽観論者は、当時、漁業がハワイの基幹産業に成長しており、住民にとって貴重なタンパク源である魚介類を供給していたことから、税関職員が融通をきかせるであろうと論じた(3)。その一方で、この措置が業界全体に深刻な影響を与えかねないと踏んだ悲観論者は、主に次の三点から、新たな方針による影響が小さいとは言い切れないと主張した。第一に、「公海上で捕獲された魚類」の定義が曖昧であった。サンパン漁船は公海か否かを大して気にすることなく海上を縦横無尽に動き回る。仮に漁船が規制された海域を通り抜けて規制されていない海域に到達し、そこでの漁獲物をホノルルの市場で売った場合、課税対象となるのか否か不明である。第二に、課税対象となる魚類の定義が曖昧な上に、税関の検査官にハワイで獲れ、消費される魚の分類が出来るのか不明であった。たとえばカツオがキハダマグロやクロマグロと同類なのか否か、当時、明確な規定はなかった。そして第三に、税関と魚市場の営業時間帯が異なることによって、魚市場が混乱する怖れがあった。税関は通常、早くても朝七時に開くが、それは魚市場のセリが終了する時刻でもある。漁船の多くは午前五時には市場に水揚げを終了して、午前六時から始まる魚市場のセリ開始に備える。しかし、仮にセリの開始時刻を税関の開庁時間に合わせるとなると、水揚げされた魚はセリが始まるまで一時間以上も放置されることになる。鮮度によって魚の価値や値段が変化することを考えると、セリ開始時刻の繰り下げは水揚げの市場価値を下げる恐れがあるため、漁民の生活にも悪影響を及ぼしかねない[4]。

この新たな規制が一九三〇年五月から施行されると、たちまち楽観論は霧散した。税関職員がカジキや太刀魚、サメなどの魚一ポンドにつき容赦なく一セントの税金をかけ始めたからである。職員は朝五時にセリ市場に現れ、ハワイを代表する漁獲物であるカツオ、クロマグロ、キハダマグロを課税対象から外した。そのため懸念は幾らか和らいだものの、新たな規定によって出漁前に漁民が税関に出頭しなければならなくなり、操業に遅れが生じた。また漁業会社も、書類仕事の量が増えただけでなく、税金を引かれると儲けがほとんど残らない漁民から手数料を取ることが難しくなった[5]。この規定は当初、ホノルルを拠点とする漁船にのみ適応されたが、漸次、ハワイ諸島の他の地域にも拡大される予定であった。

多大な混乱と経済的損失が生じたことで、水産関連業者はこぞってこの規定の廃止を求める運動を開始した。またこの動きは他の業界にも広がり、日本人社会、とりわけホノルル及びヒロの日本人商業会議所なども運動に加わった。これらの組織は準州政府や日本領事館に対して迅速かつ有効な対策を取るよう要求しただけでなく、連邦議会下院のヴィクター・S・K・ヒューストン代議士にも働きかけた。ヒューストンは財務省に対し、この規制が日米間の条約に違反していないかどうかの再確認を迫るなど、ハワイの漁業利権を守るべく奔走した結果、間もなく規制は廃止された。すると日本人商業会議所はただちにワシントンのヒューストンに電報を送って感謝の意を表している。[6] さらにその頃、ハワイの白人財界、とりわけヒロ商業会議所もまた、魚価の高騰によって消費者が不利益を被るといった理由から、日本人とともに漁獲物への課税に抗議していた。[7]

ルーズベルト大統領に立ち向かうハワイ準州知事

このような日本人と白人財界の共闘によって、地元の漁業は連邦政府による介入から守られたが、その後も、連邦政府によるハワイの海における排日の動きは厳しくなるばかりであった。とりわけ米海軍は、サンパン漁船が真珠湾やカネオヘ湾など海軍基地の目の前で絶えず漁撈を行っていたことから、これらの漁船によるスパイ行為を疑っていた。真珠湾もカネオヘ湾もオアフ島における生き餌の良き漁場だったのである。

生き餌不足のために、一九三〇年代におけるカツオ一本釣り漁の生産量は頭打ちであった。沖には溢れんばかりのカツオが生息していたにもかかわらず、生き餌不足のために漁撈が制限され、カツオを材料とするツナ缶詰の製造にも支障をきたしていた。ハワイアンツナパッカーズ社は一九三〇年に一一万箱のツナ缶詰を製造したが、その翌年には三万七〇〇〇箱にまで生産が落ち込んだ。深刻な生き餌不足を解消するため、同社はアメリカ本土から一〇万トンの生きたイワシを運び、ハワイ海域に放流した。しかしこのイワシは地元の魚よりも大きく、カツオの群れを海面に引きつけることなく直ちに水中深く潜り込んでしまったため生き餌にならなかった[8]。このような失敗にもかかわらず、ハワイアンツナパッカーズ社は一九三〇年代を通して、繰り返しメキシコや南カリフォルニアからアンチョビーやイワシの導入を試みていた。ハワイ準州政府もこれらの事業を支援し、準州魚類鳥獣課のH・L・ケリー（Kelly）課長が、カリフォルニア州政府漁業局や同州サンディエゴのアメリカ漁民タグボート協会（American Fishermen's Tug Boat Association）などに問い合わせるなどの労を取っていた[9]。

前章で触れたように、一九二〇年代後半以降、ハワイ準州政府は連邦政府資金によるハワイ海域の大規模な漁業調査の実施や水産試験場、水産教育施設などの設立を目指して、内務省準州島嶼課や商務省漁業局関係者らと折衝を重ねていた。とりわけ一九三〇年代に入って日米関係が悪化の一途をたどると、有事の際にハワイ海域が封鎖されることを前提とした食糧の確保と食糧自給率の向上が、準州政府にとって喫緊の課題となっていた。当時ハワイで供給される食糧の約七割が輸入によるものであったことから、準州政府はプランテーション関係者やインフラ系業者、ハワイ大学の家政学者などの専門家を動員し、食糧確保に関する具体的な政策の作成や、食糧の備蓄を推進しており、漁業振興もその一環として行われていた[10]。しかしながらサンパン漁船を水産資源の供給者と見なして保護した準州政府と異なり、漁船を日本海軍の艦船と同一視した米海軍は、真珠湾における漁撈に様々な制約を課した。そこでハワイアンツナパッカーズ社のマネージャー、ポール・ベイヤー（Paul Beyer）は、第一四海軍区司令官H・R・ヤーネル（H.R. Yarnell）少将に次のように書き送って漁撈に対する理解と協力を求めた。

現状（生き餌不足）は漁民やその家族だけでなく、我が社にとって深刻な問題です。我が社は漁民がもたらす魚に頼っており、四～五百人の従業員やその家族もまた、我が社に頼っているのです[11]。

同社に所属する一八隻のカツオ一本釣り漁船と、四〇〇人から五〇〇人いる従業員を守るためにも、ベイヤーは真珠湾の港奥部を生き餌漁のために開放するよう、海軍に対し繰り返し要求した[12]。また「布哇《はわい》の鰹缶詰は米大陸に於てツナ缶詰ナンバー・ツーとして好評を博し其の販路は洋洋として尽きない即ち原料の鰹さえあればこれ又将来有望な事業である[13]」といった文言が、一九三〇年代を通して毎年のようにハワイの『日布時事布哇年鑑』に登場していた。真珠湾における生き餌漁場の利用なくしてツナ缶詰製造業に明るい未来は望めなかったのである。

しかしヤーネル海軍少将は、ハワイアンツナパッカーズ社による度重なる要求を退け続けた。彼が重視したのは地元水産業界の要望ではなく、ハワイ第一四海軍区情報将校の調査報告であった。

それによると、ハワイで操業する日本人は、二世であってもアメリカより日本に忠誠を誓い、有事の際に利敵行為を行う可能性が高いため、ハワイ海域における外国人漁船の操業を禁止するべきあった。[14]この報告を重く見たヤーネルは、ポインデクスター準州知事に対して、アメリカ国内を操業拠点とする漁船船員を全てアメリカ市民に限定し、外国人の場合は特別な許可を取らせることや、出漁前に当局から出港許可証を取得させることなどを要求した。[15]このような頑な態度を前にして、真珠湾での生き餌漁場の拡大など許されるべくもなかった。

さらにその頃、財務省沿岸警備隊もまたポインデクスター準州知事に対し、米国内で造船された五純トン以上の外国人所有漁船が現行の連邦法では登録不要であり、かつ乗務員情報の提供義務もないことから、これらを準州法によって制限するよう勧告していた。従来の準州法によると、一九二〇年代後半以降、非市民に漁業（commercial fishing）ライセンス料として年間五ドルを課す一方、市民は無料で漁業を行うことが出来たほか、市民権の有無に拘わらず全ての漁民は漁船登録料や漁具の利用料、夜間操業料金を支払うとされていた。[16]つまり準州法は漁業ライセンス料金の相違以外、市民と非市民による漁撈の区別をしていない点が批判の対象とされたのである。さらに沿岸警備隊はポインデクスターに対し、日本人不法移民の操業や外国人所有漁船によるアヘンや不法移民の運搬といった「不法行為」に対する厳格な取り締まりも要求したのであった。[17]

このような海軍や沿岸警備隊による強硬な態度を後押ししたのは、フランクリン・D・ルーズベルト（Franklin D. Roosevelt）大統領であった。日本人漁船に対して強い懸念を持つルーズベルトは、外国人所有漁船の登録や、その操業に対する監視体制の甘さを疑問視しており、ポインデクスター準州知事もその事を理解していた[18]。しかし海軍や沿岸警備隊による情報は根拠のない偏見を含んでおり、ハワイの海の現状を客観的に反映しているとは言い難い。そこでポインデクスターは、この頃にハワイを訪問したルーズベルト大統領や、ヤーネル海軍少将ら米軍関係者との会談内容を踏まえた上で、海軍や沿岸警備隊による日本人漁民排斥案に反論した。ハワイ海域における日本人漁船の現状に対する懸念に一定の理解を示しつつも、ポインデクスターは、アメリカ国内を拠点に操業する漁船の全ての乗組員を市民に限定することは非現実的であり、ハワイで操業する漁民の多数を占める日本人からその生業を奪うことは、失業率の上昇を招きこそすれ、ハワイにおける軍事状況の向上をもたらすとは考えにくいと、ルーズベルト宛の書簡の中で訴えたのである[19]。

この書簡を受け取ったルーズベルトは逆に態度を硬化させた。そして早速、陸海軍省、商務省、内務省関係者に呼びかけて秘密裡に会合を開くと、外国人漁業を制限する法案の作成に取りかかったのである[20]。そして国務省も加わって討議し、具体化された法案には次のような項目が含まれた。

- アメリカ市民ではない、いかなる者が所有する船舶が米国海域で航行する際は、乗組員全員の等級や国籍、居住地などのリストを積荷の情報リストとともに常備すること。
- 非市民は、アメリカ市民が所有する五純トン以下の漁船を使って操業してはならない。
- アメリカ市民ではない、いかなる者が所有、もしくは一部所有する船舶が公海上、もしくは外国海域で漁業に従事する場合は、船舶がアメリカ合衆国水域に寄港する時に、最寄りの湾港で所定の手続きを行い、出航する際も手続きを行うこと。

・違反者には千ドル以下の罰金もしくは二年以下の懲役、もしくはその両方を課す場合がある。(21)

ルーズベルトの強いリーダーシップによって発議され、用意されたこの法案は、海軍や沿岸警備隊の主張に沿って作成されており、ポインデクスター準州知事の考えに代表されるハワイ側の意向は反映されなかった。この法案に含まれる「アメリカ市民ではない、いかなる者（any person who is not a citizen of the United States）」が日本人を指すことは明白であり、ハワイの海における日本人漁業の制限を意図していた。なおこれをもとに一九三九年に制定された連邦法には、アメリカ市民のみが五純トン以上の漁船を所有し、かつ船長として操業することが出来るという規定が含まれた。当時ハワイ海域で操業していたサンパン漁船の多くは五純トン以上で、市民権を持つ漁民は持たない者よりもはるかに少なかった。そのためこの法律は後に大きな問題を引き起こすことになる。

このような海からの排日の動きは、一九三七年以降、日本軍が中国への侵攻を拡大させるとともに一層強まった。大陸における戦火の拡大とほぼ時を同じくして、トロール漁船と加工船から成る日本の遠洋漁業船団がアラスカ沖に現れてサケ漁を行ったことも、日本人漁業に対するアメリカ側の印象を悪化させ、法を順守せずアメリカの水産物を乱獲する日本のイメージを増幅させていた。(22) そしてこれ以降、それまで義務付けられていた新造大型漁船の性能などの情報の商務省航行局への届け出に加えて、新造船がアメリカ市民の資産である旨を明記した文書を、船舶所有者の署名入りで提出しなければならなくなった。(23) さらに一九四一年二月一八日に発令された大統領令によって、オアフ島カネオヘ湾が海軍防備区域に設定されたため、軍用以外の目的による立ち入りが禁止された。これによってカネオへ湾での生き餌漁が出来なくなったのみならず、カネオへ湾や真珠湾の海軍防備区域を横切る漁船がＦＢＩに摘発される可能性も高まった[24]。

そしてこの頃になると、日本からハワイに密航してきた漁民の摘発と日本への強制送還が相次いだ。それまで過去何十年もの間、漁民の密航は日本からハワイへの人の移動の形態の一つとして、当局側から半ば黙認されてきた経緯がある。それだけに、この時期に突如として当局が漁民の背景を調べ始め、多くの密航漁民を次々と日本へ強制送還したことは、大きな方針転換が起きたことを物語っている[25]。カカアコで育った清水静枝は、「日本との関係がごちゃごちゃしてきた」ために、実父、竹中伊勢松が出身地の和歌山県からハワイに呼び寄せた漁民のうち、少なくとも四、五人がこの時期に帰国したことを覚えている[26]。それが強制送還によるものなのか、あるいは清水が語るように、日米関係の悪化、もしくはそれに伴う漁業規制の強化によって、漁業を諦めて自主的に帰国したのか定かではない。また摘発を免れてハワイに残った密航者も自分の家族にさえ多くの事情を語らなかったため、この時期に何人が強制送還されたのかは不明である。

連邦政府による漁船の没収

一九四一年に帰国した多くの漁民の中に貴多鶴松がいた。貴多の息子である勝吉によると、鶴松は日米関係の悪化によってやむを得ず帰国したとある[27]。しかし一九〇七年に紀南の江須ノ川という小さな漁村からハワイへやってきて以来、地元水産業の発展のために人生の大半を尽くしてきた貴多鶴松が帰国を余儀なくされた理由として、次々と強化される漁業規制を挙げる方が自然であろう。事実、一九四一年二月二八日に連邦大陪審は、貴多鶴松を含む漁業関係者七一人と、ホノルル市の三大日本人漁業会社である布哇水産会社、太平洋漁業会社、ホノルル漁業会社を、不当に漁船ライセンスを取得したかどで告発したのである。アンガス・テイラー（Angus Taylor）連邦検察官によると、起訴された個人は、市民権を持つ親族や友人に名目上漁船を売却したと見せかけ、また漁業会社は、非市民である漁船所有者に対して、市民の名前で登録するよう促した。名目上の漁船所有者とされた市民は「わずかな金額で雇われた漁業と無関係の事務員や主婦、労働者」であったという。(28) 実際、告発された者の中には、何人もの日本人女性や漁民の二世だけでなく、ハワイアンツナパッカーズ社のポール・ベイヤーや大谷松治郎といった水産業界の中心的な人物も含まれていた。

そして間もなく、連邦政府税関は一九隻の漁船を没収してホノルル港の一六番桟橋に係留した。これらの漁船のうち一二隻はカツオ一本釣り漁船、残りはマグロ漁船などであった。イングラム・M・スタインバック（Ingram M. Stainback）連邦判事は、それぞれの漁船につき二五〇〇ドルの包括損害塡補保証証書を付けた。これはのちに一〇〇〇ドルまで値下げされたが、三漁業会社関連のものの値段は据え置かれた。これら一連の措置は、連邦裁判所がホノルルにおける最も大型の漁船を狙い撃ちにしたことを示している。

連邦大陪審による告発の一カ月前に帰国し、一九四五年に没するまで故郷の江須の川で過ごした貴多鶴松は、辛くもこの排日の大波を避けることができた。しかし非市民である息子の勝吉や他の漁船所有者たちは、突然、貴重な資産である漁船や漁具を失っただけでなく、その後の裁判費用も負担しなければならなくなった。告発された者は、無罪を主張する、罪を認める、もしくはポール・ベイヤーや大谷松治郎などが選択したように、弁護士を雇った上で控訴抗弁書を提出するという三つの選択肢のうちから対策を取った。[29] 広島県出身の田村糸之助は、二世の息子二人を使って虚偽の漁船登録をしたという告訴に反論して無罪を勝ち取り、漁船富士丸を取り戻した。[30] 一方、没収漁船一九隻のうち一二隻のカツオ漁船を所有していたハワイアンツナパッカーズ社や、貴多勝吉をはじめとする漁船所有者達は、弁護士をワシントンに送り込み、準州のサミュエル・キング（Samuel W. King）連邦議会代議士や司法省、海軍、商務省関係者に対して、このような措置はハワイの食糧事情だけでなく国防にとっても悪影響を及ぼすと訴えた上で、寛大な措置を求めた。[31] キング代議士はイッキーズ内務長官に対し、米市民を名目上の漁船所有者としながら、実際に操業していた日本人漁業者の中に、スパイ行為などを働く者がいなかったことや、ホノルル商業会議所から、ハワイ住民の主要な蛋白源である鮮魚の供給が三分の一以下に減少していると訴える電報が届いていることを伝えた上で、司法省へ働きかけるよう依頼した。[32] そこでイッキーズ内務長官はフランシス・ビドル（Frances Biddle）訴訟長官に対して、キング代議士から受け取った情報を提示し、漁船を所有者に戻すよう求めた。[33] ビドル訴訟長官はイッキーズ内務長官への返答の中で、問題の早期解決を約束するとともに、海軍が国防上の理由で漁船を徴用したがっている事情についても言及した。[34] やがてこのような一連の活動の結果、スタインバック連邦判事は、裁判所が認めたアメリカ市民に没収漁船を売却した上で、漁船の値段の二割の金額と裁判費用を支払うことを条件として漁船の返却を認めた。[35] 一九四一年一〇月までに一連の裁判は終了し、最後まで没収、係留されていた漁船は全て所有者の元に返却された。

大型漁船の没収によって、ホノルルにおける日々の鮮魚供給量は二割から三割も減少した。折しもその頃はマグロ漁の最盛期であったため、漁業会社は、漁船を奪われた漁民を残った漁船に乗船させた上で、一隻あたりの漁獲高を上げることによって魚価の上昇を極力防ごうと努めた。[36]その一方、ホノルルで操業する一七隻のカツオ漁船のうち一二隻隻が没収されたが、カツオ漁の最盛期ではなかったため、市場価格は供給減少の影響をさほど受けなかった。しかし長期間に及ぶ漁船の係留によって、原材料として大量のカツオを使用するハワイアンツナパッカーズ社は大打撃を受けた。

さらに金銭的物質的損失に加えて、日本人漁民は地元で広まった疑惑とも闘わなければならなくなった。地元の英字新聞ホノルルアドバタイザー紙が「地元の漁業会社は東京の日本資本の支配下」にあり、日本のための諜報活動をしていると報道したため、日本人社会の怒りを買った。[37]日布時事社は直ちに連邦検事補や税関長、副税関長に事実確認を行い、漁船の没収がホノルルアドバタイザー誌の報道にあるような、「いわゆる間諜問題」と無関係であることを確認した上で、同紙およびレイモンド・コール（Raymond Coll）主筆を法廷侮辱罪で告発した。スタインバック判事はコールに対し、法廷侮辱罪のかどで六〇日間の保護観察処分の判決を下した。[38]

このように日本人漁業に対する締め付けを強化した連邦政府、とりわけ大統領や海軍と対照的な対応を見せていたのが連邦商務省漁業局、そして準州の白人政財界関係者であった。連邦大陪審による告発が行われた日のまさに前日、一九四一年二月二八日に、ホノルル商工会議所が、恒久的な水産試験場の設立と漁業調査船の配備を準州政府と連邦議会に働きかける決議を行ったが、この決議は準州側の要請を受けて商務省漁業局から派遣されたフランク・ベル（Frank T. Bell）漁業局長とエルマー・ヒギンズ（Elmer Higgins）漁業局科学調査課長が作成した報告書に基づいていた。一九三八年八月にワシントンからハワイへやってきたベルとヒギンズが、一カ月に及ぶ滞在期間中に交流した多くの日本人を含む漁業関係者の協力によってまとめ上げたこの報告書は、ハワイの漁法や獲れる魚種、漁獲高、流通組織の仕組みや魚価、またハワイで操業する外国人漁民の数や外国人のみに課せられた税金などについて詳細に説明した上で、今後のハワイにおける漁業の可能性の大きさを示唆するとともに、科学的技術的水産調査の実行、さらに水産試験場の設立や漁業調査船の造船の必要性など、ハワイにおける漁業の振興のための具体的な方策を挙げていた。[39]

この報告書を高く評価したローパー商務長官は、その提言を実行に移すべく、イッキーズ内務長官に協力を呼び掛けた。[40] それに対してイッキーズも、有事の際には国防上重要な前哨地となるハワイの食糧自給率の向上の必要性に加え、ハワイ準州が当時、合衆国の一八の州よりも多くの税金を国庫に納めていた点を考慮し、連邦政府はハワイに対して今後、より多くの予算をつぎ込むべきだという見解を示したのであった。[41] その後、一九四〇年に商務省漁業局が内務省に移管された上で魚類及び野生生物局（Fish and Wildlife Service）に再編成されると、この魚類及び野生生物局が中心となって準州のサミュエル・キング連邦代議士と連絡を取り合いつつ、ハワイにおける水産調査費のための連邦予算の獲得を目指したのである。[42]

一方、ハワイ準州議会としても、水産業界が漁船没収のため大混乱に陥っていた最中の一九四一年三月に、準州下院議員ウォルター・マックファーレン（Walter J. Macfarlane）が水産業振興費として二万ドルを要求する法案を議会に提出していた。従来のハワイの食糧資源調査において、漁業に対する予算配分が最も少なかったことに対する反省を踏まえて作成されたこの法案は、漁場調査、漁撈調査、漁民の就業保証と収益確保、適正な魚価実現など、漁業振興のための対策費用を盛り込んでいた。[43] このようなハワイ政財界や連邦政府関連部局の動きは、現地の水産業にとって大きな追い風とはるはずであった。しかし間もなくこのような運動を飲み込んでしまう、途方もない大波がハワイに押し寄せようとしていたのである。

真珠湾攻撃と漁船の没収、そして引き裂かれた家族

一二月七日（現地時間）、ホノルルのワイナ沖で、シビ縄の操業をしていた。真珠湾の方に大黒煙があがっているのに気がついた。同僚に「あれはただの煙ではない」と声をかけた。八時頃だった飛行機が三〇機程飛んできて、船の周りに機関銃をうって合図をして飛び去った。坂田源四郎は「戦争が始まった。今のは日本の飛行機だった」と言ったが、他の者は「赤十字のマークだった。陸地で何事かあったので知らせてくれたのだ」と言った。一〇時ごろ、今度は米国の飛行機であった。機関銃はマストや甲板にパチパチ当った。みんな機関室や魚槽に飛びこんだ。狙撃であった。飛び去ったあと甲板に弾が無数に突きささっていた。「実弾だ」という者と、演習だという者と意見が分かれた。それ程意外だった。だからどうしたらよいという考えも浮かばなかった。[44]

和歌山県出身の漁民、政ヶ谷与蔵は、日本軍による真珠湾攻撃が始まった時にホノルル沖で目撃した時の様子をこのように語っている。政ヶ谷の言葉は、期せずして遭遇した日本軍機と、その後に続いた米軍機からの攻撃に、本人や同僚が大きなショックと混乱を覚えた様子を如実に伝えている。操業中の漁船に対する攻撃は、米海軍による洋上の日本人に対する、いわば究極の排斥行為でもあった。政ヶ谷らを乗せた漁船は、この不意の攻撃から生還することが出来たが、同じく和歌山県出身である貴多鶴松の従兄弟の貴多捨松とその長男は、操業中に米陸軍カーチスＰ－40戦闘機に攻撃されて命を落とした。(45) 突然夫と息子を亡くした捨松の妻、まつは、その後六人の娘を一人で育てなければならなくなった。ほかに何人もの日本人漁民やその家族が、貴多捨松一家と同じような運命をたどった。

アメリカと日本が交戦状態に入るや否や、たちまちハワイの海からサンパン漁船の姿が消えた。現地時刻の一二月七日午後三時半に、ポインデクスター準州知事がハワイ基本法（Hawai'i Organic Act）第六七条に基づいて人身保護請求権（privilege of the writ of Habeas Corpus）を停止し、準州を戒厳令下に置くことを布告した。それによって知事及び司法官吏が行使する権限が、ハワイ軍管区司令官ウォルター・ショート（Walter Short）中将の手に移った。そして軍令第四七号（General Order No. 47）及び管区令第二二―四五号（District Order 22-45）によって、日本人及びその子孫による漁撈や漁船への乗船、地引き網への参加、そして船舶を借りることも禁止された。このような措置は「国内の治安維持とスパイ、サボタージュを防ぐため」という理由によって正当化された。(46)

さらに米海軍第一四海軍区は六五隻の船舶を没収した。その所有者の過半数の名前は日本人、も

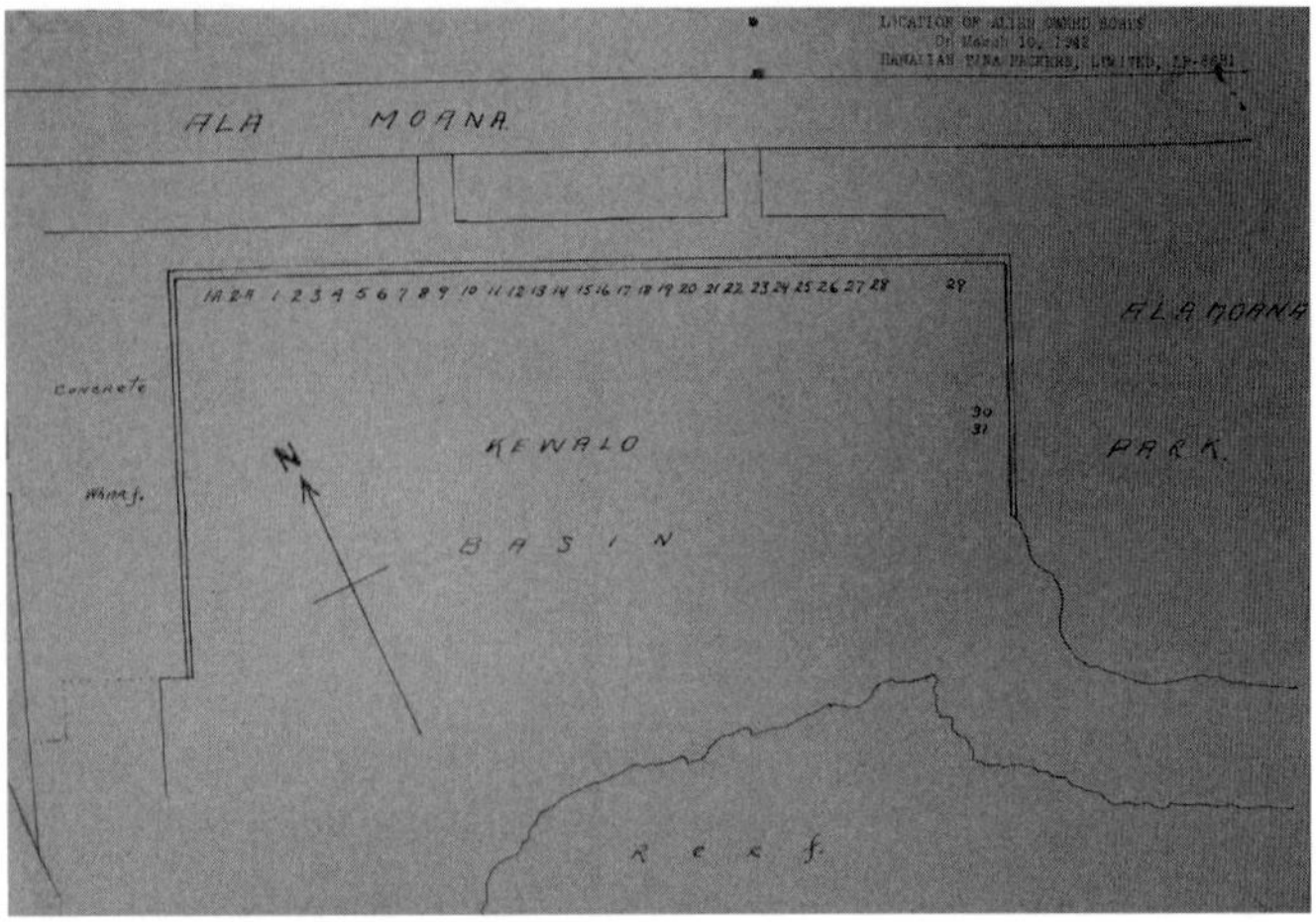

写真13　1942年３月にハワイアンツナパッカーズ社が作成したケワロ湾の図。それぞれの船舶は割り振られた番号の場所に係留された。NARA, RG494, E79, B499.

しくは日系市民であった。これらはいずれも二〇馬力から八〇〇馬力のエンジンを搭載しており、海軍はそれぞれの船舶の性能を精査した上で、九〇馬力以上のエンジンを搭載する大型船舶にはＹＰで始まる番号を、それ以下の大きさのものにはＸで始まる番号を付けた。そして旧船名の使用を禁止した上で、海軍はこれらの船舶に改良を加えてパトロール船や消防船として使用した。開戦前にホノルルの大型漁船が没収された際にビドル訴訟長官がイッキーズ内務長官に対し、海軍が国防上の理由で漁船を徴用したがっているという事情を伝えたが、このような一連の措置はその言葉を裏付けている。その他にも、海軍は一七一隻の中型もしくは小型の漁船を没収した。その多くは五純トン以上の規模で、所有者のほとんどは日本人、もしくは日系市民であるがフィリピン系やポルトガル系の所有者も含まれていた(47)。そして没収された漁船はアラワイ運河やケワロ湾、カラカウア橋の下などにまとめられ、一隻ずつ割り当てられた場所に係留された(48)。

漁船の没収や係留地へのえい航など、一連の作業を行ったのはハワイアンツナパッカーズ社である。同社はアラワイ運河やケワロ湾などに集められた漁船を、定期的にドライドックに入れて整備を行う必要があると訴えたが、軍政部側は「戦術上の理由（tactical reasons）」を挙げて漁船の整備や修復などを一切認めなかった(49)。さらに軍政部は、五純トン以下の小型船舶八〇隻だけでなくプレジャーボートやカヌーなど合計二七八隻についても、それぞれの登録番号、船舶名、所有者の名前およびその住所、搭載エンジンの製造社名、船舶の大きさなどについて詳細な記録を取った(50)。戦時下で細々と漁業を続けていたのは、これらの小型漁船やカヌー、ボートである。

漁船の没収によって、その所有者は大きな経済的損失を被った。和歌山県出身のクニヨシ・ジェームズ・浅利は天神丸という全長約二三メートル、二万ドルの価値のある漁船を失った。自分の貯金の全額に加えて友人達からの援助によって購入した船であったが、米海軍によって何の金銭的補償もなく没収された上に漁撈も禁止されたため、浅利は他の多くの漁民同様、生業を諦めざるを得ない状況に追い込まれた。仕事を失った多くの漁民は、パイナップル缶詰工場や国防関係の職場などで働いた(51)。

生業のみならず日常生活における自由を奪われた者も多かった。約一二万人の日本人及びその子孫が無差別に強制収容所送りとなったアメリカ本土西海岸と異なり、ハワイでは住民の一部である約二〇〇〇人が囚われの身となった(52)。開戦時のハワイでは、日本人移住者とその子孫が準州全体の人口の約三七・三％を占めていた。大勢の人々を、日本の潜水艦が潜む海域を航行する船で本土の強制収容所まで送り届けることが非現実的であっただけでなく、ハワイの経済活動にとって欠かすことが出来ない労働力である日系住民全員を根こそぎ収容することは難しかった(53)。そのためハワイにおける強制収容は選択的に行われ、対象者の多くは寺院や神社などの聖職者や領事館関係者、日本語学校関係者や帰米と呼ばれる日本育ちの人々など、日本人コミュニティにおける指導者や日本との関係が深い者であった。また漁業や水産関係者の多くも、ハワイの海を知り尽くしているが故に嫌疑をかけられ、強制収容された(54)。

日本海軍が真珠湾を攻撃していた時にオアフ島沖で操業しており、その後、米軍機から攻撃された政ヶ谷与蔵は、米軍機が去った後、程なくして現れたパトロール船にエスコートされてホノルルに戻ったものの帰宅することは許されず、他の乗組員たちと共に移民局へ連行された。その後、ホノルルから湾港を挟んだ場所に急遽用意されたサンドアイランド強制収容所へと移され、約三週間そこで過ごした後に釈放された。それからは製材所で時給一ドル二〇セントという条件で働いたが、その賃金は漁業に従事していた頃の半分にも満たなかった(55)。

三週間で収容所から釈放された政ヶ谷と異なり、貴多勝吉は戦時中を通してハワイ及び米本土の強制収容所で過ごした。真珠湾攻撃の日、貴多はオアフ島沖で漁撈に従事しており、ケワロ湾に戻ったところ直ちに逮捕され、移民局、続いてサンドアイランド、そして本土の強制収容所へと送り込まれた。逮捕当初、貴多には妻と三人の幼い子どもがいたが、末っ子のドナルドはわずか二歳であった。ハワイ島出身で日系二世の妻、ヤスエは、苦労しながら家庭と家業である商店の経営を一

写真14　アアラマーケットの開店を祝う大谷松治郎、カネ夫妻。写真中央下に1941年12月７日（日本時間８日）の日付が入っている。この時、既に日本軍による真珠湾攻撃が始まっていた。この後、帰宅した松治郎は家族の目の前でFBIや兵士に連行され、やがて米本土の強制収容所に送られた。大谷明所蔵。

人で守ることを余儀なくされた(56)。

大谷松治郎もまた強制収容された。開戦の三日前である一二月四日に、大谷は、前年度の火災で灰燼に帰した後、火災前よりもさらに規模を拡大して復興したアアラマーケットの開業を祝う祝賀行事を開催した。鮮魚や野菜などを商う六〇以上の店舗を抱えるハワイ最大の商業施設のオーナーとして、水産業界をはじめとする多くの関係者から祝福を受けていた大谷の高揚感や達成感は、やがて大きな混乱と絶望感に取って代わることになる。一二月七日の早朝、大谷は四日から続く開業祝いのフィナーレを飾るべく、数百人の出席者を招いたパーティーの準備に忙しく立ち回っていたが、その大谷の頭上を日の丸を付けた日本の戦闘機が真珠湾の方向に飛び去っていった。やがて日米の開戦を知った人々は大混乱に陥った。大谷は様子を見に真珠湾方向へ車を走らせたものの途中で通行を止められたため、やむなく帰宅したとこ

写真15　アアラマーケットの内部。当時ハワイ最大の商業施設であった。大谷明所蔵。

ろ、間もなく自宅に押し入ってきたＦＢＩ捜査官と兵士らによって銃口を突き付けられ、妻のカネや子ども達の目の前で連行された。カネは、夫に着物を着せて靴を履かせる時間をくれと懇願したが許されなかったため、夫を乗せて走り去ろうとする車の窓から靴を投げ入れた[57]。

やがて移民局に連行された大谷は、間もなくサンドアイランド強制収容所へ移された。一九四二年六月二〇日に、翌日には家族と会わせてやると言われて喜んだ大谷や他の収容者達は、髭を剃って面会に備えたが、翌日になっても家族が現れることはなく、代わりに伝えられたのは米本土の収容所への移動であった。深く失望したものの、「仕方が無い」とその決定を受け止めざるを得なかった大谷らは、その日の晩、大きな汽船に乗せられてサンフランシスコへと向かった。船上で大谷は紀州船団の重鎮である清水松太郎と再会した。上陸後、米本土のニューメキシコ州ローズバーグやサンタフェの強制収容所に移された大谷は、貴多勝吉ら顔なじみの漁民と一緒になった。そして妻のカネが時折ハワイから送ってくる金銭や食料品、衣服の差し入れや、米陸軍に入隊した息子達が収容所を訪ねてくることが、大谷にとって何よりの慰めとなっていた。(58)

物品の差し入れや息子達との面会によって家族とのつながりを保っていた大谷松治郎と異なり、清水松太郎は日本に戻ったまま足止めとなった継娘、静枝と全く連絡が取れなくなっていた。開戦前、ハワイ生まれで日本語が不自由な清水の息子が眼病にかかったものの、ハワイで治療出来る医師がいなかったため、松太郎は静枝に、息子を連れて大阪の病院へ連れて行くよう頼んだ。そこで静枝は継弟を連れて大阪を訪れ、無事治療が済むとハワイへ戻ったが、和歌山県西牟婁郡田辺町（現田辺市）に住む親族から家の手伝いに来るよう懇願され、再び静枝だけ来日した。それから程なくして日米が戦闘状態に入ったため、アメリカの市民権を持っていた静枝は、当時日本人の間で蔓延していた反米感情の標的とされ、苦しい立場に立たされた。静枝の親族ですら静枝に対して辛く当たってきた。

　血のつながりのあるおばは、自分をまるで敵のようにいじめてきた。なぜなのかは知らない。いつも馬鹿にしたような態度。自分がハワイ生まれで小さいときから知っているわけではないから、いじめられるのかも。(59)

精神的な虐めを受けただけでなく、静枝は経済的にも苦しまなければならなかった。ハワイからの送金が途絶えた上に、親族は、たとえ地震や台風などの天災に遭ったときでも支援を拒否した。

そのため静枝は、着物やハワイから持参したシンガーミシンを売って家屋を修理しなければならなかった。それに加えて二重国籍保持者ということで、静枝は近所から疑いの目をかけられた。直接スパイ呼ばわりをされたことはないが、そういう話は聞いたことがあり、時には食糧の配給をやらぬと言われることもあった。食糧の確保のための静枝の闘いは、継父松太郎の親族である清水久男と結婚した後も続いた。結婚後、間もなく二人の息子が生まれたが、「米もなくて栄養不良で、次男が生まれた時、乳が出なかった。次男は乳をひっぱりながら朝まで泣くの。ひもじい思いをさせた」のが何よりも辛かった(60)。

慢性的な食糧不足や強い孤独感にもかかわらず、静枝は周囲の人々に対して心を閉ざすことなく、母乳が出たときには、近所にいる栄養失調のために母乳が出ない母親に代わって赤ん坊四、五人に授乳をしたこともあった。和歌山県の田舎では住民皆が食糧不足に苦しんでいたため、時には親族や近所の人が互いに助けの手を差し伸べることもあった。

ただ一人、いとこのおばあさんは良くしてくれたよ。そのおばあさんの夫は、かつて竹中の父(静枝の実父)の招きでハワイに来たの。自分が最初に帰国するより前に日本に戻っていた。三七年頃かな。だから自分を小さいときから知っている(61)。

この言葉が示すように、困難な時に静枝を支えたのは、かつてカカアコの漁村に住み、古くからの知り合いである親族や知人達であった。しかしそのような人々の温かさが静枝の孤独と苦しみを幾らか和らげたものの、その胸から戦時中の困難な思い出が消え去ることはなかった。戦後六〇年以上がたった二〇〇八年になっても、静枝は次のように語っていた。

いい話じゃないから話したくない。とにかくさびしい思いをした。こういう話は（ハワイの人は）あまり知らないよ。あまりいい話じゃないから、日本の人はよく思わないでしょう。(62)

「日本の人」や「ハワイの人」に対する恐れにも似た感情を抱きながら、話しにくそうに戦時中の体験を口にする静枝の控えめな態度は、彼女がかつて日本で受けた扱いの過酷さをかえって雄弁に物語っている。と同時に、静枝の言葉は、彼女のように戦時中、日本に足止めにされた多くの二世たちの苦悩が、日本人の戦争体験からすっぽりと抜け落ちているだけでなく、ハワイの人々に共有されている戦時中の経験談からも疎外されている実情を伝えている。日系兵士などの戦争への参加体験を中心とする男性中心的な語りの中で、静枝のような体験談は周縁化され、ほとんど語られないまま今日に至っている。しかし彼女の抑圧された記憶は、決して特異な戦時体験ではなかった。開戦当時、二〇〇〇人以上の二世市民が日本に滞在していた。(63) そして清水静枝が自分以外にも同じような境遇にいる二世たちの存在に気付き、やがてその人々との連帯感を強め、沈黙を破って立ち上がるためには、戦争の終結を待たなければならなかった。

戒厳令下の水産行政

開戦翌年の一九四二年におけるハワイの遠洋漁業による水揚げ量は、前年の約六〇九〇・九四トンのわずか一%にあたる約六五トンであった(64)。専属のカツオ漁船を海軍に没収されたハワイアンツナパッカーズ社では、ツナ缶詰工場を軍需産業用に転化し、製造ラインで航空機のガスタンクの製造などを行っていた。軍政部はこのような政策を「ハワイ諸島の防衛上、必要な予防措置」であるとしていたが、ほどなくして「準州の住民にとって最も大切な食糧源」である魚介類を住民から奪ったという現実に直面しなければならなくなった(65)。ハワイでは肉より魚を好む住民が多かったため、米本土から魚介類の缶詰や冷凍品などを輸入して地元の需要に応えることが、軍政部上層部にとって重要な案件となった。

戒厳令が敷かれたハワイにおいて、軍政知事の権限は軍人のみならず一般人の食生活など民政全てに及んだ。そこで軍政部内の食糧統制事務所（Office of Food Control）が、ハワイに出入りする軍人、軍属だけでなく地元住民のための食糧調達も担当した。戦時中におけるハワイと米本土の間の物資の輸送には数々の制約が課せられていたため、食糧統制事務所が毎月、米本土から輸入する食品リストを明記した主要優先リスト（Master Priority List）を用意した。このリストにはサケ缶詰、イワシ缶詰、貝缶詰、小麦粉、食肉、野菜、粉ミルクその他、ハワイで消費されるさまざまな食品が含まれていた。ハワイへ運び込まれる品々は全て、注文や輸送の前に業者が食糧統制事務所から許可を取らなければならなかったが、リストに載せる食糧品の選別は恣意的に行われ、かつ地元の業者に十分な情報が提供されていなかったため、業者はいつ、どれだけの量を本土から買い付けたら良いのか分からず困惑していた[66]。

一九四二年九月になると食糧統制事務所は輸入の制約を簡略化し、業者は発注書の複写をホノルルの食糧統制事務所に提出すればよいだけになった。しかし依然として特定の商品については主要優先リストに沿った量が輸入された[67]。この手続きの簡略化によって、業者の書類仕事が若干減ったとはいえ、深刻な魚介類不足の解消にはほど遠かった。たとえば戦前のハワイでは、地元で獲れる魚や地元産のツナ缶詰に加えてサケ缶詰が人気商品で、毎月三四トンほどが輸入されていた。食糧統制事務所のH・H・ワーナー（Warner）次長の試算によると、ハワイアンツナパッカーズ社の工場の閉鎖と地元の鮮魚供給の激減によって、毎月一〇〇トンのサケ缶詰輸入が必要とされた。それにもかかわらず、ハワイに供給される魚介類の缶詰は不十分であった[68]。地元の業者の中には「どんな魚でもよいから注文する」者もいたため、質が低く商品にならないような冷凍魚も輸入される始末であった[69]。

このような一連の経緯が示すように、食糧統制事務所をはじめ軍政部では、水産物や漁業に関する経験を持たない者ばかりが実務に携わっていたため、有効な政策を打ち出せずにいた。そのような混乱の中、ハワイの水産業界関係者は、ただ黙って産業の衰退を黙認していたわけではなかった。とりわけハワイアンツナパッカーズ社は、軍政部が漁業に関する規制を緩めて漁業を再開させるのは時間の問題と見込んだ上で、漁業復活の折には指導的な立場に取てるよう、具体的な戦略を練っていた。真珠湾攻撃からわずか九日後に、同社のアーサー・H・ライス（Arthur H. Rice Jr.）漁業部長が軍政知事に宛てて送った書簡の中で、ライスは、軍政部と連絡を取りながら漁撈やハワイで水揚げされる水産物の流通を統括し、漁業関連の規制を施行する「有能な機関」が必要であると説いた。そしてハワイアンツナパッカーズ社こそが「このような仕事をこなす能力を持ち合わせている」と力説しつつ、ハワイの漁業に関する具体的な情報を伝えた。それによるとハワイの漁業は大きく分けて、わな漁、網漁、延縄漁、ツナ漁、小型漁船による釣り漁の五つのタイプがあるが、最初の二つのタイプの漁業を、特定の場所において日中だけでも再開させるべきであると説明した。その理由として、わな漁と網漁に関する詳細な情報があること、加えてこれらの漁業は小型漁船でも可能であり、ただちに航行可能な漁船があること、さらに熟練の日本人漁民を動員しなくてもフィリピン人、ハワイ人、白人乗組員だけで操業が可能であることを挙げた。またライスは、海上の漁船を管理するために船を白く塗り、マストの先に星条旗を掲げ、船の両舷や船室の天井にも星条旗を描けば、空や海から目立つと提案した。開戦直後で日本人に対する激しい反感と強い疑念が支配的な時期であっただけに、ライスは敢えて日本人漁民の動員抜きで操業可能な、最も小規模なタイプの漁業からの再開を目指したのである(70)。

ライス案に概ね賛同した軍政部は、一九四一年一二月三〇日付けでハワイアンツナパッカーズ社を、漁業並びに水産物流通関連の業務を扱う漁業コーディネーターに任命した。もっともその権限はオアフ島内に限られていたが、翌月にはオアフ島沿岸において、わな漁と沿岸小漁業が再開しただけでなく、日中のみ遠洋漁船の操業も認められた。これらの漁獲物の流通はハワイアンツナパッカーズ社が一手に引き受けた(71)。

一九四二年三月になると、ライスは海軍による漁船の規制にある「日本人およびその子孫は漁船を操縦してはならない」という項目を否定する新たな案を軍政部に提出した。オアフ島ワイアナエ沖に良いカツオ漁場があるため、現行の一マイル沖までの操業許可海域を一〇から一二マイルにまで広げること、そして日本人およびその子孫もカツオ漁に参加させることを提案したのであった。スパイ行為を働くかも知れないという疑念に対する解決策として、ライスは、海軍もしくは陸軍から許可を受けた人物が乗るパトロール船を同伴させて、操業中に漁船を監視出来るようにすること、漁船の出港、帰港の際にはケワロ湾の沿岸警備隊の許可を得ること、さらに漁船がワイアナエ沖に投錨する際には乗組員を乗船させたままでいること、そして上陸する際は陸軍の許可を得ることを提案した(72)。

このライス提案のうち、漁業許可区域の拡大と操業可能な漁船の大きさの拡大のみ軍政部に認められたものの、提案の核心部とも言うべき日本人の操業許可については、軍政知事によって拒否された。一九四二年六月のミッドウェー海戦における勝利によって、米海軍がハワイ諸島近辺の制海権を取り戻した後でも、日本人漁民は海に戻ることが出来なかった。

一九四二年一一月に、軍政部食糧統制事務所が食糧生産事務所（Office of Food Production）へと改編され、プランテーション関係者で陸軍から厚い信頼を受けているウォルター・F・ディリンハム（Walter F. Dillingham）が、その所長に就任した(73)。そして表向きは「競合相手を規制するという気まずさ」を防ぐためという理由から、ディリンハムはハワイアンツナパッカーズ社を漁業コーディネーターの任から解いた。もっともこれは、日本人漁業の復活を求める同社に対するけん制とも取れよう。そして同社に代わってハワイケーンプロダクト社（Hawaiian Cane Products）のフランク・H・ウェスト（Frank H. West）をその地位に据えた[74]。この決定に誰よりも驚き、混乱したのは他でもないウェスト自身であった。砂糖キビ産業の専門家であって漁業関連の事象に疎いウェストは、前任であるハワイアンツナパッカーズ社の仕事ぶりに対して、戒厳令下という制約の多い状況下にありながら水産物価格を比較的適正に保ったと高く評価していた。そこでウェストはすぐさま同社のマネージャー、アレックス・コロールと会談し、水産物生産や流通についての意見を求めた上で、ディリンハムに対し、水産行政への同社の参画を認めるよう求めた[75]。ウェストの提案を受け入れたディリンハムは、漁業コーディネーターの業務を遠洋漁業と養殖・近海漁業の二つに分類した上で、ハワイアンツナパッカーズ社のコロールを前者、ウェストを後者の担当とした[76]。もっとも、ウェストが食糧生産事務所内に新たに設けられた漁業課（Fishing Division）のコーディネーターに、そしてコロールがそのアシスタントコーディネーターに就任したため、両者の力関係は同等ではなかった[77]。

これら民間人コーディネーターの権限は準州全体に及ぶことになっていたものの、実際はオアフ島のみで、他の島はそれぞれの地域を管轄する軍部の司令官の指揮下に置かれていた。そこでウェストは副コーディネーターとして、マウイ島中央部、西部、ハワイ島東部、西部、カウアイ島にそれぞれ一人ずつ副コーディネーターを置いた。食糧生産事務所副所長としてカウアイ島を管轄していた元グローブ農園プランテーション（Grove Farm Plantation）マネージャー、F・W・ブロードベント（F. W. Broadbent）は、この人選について担当地域の事情に詳しく「責任感のあるハオレ（白人）」が選ばれたと称えたが、副コーディネーターの任に就いたのは、いずれも牧場経営者や電気関連会社のマネージャーなど、直接漁業と無関係な業界の者ばかりであった。これは漁業における日本人の存在が大きく、白人の関係者を見つけることが困難であったためでもあるが、そもそも日本人の血を引く者は最初から候補にすら上がらなかった。[78] これらの副コーディネーターの仕事は、ホノルルにいるウェストらと協力しつつ、それぞれの担当地域の漁獲高を増やすこと、水揚げの記録を取ること、漁業や水産物仲買及び小売りのライセンスを発行すること、ガソリンの割り当て要求の受付、市場に出回った魚についての報告の取りまとめなどであった。[79]

こうして軍政部漁業課は、民間人スタッフの登用や仕事内容、及び管轄区域の明確化によって組織を強化し、あまりにも煩雑化したため多くの矛盾をきたしていた軍令を整理した。たとえば、沖での漁撈が海軍管轄下にあったため、沖へ向かう漁船は全て海軍の統制下に置かれていたが、沿岸漁業は陸軍の管轄下にあり、陸軍が停泊中の漁船の動きや乗組員を監督することになっていた。このような入り組んだ仕組みのため、地引き網漁を行う漁民が小さな手こぎ船を使って漁網を広げる場合などは許可が出なかった。そこでウェストは陸軍の了承のもと、各地域の副コーディネーターにこのような漁撈を許可する権限を与えた。[80] さらに軍部や軍政部に対して、特にフィリピン系漁民の増加や漁業許可海域の拡大を要求する一方、養殖池用の漁網や漁具の制作による養殖業の奨励を行った。また漁業課は漁民と軍部の間に立って、開戦時に没収された漁船の返却へ向けて尽力するだけでなく、漁民が海軍から漁撈の許可を取りつけたり必要な道具を確保したりするための、様々な補助を行った[81]。

このような軍政部漁業課の尽力にもかかわらず、一九四三年一月時点における鮮魚の水揚げ量は、開戦後にハワイの人口が約一〇%から一五%も増加したにもかかわらず、戦前の約一〇%にとどまっていた[82]。その頃沖合で操業していた漁船は二一隻のみで、その他には三〇隻のボートやカヌーが漁撈あるいは娯楽のための釣りに使用されていただけであった[83]。地元の食糧生産の拡大を図る軍政部は、日本人の血をひかずアメリカと交戦中でない国家の国籍を持つ外国人漁民や、日系以外の市民による漁撈を許可していたが、漁業許可はアメリカに対する忠誠心に基づいて認めるとしており、さらに漁撈に対しても次のような厳しい制約を課していた[84]。

- 母港のある島周辺の指定海域から出てはならず、ハワイ諸島の島から島への移動は禁止する。
- 漁船は指定された場所に停泊させ、カヌーも所定の場所に収納すること。
- 指定された時間のみ操業し、夜間の出漁や集魚灯の使用は禁止する。
- 出漁に先立ち、前日午後三時までに湾港管理人に届け出ること。オアフ島ケワロ湾では午前七時に一斉に出漁し、帰港時に湾港管理人に届け出ること。
- 漁船乗組員リストを湾港管理人に提出し、許可を取った上で、乗組員は湾港管理人が発行する身分証を常時携帯すること。ホノルルではそれに加えてバッジも着用すること。
- 遊漁船は週末のみ出航可能とし、サーフボードの使用なども湾港管理人から許可を得ること。
- 漁撈に従事する全ての漁船は両舷を白く塗り、その両舷及び操舵室の天井の上に星条旗の絵を描くこ

と。また星条旗を漁船の最も高い箇所に掲揚すること。(85)

漁船に星条旗を掲げて洋上での識別を容易にする点など、これらの規則にハワイアンツナパッカーズ社の提案が盛り込まれていることは明らかである。しかしこの厳しい漁業制限に加えて、同社が一貫して求めていた日本人の漁撈への復帰や、遠洋漁業の本格的な復活が認められていない以上、漁獲物水揚げ量の大幅な増加は見込むべくもなかった。食糧生産事務所のディリンハム所長も、「ジャップ《ママ》を公海上から閉め出す必要がある以上、戦前の漁獲高を一〇〇％回復することは困難」との見解を示していた。(86) この言葉は、日本人に対する露骨な人種差別意識と同時に、ハワイの漁業における日本人の存在の大きさをも裏付けている。

より安定的な漁獲物の獲得のためにも、カツオ漁の再開と日本人の動員が必要であると考えたマウイ西部担当の漁業副コーディネーター、デビッド・フレミング（David Fleming）は、漁業課のコーディネーター、ウェストに対して次のように訴えた。「以前に行われていた漁法、つまりしかるべき漁具と人員を備えた、しかるべき漁船を用いて、軍令と相容れない条件のもとで漁撈を行わない限り、マウイ島における漁獲高の拡大は無理である」と。(87) 戦前、マウイ島を拠点に三隻のカツオ漁船が操業していたが、開戦後は全て海軍に没収された。なかでも最も高い性能を誇っていた漁船、アイランダーは、海軍のパトロール船として使用されていた。その一方で、ホノルルのケワロ湾やアラワイ運河などに係留されたサンパン漁船は、適切な整備がなされていないため沖に出るのは危険であった。そこでフレミングは海軍に対し、漁撈に最も適したアイランダーを漁場に戻すよう、

求めたのである。(88)

当時のハワイで操業するサンパン漁船のなかでも最大級である二百馬力のエンジンを備えたアイランダーは、マウイ島における日本人漁業の発展と密接な関係を持つ漁船であった。島在住の日本人漁民、鮮魚仲買人や行商人が、一九四一年にアイランダー漁業会社（Islander Fishing Company）を設立するにあたって、ハワイアンツナパッカーズ社から購入したのがこの漁船であり、会社のシンボルでもあった。漁民を市民と外国人に区分する必要性に疑問を呈するフレミングは、このアイランダーと「ある一定の人数の外国人」をマウイの海に戻すよう求めたのであった。フレミングは外国人漁民の方が「はるかに腕が良い」と言いつつ、

もし当局が洋上における日本人のスパイ行為を疑うのであれば、海軍関係者が常に漁船に同行して漁撈を監視すればよい。また日没から夜明けの時間帯における集魚灯の使用禁止によって、夜間に行う生き餌漁が出来なくなっている。マウイはカツオの良い漁場に恵まれている。他にもマウイでは、地元で消費されるさまざまな種類の魚が獲れるが、それらは時期によって漁獲高が大きく変動する上、カツオほど豊富に獲れるわけではない。アイランダーの元船長の話によると、アイランダー一隻で一日五トンのカツオが獲れる。これは一週間に二五トン、一カ月に百トンものカツオが獲れる計算になる。もしこれだけのカツオがあれば、連邦余剰物資共同法人（Federal Surplus Commodities Corporation, FSCC）から供給される肉をエンジョイ（?）せざるを得なくなっているマウイの食糧事情を大幅に改善させるであろう。

という見立てを述べた。[89] 豊富な食糧資源を尻目に輸入された食糧に頼っている現状を「恥ずかしい」と表現するフレミングによると、輸入されたエビなど「日曜日の午後の釣りのエサとして利用するのは構わないが、商品にするのはジョーク」でしかないと、皮肉を込めて輸入水産物の品質の低さを批判した。そのためフレミングはウェストに対して、ディリンハム所長が直ちに海軍を説得して地元の漁獲物拡大のために漁業規制を緩和させるよう、訴えたのであった。

フレミングはまた、ウェストに宛てた書簡の中で、地元の軍司令官との対談についても報告している。それによると司令官は当初、「日本人やその子孫である市民」をいかなる船に乗せることに対しても強固に反対していたが、次第に考え方を改めた上で「カツオ漁の妨げとなっている多くの漁業規制の緩和に向けた助力を惜しまない」と述べたとある。[90] その一方で司令官は「小型のマグロ漁船でもカツオは獲れる」と考えるなど、漁業に対する無知も露呈していた。このような会話が示すように、戒厳令下において、遠洋漁業の妨げとなっている様々な要素を取り去ることは極めて困難であった。

漁業の再開へ向けた交渉

一九四三年三月一〇日にハワイ準州の文民統制の一部が復活すると、地元住民の間から漁業制限の撤廃を求める要望が次々と出始めた。戦前からカヌーなどを使って自給自足的な漁撈を行っていたハワイ人などにとって、目の前に豊富な海の幸があるにもかかわらず、本土から輸入された缶詰などに頼らなければならない現状は耐え難かった。その上、地元で食糧を生産することが戦争協力にもつながるという声を無視出来なくなった軍政部は、少しずつ漁業可能海域を拡大した(91)。また一九四三年七月には、海軍が徴用していた大型漁船のうちの五隻を持ち主に返却する手順を定めた。海軍が漁船を修理して使用していた場合、持ち主はその修理費用を戦時輸送局（War Shipping Administration）に支払うか、それを拒否する場合は同局が漁船を売却するとした(92)。さらに翌年一月になると、軍政部は特定の船舶だけでなく、全ての徴用船や没収船の返却を担当する専門部署を設けるなどの準備を進めるとともに、将来における船舶所有者からの賠償請求から連邦政府を守るための具体的な対策を立て始めた(93)。

一九四四年一〇月二四日に戒厳令が解除されことによって、ハワイにおける文民統制が完全に復活した。しかし海は引き続き海軍の管理下に置かれたため、漁業規制の解除や漁船の返却は速やかに行われなかった。そこで準州議会や準州政府は軍部や連邦政府に対して、漁業許可海域の拡大を要求する決議を行うなど、ハワイにおける漁業の正常化へ向けた動きを活発化させた(94)。そして一九四五年七月一〇日にようやく操業時間帯の制限が解除されただけでなく、漁業禁止海域も、真珠湾とカネオヘ湾及びオアフ島周辺海域の一部や、海上に設置された射撃練習用のターゲット周辺を除いて、ほぼ消滅した。さらに船長としての操業は不許可とされたものの、身分証の携帯を条件として日本人及びその子孫の漁撈が許可された(95)。終戦まであと一カ月という時期になって、約四年間に渡ってハワイの海を縛ってきたさまざまな漁業規制が解除されたのである。しかしこれによってただちに日本人漁民が海へ戻ったわけではなかった(96)。和歌山県出身の小峰平助は当時のことを次のように振り返っている。

乗っとった船もみな没収されてしまった、海軍の方へね。戦争が済んでから買い戻されるんじゃが……待っとった人に最初に権利がある。といっても船が痛んでしもうてね。もう……アカンとこなかったが、修繕せならんかった。四年間も海軍が使った後やからな……。(97)

不法移民としてハワイへやってきた小峰は、やがて自分の漁船を持つ船長となり、一九四一年にマウイ東部在住の日本人漁民が漁業組合を設立した際には、その組合長の任に就いていた。その立場ゆえに、小峰は開戦後ただちにＦＢＩに逮捕された。八カ月後に解放されたが、その時には所有する漁船は没収されてしまっていた。戦後に漁船が戻ってきたものの、戦時中に体験した偏見や苦しみに加えて既に高齢となっていたこともあり、小峰は傷んだ漁船を修理して再び海に出ることを諦めた。やがて帰国すると小峰は郷里で余生を過ごしたのであった。

軍政が水産物流通や生産に与えた影響の大きさは計り知れなかった。鮮魚供給の断絶と軍政部による魚価の統制によって、魚市場はその機能をほとんど失った。戦前、ホノルルにあった一一カ所の魚市場は戦時中から戦後二年の間に全て倒産した。また魚介類供給の激減によって多くの仲買人や小売商は仕事を失ったが、なかには商売を続けるべく尽力した者もいた。軍政部食糧生産事務所が一九四二年九月に、それまでの認可制に代わって輸入ライセンス制度を導入した際には、大谷商会もライセンスを求める書類を事務所に提出している。大谷松治郎という大黒柱を失ったあとも、長男の治郎一らが家業を守るべく本土からの水産物輸入に奔走していたのである。[98] その一方で治郎一は、ニューメキシコ州のローズバーグ、サンタフェ、そしてコロラド州アマチと本土の強制収容所を転々とさせられている父、松治郎の釈放を求めて、ホワイトハウスのエリノール大統領夫人に父の無罪を訴える書簡を送るなど、さまざまな方面の関係者に働きかけていた。[99]

またハワイにおける日本人漁業のもう一つの重要な拠点であったハワイ島ヒロでは、日本人が設立した最古の漁業会社であるスイサン株式会社を軍部が接収し、その社屋や冷蔵庫を軍事目的に使用しただけでなく、社長の松野亀蔵が島内のキラウエア強制収容所に収容された。息子のレックスは「ハワイ島では、父が大谷松治郎のように本土の強制収容時に送り込まれなかっただけ、ホノルルより状況はましであった」と語るものの、スイサン株式会社は社長や会社の建物、設備の喪失、そして鮮魚供給の断絶によって一時的に休業を余儀なくされた。しかし間もなく、小規模の沿岸漁業を行っていたハワイ人やポルトガル系の漁民が、少量ながら鮮魚を会社に持ち込むようになったため、新たに魚市場を設けて商売を再開した。戦前は日本人漁民の存在の陰に隠れがちであったこれらの漁民に対する感謝の気持ちを、レックスは次のように語っている。

特にマナリリ（Manalili）という、ミロリイ（島の南西にある孤立した漁村）からわざわざ魚を持ってきてくれる人物がいた。彼のような人をはじめ、ひいきにしてくれるお客さんがいなければスイサンは生き残ることが出来なかっただろう。[100]

このような、日本人以外のエスニックグループの漁民の献身的な協力や、昔からのひいき客のおかげで、スイサン株式会社はごくわずかな社員だけで暗黒の時代を何とか生き伸びたのであった。

日本時間の一九四五年八月一五日に終結した太平洋戦争は、ハワイの海の民の生活に大きな傷跡を残した。戦前を振り返って、「昔はまるで夢のようだった。（中略）漁船から太平洋を見渡す限りカツオが埋め尽くし、まるで釣り上げられるのを待っているかのようだった」と語る貴多勝吉は、「第二次世界大戦はハワイの日本人によるカツオ漁の衰退に甚大な影響を与えた。カカアコの漁村が消えたのはその一例である」[101]と述べている。貴多が言うように、ケワロ湾を拠点に活動していた漁船が消えたことによって、隣接するカカアコの漁村コミュニティの生活もまた消滅したのであった。それまで漁業関連の仕事に就いていた住民は、開戦によって失職すると軍事関連や陸の仕事に就いた。そのため同業者同志、互いに連帯感や協力関係を培いながらカカアコに住み続ける必要性がなくなったのである。またカカアコの他にも、海の近くに居住していた人々は、国防上の理由から転居を迫られたため、海沿いにあった多くの漁村の人口も流失した。

連邦予算による中部太平洋の漁業調査と漁業の復興へ向けた布石

戦時中に沿岸小漁業を除いて漁業そのものが逼塞し、多くの水産流通、加工業者が倒産するなど業界全体が大きな影響を受けたハワイにおいて、戦前からハワイの水産業振興のための連邦政府資金の投入を求めてきた準州政府は、開戦によって一時的にその活動の中断を余儀なくされていた。

しかし一九四三年に文民統制の一部が回復すると、直ちに準州農林行政委員会のコリン・レノックス（Colin Lennox）委員長とヴァーノン・ブロック（Vernon E. Brock）魚類鳥獣課長が中心となり、連邦政府による大規模な漁業調査の実現へ向けて動き始めた。その一方で準州内においても、農林行政委員会とハワイ大学によるカツオ漁の生き餌の調査を開始した(102)。これらの活動のきっかけとなったのは、戦時中に海軍軍属としてミッドウェーからジョンストン島を始め中部・南太平洋を調査した海洋学者、W・M・チャップマン（Chapman）博士の助言である。チャップマンは調査の後でハワイに立ち寄った際、レノックスらに対して、戦前におけるハワイの漁獲物の八六％が遠洋漁業によるものであること、ハワイを含む中部太平洋が豊富なマグロ・カツオ資源に恵まれているにもかかわらず、日本と比べてアメリカがこれまでこの海域に関心を払ってこなかったこと等を指摘した。この提言を踏まえた上で、カツオ・マグロ漁が戦後のハワイの水産業にとって大きな比重を占めるようになると予測したレノックスは、準州主体の生き餌調査を、そのための「最初の試金石」と位置付けた(103)。

また戦前に比べ、戦後にアメリカの支配下に入る海域が大きく広がるなど、一九三八年にベル・ヒギンズ報告書が作成された当初と大きく国際事情が変化することも、この時期のハワイ政財界の共通認識となっていた。そして戦争終結後は連邦政府が主体となって、ハワイ周辺海域のみならず中南米やフィリピン、ミッドウェーからソロモン諸島にかけての広範囲な中部太平洋海域における漁業調査を行うべきだというブロックらの声は、イングラム・スタインバック準州知事や連邦下院議会のファーリントン代議士、そしてイッキーズ内務長官にも伝えられた(104)。戦前、中部太平洋海域における漁業を独占していた日本が、戦後、再び台頭してくることを予測した内務省は、戦争が終結次第、本腰を入れて漁業調査の準備に取り掛かることとしたのである。[105]

このような経緯を経て、ファーリントン代議士は、戦後のハワイ及び中部太平洋における漁業調査と水産業振興のための法案（H. R. Bill No. 3230）を連邦議会に提出した。この法案は一九四六年に下院を通過したものの、予算額が大きすぎるという理由によって上院で否決された。するとスタインバック準州知事は、ハワイやカリフォルニアの水産関係者の同意を得た上で作成したという修正案をファーリントン代議士に送付した。その内容の大筋は前法案と大差ないが、調査対象の海域からアメリカ領サモアを除き、さらに研究拠点の設立のための土地を準州側が無償提供するといった新たな提案を盛り込むことによって、予算を圧縮していた。一九四五年九月にトルーマン大統領が表明した、いわゆるトルーマン宣言によって、アメリカは大陸棚の海底と地下の天然資源に対する管轄権や沿岸の漁業規制水域を主張していた。それだけにスタインバック準州知事は、一時的にサモア海域の利権を犠牲にしてでも中部太平洋海域におけるアメリカの漁業権を一刻も早く確立するべきと考えたのである。[106]

この準州案を基にファーリントン代議士が連邦議会に提出したのが、太平洋における漁業調査法案（H. R. Bill No. 859）、いわゆる「ファーリントン法案」であった。[107]またファーリントンから協力要請を受けたチャップマンは、自らの知見をもとに、連邦政府関係者に対して精力的なロビー活動を展開した。太平洋海域の調査の後、カリフォルニア科学アカデミーに所属していたチャップマンは、戦前、日本の漁船船団が太平洋のマグロ・カツオ資源を独占することができたのは、日本政府が少なくとも五隻もの調査船を利用して実行した緻密な海洋調査のためであると主張した。それに比べて中部太平洋海域の漁業資源に関する英文資料といえば、一八世紀に太平洋を探検したキャプテンクックの報告書くらいなものであると、これまでのアメリカの太平洋漁場に対する無関心ぶりを厳しく批判しつつ、チャップマンは、連合国最高司令部（General Headquarters, Supreme Commander of Allied Powers, GHQ/SCAP）の占領下に置かれた日本の漁業復興のために、連邦政府が自国よりも多くの予算をつぎ込んでいることに疑問を呈したのであった。[108] またチャップマンのような専門家だけでなく、ハワイ準州議会やカリフォルニア州議会も法案を支持する議決を行うなど、法案の可決を求める声はハワイを超えて広がった。[109]

こうしてファーリントン法案は一九四七年一月一三日に可決した。準州農林行政委員会が商務省漁業局（当時）に対して、連邦政府による漁業調査の実行を求め始めてから、既に二〇年が経過していた。その間にハワイの水産業を取り巻く状況はめまぐるしく変化した。一九三〇年代における日米関係の悪化に伴って、ハワイの海からの日本人の排斥が進み、日米開戦と同時に日本人漁業は完全に停止した。サンパン漁船は没収され、多くの漁民は強制収容された。しかし表立って軍政府側の方針に逆らえばスパイ容疑をかけられて逮捕、強制収容所送りになりかねないハワイ在住日本人が強いられた沈黙に代わって、まるでその声を声高に代弁するかのように、サンパン漁船と日本帝国の関係を否定し、その生業を守ろうとしていた人々がいたことは特筆すべきであろう。[110] 歴代の準州知事や連邦代議士をはじめとする準州政府関係者や地元の白人財界は、少なくとも一九二〇年代後半以降、日本人漁業を保護する立場に立ち、日本海軍の戦艦とサンパン漁船を同一視する米海軍やルーズベルト大統領に対抗した。また日本人とも関係の深いハワイアンツナパッカーズ社は、開戦直後から軍政部による水産行政の中枢部に入り込んで水産業を守ろうとしただけでなく、日本人漁業の復活に向けて尽力した。さらに戦時中の厳しい制約の下で、カヌーなどの小型漁船を繰って漁撈を続け、たとえわずかな量であっても地元の消費者のもとに鮮魚を届けたハワイ人やフィリピン、ポルトガル系の漁民の貢献も忘れてはならないだろう。このような個人や組織によって崩壊から辛くも守られたハワイの漁業は、戦火が収まると少しずつ戦後の復旧、そして復興へと向かい始めるのである。

(1) Gary Y. Okihiro, *Cane Fires: The Anti-Japanese Movement in Hawai'i, 1865-1945* (Philadelphia: Temple University Press, 1991), 96, 110, 112-113.
(2) 『日布時事』、一九三〇年五月三〇日、三頁。
(3) 『日布時事』、一九三〇年五月二〇日、三頁。
(4) 『日布時事』、一九三〇年五月二七日、三頁。
(5) 『日布時事』、一九三〇年六月三〇日、三頁。
(6) 『日布時事』、一九三〇年六月三〇日、二頁。
(7) 『日布時事』、一九三〇年五月二六日、三頁。
(8) 布哇新報社『ハワイ日本人年鑑』、ハワイ新報社、一九三三―一九三四年、九六頁。
(9) Letter from N. B. Csofield to H. L. Kelly, May 8, 1935, Hawai'i State Archives; Letter from Fred Schilling to I. H. Wilson, December 16, 1938, Hawai'i State Archives.

(10) 拙稿「ハワイ準州における対日本人漁業政策――1930年代から40年代を中心に」『地域漁業研究』、五六巻一号、二〇一五年一〇月、九三―九五頁。
(11) Letter from Director, Hawaiian Tuna Packers, Ltd., to Admiral H. R. Yarnell, July 1, 1935, Hawai'i State Archives.
(12) Ibid.
(13) 日布時事社『日布時事布哇年鑑』、日布時事社、一九三二―三三年、二二四頁。
(14) Letter from T. M. Leovy to Commandant, August 17, 1934, United States National Archives and Record Administration（以降NARA）, Record Group（RG）126, Entry Number（E）1, Box（B）680.
(15) Letter from H. R. Yarnell to Joseph B. Poindexter, August 22, 1934, NARA, RG126, E1, B680.
(16) 日布時事社『日布時事布哇年鑑』、日布時事社、一九二八年、一〇〇頁、同、一九四一年）一〇八頁。
(17) Letter from J. S. Baylis to Joseph B. Poindexter, August 10, 1934, NARA, RG126, E1, B680.
(18) Memorandum for Governor Poindexter, August 3, 1934, NARA, RG126, E1, B680.
(19) Letter from J. B. Poindexter to the President, November 15, 1934, NARA, RG126, E1, B680.
(20) Letter from George Henry Dern to Harold L. Ickes, December 22, 1934; Memorandum for the Secretary of the Interior by Ernest Gruening, December 28, 1935; Letter from Harold L. Ickes to George H. Dern, February 2, 1935; "A Bill," NARA, RG126, E1, B680.
(21) "A Bill," NARA, RG126, E1, B680.
(22) Sayuri Guthrie-Shimizu, "Occupation Policy and the Japanese Fisheries Management Regime, 1945–1952," in *Occupied Japan: The U. S. Occupation and Japanese Politics and Society*, ed. Mark E. Caprio and Yoneyuki Sugita（New York: Routledge, 2007）, 48–53.
(23) "Oath for Enrollment and License of Merchant Vessel or Yacht," NARA, Pacific Region（SF）, RG36, B19.
(24) 『日布時事』、一九四一年三月四日、五頁。

(25) Hans Konrad Van Tilburg, 'Vessels of Exchange: The Global Shipwright in the Pacific," in *Seascapes: Maritime Histories, Littoral Cultures, and Transoceanic Exchanges*, ed. Jerry H. Bentley, Renate Bridenthal, and Kären Wigen (Honolulu: University of Hawai'i Press, 2007), 44.
(26) 清水静枝、筆者によるインタビュー、ホノルル市内にて、二〇〇八年九月一日。
(27) 貴多勝吉「我が父を語る」ハワイ和歌山県人会編『復活十五周年記念誌』、ハワイ和歌山県人会、一九六三年、一九九頁。
(28) *Honolulu Advertiser* (March 1, 1941), 3.
(29) 『日布時事』、一九四一年三月一八日、三頁、同、一九四一年三月一九日、三頁。
(30) 『日布時事』、一九四一年六月一〇日、七頁。
(31) Letter from S. W. King to Emerson, June 18, 1941, NARA, RG126, E1, B680.
(32) Letter from S. W. King to Harold L. Ickes, June 18, 1941, NARA, RG126, E1, B680.
(33) Letter from Harold L. Ickes to Biddle, July 3, 1941, NARA, RG126, E1, B680.
(34) Letter from Francis Biddle to the Secretary of the Interior, July 11, 1941, NARA, RG126, E1, B680.
(35) 『日布時事』、一九四一年八月二七日、六頁。
(36) 『日布時事』、一九四一年三月五日、五頁。
(37) 布哇新報社『布哇日本人年鑑』、布哇新報社、一九二四年、一三二―一三八頁、日布時事社『日布時事布哇年鑑』、日布時事社、一九三一―一九三二年、九八―一〇〇頁。
(38) *Honolulu Advertiser* (March 1, 1941): 3 ;『日布時事』、一九四一年三月四日、三頁。
(39) Frank T. Bell and Elmer Higgins, "A Plan for the Development of the Hawaiian Fisheries," November 15, 1938, NARA, RG126, E1, B680.
(40) Letter from Daniel C. Roper to the Secretary of the Interior, December 14, 1938, NARA, RG126, E1, B680.
(41) Letter from Harold L. Ickes to the Secretary of Commerce, December 22, 1938, NARA, RG126, E1, B680.

(42) Letter from Rupert Emerson to Ira N. Gabrielson, September 28, 1940; Letter from Rupert Emerson to Samuel W. King, September 28, 1940; Letter from Ira N. Gabrielson to [Rupert] Emerson, October 25, 1940, 以上 NARA, RG126, E1, B680.

(43) 『日布時事』、一九四一年三月三一日、二頁。

(44) すさみ町誌編さん委員会編『すさみ町誌下巻』、和歌山県西牟婁郡すさみ町、一九七八年、二八九―二九〇頁。

(45) 布哇和歌山県人会編『復活十五周年記念誌』、布哇和歌山県人会、一九六三年、七四頁。

(46) General Order No. 46-43, January 1, 1943; District Order No. 34-42 (Revised); Prescribed Fishing Areas and Army and Navy Regulations, April 15, 1943, 以上 NARA, RG494, E359, B947.

(47) Memorandum for Commander from N. B. Hopkins; Letter from R. M. Brainerd to the Commandant, January 2, 1942; Letter from Tully Shelly to the Commandant, February 23, 1942; Letter from Tully Shelly to Commandant, April 16, 1942; Letter from H. K. Lewis to the Chief of the Bureau of Ships, April 21, 1942; Letter from Tully Shelly to the Commandant, April 24, 1942; "Impounded Boats,"; List of YP Craft Attached 14th Naval District; "Boats,"; Evaluation Sheet; "Original Boat List, Record of Impounded Boats," 以上 NARA, RG494, E79, B499. 没収された船舶名とその所有者、及び船舶の大きさや性能などについての情報は拙稿「ハワイ準州における対日本人漁業政策――１９３０年代から４０年代を中心に」『地域漁業研究』、五六巻一号、二〇一五年一〇月、一〇〇―一〇三頁を参照のこと。

(48) "Location of Alien Owned Boats on March 10, 1942," NARA, RG494, E79, B499.

(49) Letter from A. Korol to Alfred E. Tree, March 11, 1942; Letter from Alfred E. Tree to Thomas H. Green, March 16, 1942, 以上 NARA, RG494, E79, B499.

(50) "Under Coast Guard Undocumented ― Less than 5 net tons ―," NARA, Rg494, E79, B500.

(51) T. T. Iwashita, "Development and Design of the Hawaiian Fishing Sampans," The Hawaii Section of the Society of Naval Architects and Marthe Engineers (January 1956), 5.

(52) Jeffry F. Burton and Mary M. Farrell, *World War II Japanese American Internment Sites in Hawai'i* (Honolulu: Japanese Cultural Center of Hawai'i, 2007), 1.

(53) Dennis M. Ogawa and Evarts C. Fox Jr., "Japanese Internment and Relocation: The Hawaii Experience," in *Japanese Americans: From Relocation to Redress*, ed. Roger Daniels, Sandra Taylor, and Harry H. L. Kitano (Seattle: University of Washington Press, 1986), 135.

(54) 拙稿「太平洋戦争中のハワイにおける日系人強制収容――消された過去を追って」『立命館言語文化研究』二四巻一号、二〇一三年一〇月、一〇五―一一八頁。

(55) すさみ町誌編さん委員会編『すさみ町誌下巻』、二九〇頁。

(56) ドナルド貴多、筆者によるインタビュー、ホノルル市内にて、二〇〇八年九月九日。

(57) 大谷松治郎『我が人となりし足跡　八十年の回顧』、大谷商会、一九七一年、五八―六二頁、大谷明、筆者によるインタビュー、ホノルル市内にて、二〇〇八年三月三日。

(58) 大谷『我が人となりし足跡』、六三―八四頁。

(59) 清水静枝、筆者によるインタビュー、ホノルル市内にて、二〇〇八年三月四日。

(60) 同右。

(61) 同右。

(62) 同右。

(63) 島田法子『戦争と移民の社会史――ハワイ日系アメリカ人の太平洋戦争』、現代資料出版、二〇〇四年、三九―四一頁。

(64) Iwashita, "Development and Design of the Hawaiian Fishing Sampans," 5.

(65) Memorandum, Territory of Hawaii Office of the Military Governor, December 30, 1942, University of Hawai'i at Manoa, Hawaii War Records Depository (以下 HWRD), Reel 5.

(66) Letter from American Factors, Limited to Director of Food Control, April 17, HWRD, Reel 5.

(67) Memorandum, Territory of Hawaii Office of the Military Governor, September 2, 1942, HWRD, Reel 5.

(68) Memorandum from H. H. Warner to A. W. Macdonald, January 15, 1943, HWRD, Reel 16.

(69) Letter from H. E. Raber to George Montgomery, October 16, 1943, HWRD, Reel 17.

(70) Letter from A. H. Rice Jr., December 16, 1941, HWRD, Reel 5.

(71) "Record of Production–December 7, 1941 to date," January 11, 1943, HWRD, Reel 5.

(72) "Plan to Utilize Fishing Sampans Now Idle," March 23, 1942, HWRD, Reel 5.

(73) Harry N. Scheiber and Jane L. Sheiber, *Bayonets in Paradise: Martial Law in Hawai'i during World War II* (Honolulu: University of Hawai'i Press, 2016), 72, 433.

(74) Letter from Walter F. Dillingham to Frank H. West, November 18, 1942, HWRD, Reel 5.

(75) Letter from F. H. West to W. F. Dillingham, November 18, 1942, HWRD, Reel 5.

(76) "Memorandum for Files," November 23, 1942, HWRD, Reel 5; "Production," November 27, 1942, HWRD, Reel 5.

(77) "Memorandum for Files," November 23, 1942, HWRD, Reel 5; "Production," November 27, 1942, HWRD, Reel 5. のちにコロールに代わってハワイアンツナパッカーズ社のアーネスト・シュタイナー（Ernest Steiner）が担当した。またウェストは無報酬でコーディネーターの仕事を引き受けていたが、一九四三年一月の段階でシュタイナーは二七五ドル四二セントの月収を受け取っていた。Memorandum from the Fishing Division to W. F. Dillingham, Director of Food Production, February 9, 1943, HWRD, Reel 10.

(78) Letter from F. W. Broadbent to Walter F. Dillingham, January 15, 1943, HWRD, Reel 5.

(79) Letter from F. H. West to David Fleming, January 16, 1943, HWRD, Reel 5.

(80) Memorandum from R. Penhallow to Dillingham, November 24, 1942, HWRD, Reel 5; "Permission for Pascal Nahoopii and Party to Fish in Shore Waters between Hauula and Kaluanui," November 13, 1942, HWRD, Reel 5.

(81) Memorandum from W. F. Dillingham to Frank West, January 11, 1943, HWRD, Reel 5; Memorandum from the Fishing Division to W. F Dillingham, February 9, 1943, HWRD, Reel 10.

(82) Memorandum from H. H. Warner to A. W. Macdonald, January 15, 1943, HWRD, Reel 16.

(83) Memorandum from the Fishing Division to W. F. Dillingham, February 9, 1943, HWRD, Reel 5.

(84) Memorandum to Executive for the Representative of the Military Governor, January 30, 1943, NARA, RG494, E359, B947.

(85) District Order No. 46-43. (Revised); District Order No. 46-43, January 1, 1943; District Order 22-45, May 22, 1945; Port Director's Memorandum No. 6, May 29, 1945, 以上 NARA, RG494, E359, B947.

(86) Letter from W. F. Dillingham to Delos C. Emmons, January 13, 1943, HWRD, Reel 10.

(87) Letter from David Fleming to F. H. West, January 30, 1943, HWRD, Reel 5.

(88) Ibid.

(89) Ibid. 連邦余剰物資共同法人、のちの物資信用法人（Commodity Credit Corporation）は戦時食糧庁（War Food Administration）の一部であり、FSCCは戒厳令下のハワイへ食糧供給を行う唯一の組織であった。

(90) Letter from David Fleming to F. H. West, February 10, 1943, HWRD, Reel 5.

(91) Letter from Robert D. Gibson to the Commanding General, Hawaiian Department, and Military Governor, Territory of Hawaii, September 7, 1943; Letter from M. H. Lanke to Commanding Officer, February 2, 1944, 以上 NARA, RG494, E359, B947.

(92) Memorandum from James C. Bigler to Port Director, N. T. S, July 23, 1943, NARA, RG494, E79, B499.

(93) D. H. Jowrey, "Impounded Property," January 12, 1944, NARA, RG494, E79, B499.

(94) Letter from WM. R. C. Morrison to the District Commander and Representative of the Commanding General, March 12, 1945; Administrative Order, Number 2, 以上 NARA, RG494, E359, B947.

(95) "New Fishing Rules", NARA, RG494, E359, B947.

(96) Iwashita, "Development and Design of the Hawaiian Fishing Sampans," 6.
(97) 清水昭編『紀南の人々の海外体験記録1』、私家版、一九九三年、二一頁。
(98) Letter to the Director of Food Control from Hawaiian Tuna Packers, May 5, 1944, HWRD, Reel 5.
(99) Letter from Jiroichi Otani to Mrs. Franklin D. Roosevelt, November 20, 1943; Letter from WM. R. C. to Matsujiro Otani, November 23, 1943, NARA, RG389, E461, B2633.
(100) *Hawai'i Herald*, August 1, 2008, 6.
(101) 貴多勝吉「ハワイにおける日本人ツナ漁師」『布哇報知』、一九七三年六月五日、一頁。
(102) Letter from J. R. Farrington to Harold L. Ickes, October 17, 1944; letter from Vernon E. Brock to Colin G. Lennox, September 8, 1944, NARA, RG22, E208, B1.
(103) Letter from Colin G. Lennox to I. M. Stainback, December 15, 1943, NARA, RG22, E208, B1.
(104) Letter from Vernon E. Brock to Colin G. Lennox, September 8, 1944; Letter from Colin G. Lenox to I. M. Stainback, September 9, 1944; Letter from Colin G. Lennox to Joseph R. Farrington, October 4, 1944; Letter from J. R. Farrington to Harold L. Ickes, October 17, 1944, 以上NARA, RG126, E1, B680.
(105) Letter from Abe Fortas to Farrington, November 9, 1944, NARA, RG126, E1, B680.
(106) Letter from Ingram M. Stainback to Joseph R. Farrington, December 12, 1946, NARA, RG126, E1, B680.
(107) この法案の正式名称は「A Bill to provide for the exploration, investigation, development, and maintenance of the fishing resources and development of the high seas fishing industry of the Territories and Island possessions of the United States in the tropical and subtropical Pacific Ocean and intervening seas, and for other purposes」である。
(108) Letter from Colin G. Lennox to I. M. Stainback, December 15, 1943; Letter from W. M. Chapman to R. C. Miller, 以上 RG22, E208, B1; Letter from W. M. Chapman to Hardin Peterson, December 14, 1945; Letter from W. M. Chapman to Nick Bes, December 1946, 以上NARA, RG126, E1, B680.

(109) Letter from Ira N. Gabrielson to Arthur A. Ohnimus, March 6, 1946, NARA, RG22, E208, B1; Letter from Albert M. Day to Ingram M. Stainback, May 8, 1947, NARA, RG22, E208, B1. なお、アーサー・F・マッケヴォイによると、この法案はチャップマンとスタンフォード研究所の研究者が法案を書き直し、成立にこぎつけたとあるが、ハワイ側の強力なイニシアティブがあったことを忘れてはならないだろう。Arthur F. McEvoy, *The Fishermen's Problem: Ecology and Law in the California Fisheries, 1850–1980* (Cambridge: Cambridge University Press, 1986), 193.

(110) ハワイでは戦時中を通して日系住民に対する逮捕や強制収容が行われていたため、人々は「いつ収容されるか分からない」という恐怖感と隣り合わせで生活していた。ハワイにおける日系人の強制収容については拙稿「太平洋戦争中のハワイにおける日系人強制収容」を参照のこと。

第五章　漁業の復興と沖縄の漁業研修生

漁業の復興

　父が強制収容所から戻ってくるというので、私たちは三五番桟橋に行った。父が到着したとき、母は「これがお父さんよ」と言いながら私を押した。父は私のことが分からなかった。姉は泣き出した。(1)

　本土の強制収容所から戻ってきた父、貴多勝吉をホノルル港の三五番桟橋で出迎えた息子のドナルドは、真珠湾攻撃当時、二歳であった。父の記憶を持たないドナルドは、学校の教科書に描かれている、ビジネススーツを着た白人男性の姿にそのイメージを重ねながら成長した。しかし浅黒く日焼けし、疲れきった表情を浮かべて目の前に現れた勝吉の姿は、そのイメージから程遠かった。「父は私にとって他人だった」と語るドナルドの印象は、その後も心の中に居座り続けた。

　ドナルドの体験が物語るように、戦争によって破壊されたものの修復は難しく、時には多くの犠牲を伴った。ハワイへ戻った勝吉は、再び漁業を始めようとしたが、妻のヤスエは強く反対した。「漁船に乗って漁に出るというのなら、私は店を閉める。」そう口にしたヤスエは戦時中、勝吉が父、鶴松から引き継いだ雑貨店を経営しながら、女手一つで家のことも切り盛りした。戦時中にヤスエが体験した苦労を思いやった勝吉は海へ戻ることを諦め、雑貨店を漁具店に衣替えした上で、戦後はその店の主として過ごした。(2) 戦争がハワイの海を大きく変えたように、漁民の家庭もまた大きな変容を強いられたのである。

その一方、戦時中の漁業規制によって海が魚で溢れかえっていると見込んだ和歌山県出身のクニヨシ・ジェームズ・浅利は、戦争終結後、早速漁業を再開した。長らく鮮魚にありつけなかった地元の鮮魚需要も高かった。大型漁船の多くは依然として没収されたまま、もしくは戻ってきても傷みがひどく、修理が必要な状態であったが、古くても使用可能な小型漁船は残っていた。(3) 間もなく戦時中に休業を余儀なくされていた漁民が、次々に海へと戻っていった。カツオの供給再開に伴い、戦時中は軍需工場になっていたハワイアンツナパッカーズ社が、ツナ缶詰製造を再開させた。また水産加工品をつくる小さな製造工場も次々に誕生した。

一方、漁獲物流通の要である漁業会社の再建は困難を極めた。ハワイ最大の商業施設、アアラマーケットを所有するなど、ホノルルにおける水産業界を代表する人物となっていた大谷商会社長、大谷松治郎は、その地位のゆえに開戦直後から強制収容されていたが、ハワイに残された大谷の家族による尽力もあって、一九四三年一一月には釈放と帰還へ向けた手続きが開始された。(4) しかし実際に松治郎がハワイの地を踏んだのは、それから約二年後、一九四五年一〇月のことである。その間にオアフ島の漁業会社は戦時中や戦後の混乱の中で全て消滅してしまっていた。

そこで大谷は関係者を集めて一九四七年に協同組合である共同漁業を設立し、アアラマーケット内に魚市場を設けた[5]。しかし共同漁業の会長が大谷の長年の友人でありビジネスパートナーでもあったウィリアム・H・ヒーン（William H. Heen）ハワイ準州上院議員であったことから、間もなく共同漁業は政治の渦に巻き込まれることとなった。ヒーンは二〇世紀前半のハワイにおける民主党の最有力政治家の一人であった。一九五一年に共同漁業の魚市場が鮮魚市場を独占しているとして、これを廃止する法案が準州議会に提出されたが、上院の委員会で否決された。しかし同年、新たにケカウリケ通りにキング漁業（King Fishing Co., Ltd.）が誕生すると、ヒーンのライバルである共和党のハイラム・L・フォン（Hiram L. Fong）準州上院議員がその取締役となった。さらに共同漁業で内紛が生じた結果、間もなくこの会社は解散してしまったのである。そこで一九五二年に、大谷は新たにユナイテッド漁業（United Fishing Agency, Ltd.）を設立した。それ以降、所属する漁船の数はユナイテッド漁業の方が多かったものの、一九六八年にキング漁業が廃業するまで、オアフ島では二つの魚市場で鮮魚のセリが行われた[6]。

オアフ島の外でも水産業界の再編成に伴う変動が起きていた。ハワイ島ヒロでは一九四六年の津波によって多数の人命が失われただけでなく、ヒロ湾に面したワイアケア地区の漁船や民家、商業施設などに甚大な被害が生じたため、漁業を諦める漁民が続出した。しかしヒロで唯一、戦時中の動乱を生き抜いたスイサン株式会社が、水産業のインフラの復興に力を注ぎ、軍隊などから戻ってくる多くの若者に就労の機会を与えた。さらに山口県沖家室島出身の父、亀蔵から社長の職を受け継いだ息子のレックスは事業の多角化を進め、新たに冷凍食品事業を展開した。この事業は当時まだ目新しく、時代を先取りするものであったが、何分、「まだ誰も冷凍庫を持っていなかった」ため当初はなかなか軌道に乗らなかった。[7] しかし間もなく、この冷凍食品部門は鮮魚部門をしのぐ会社の稼ぎ頭に成長した。

一九四〇年代後半に入ると、ハワイ全体で漁船船団が大きく拡大した。戦時中に没収されていた漁船が戻ってきたことに加えて、最新の魚群探知機を備えた漁船が次々に新造され、それに伴って漁民の数も増えたのである。[8] その大多数は一世もしくは二世の日系人であったが、それ以外のエスニックグループ、とりわけ戦時中も細々ながら操業を続けて、漁業を消滅から守ったハワイ人やフィリピン人も、次第に漁業人口の中核を占めるようになっていた。また戦時中に解散、もしくは活動休止に追い込まれていた漁業関連の団体が次々に復活した。一九三六年に誕生し、戦時中は活動を休止していたホノルル鮪船員組合が、一九五二年一月に二世を中心とした若手漁民が中心となって復活し、その集いに約九〇名が参加した。さらに同年二月には、鰹船船員組合がホノルル市内の日本食レストランにて活動再開の宴を催したのであった。[9]

日本との関係の再構築とハワイ金刀比羅神社を巡る裁判

一九四五年八月のポツダム宣言受諾以降、日本はダグラス・マッカーサー（Douglas MacArthur）率いる連合国最高司令部（General Headquarters, Supreme Commander of Allied Powers, GHQ/SCAP）

写真16　新造船のための神事の様子。船のすぐ傍らに大谷松治郎の姿がある。大谷明所蔵。

写真17　漁船進水式の餅まき。1940年代後半になると漁船の新造が相次いだ。大谷明所蔵。

写真18　戦後のケワロ湾の様子。生き餌を獲るボートを携えたカツオ一本釣りサンパン漁船の後ろにハワイアンツナパッカーズ社の建物が見える。ハワイ州立公文書館所蔵。

の占領下に置かれた。その間に大谷松次郎は日本の水産業界関係者との関係の強化を図り、とりわけ当時の日本を代表する水産会社である大洋漁業の中部兼市社長やその家族と活発に交流した。中部家と大谷との関係は、一九三〇年代に大谷商会が大洋漁業の前身である林兼商店から、冷凍マグロを始めとする食品を輸入し始めた時にまでさかのぼる。山口県下関市に本社を構える大洋漁業は、戦時中における漁業用船舶の徴用や労働力の喪失、そして戦後の日本帝国解体による漁場の大幅な縮小に苦しんでいただけでなく、戦後間もなく社長の中部兼市が胃がんと診断された。終戦当時、中部は下関市に居住していたが、戦禍によって医療設備が破壊され、薬も不足していたため満足な治療が受けられなかった。そこで大谷は中部をホノルルの自宅へ招き、市内のストラウブ病院で治療を受けさせた。

写真19　ホノルル国際空港に到着した中部兼市（後列右）夫妻ら。大洋漁業の中部家と大谷家との関係は単なるビジネス上のものにとどまらなかった。大谷明所蔵。

しかも当時は日本から通貨が持ち出せなかったため、大谷が治療費を全て立て替えたのであった。その後も中部家との家族ぐるみの交流が続き、のちに大洋漁業社長に就任する藤次郎をはじめ、中部家の子ども達が勉学などのためにアメリカ本土へ向かう途中、ハワイへ立ち寄った際には自宅で歓待した(10)。

ハワイと日本の海を介した結びつきの修復、そして深化は、水産業界の重鎮同志のみならず一般庶民の間でも広がった。一九五三年二月六日に下関市の水産講習所（のちの水産大学校）の練習船、俊鶻丸《しゅんこつまる》が八七名の学生及び乗務員を乗せてホノルル港七番桟橋に着岸すると、日本人を中心とする約三〇〇名の人々が出迎えた。俊鶻丸のホノルルへの航海は、一九五一年九月八日に調印され、翌年四月二八日に発効したサンフランシスコ平和条約による日本の主権回復と、国際社会への復帰を象徴する出来事であった。ハワイの日本人は俊鶻丸の来航を歓迎し、滞在中にさまざまな歓迎行事を取り行った。また学生や乗組員の名前と、それぞれの出身地が日本語新聞に掲載され、ハワイに住む親族と再会したり同郷の者と昼食や夕食を共にしたりして過ごした。さらにハワイアンツナパッカーズ社やワイパフ日本人クラ

写真20　水産講習所の練習船 俊鶻丸《しゅんこつまる》の学生を招いてハワイ金刀比羅神社境内の土俵で開催された相撲大会。大勢の見物人が詰めかけ、大盛況であった。早田陽三郎所蔵。

ブ、日本人商工会議所や在ホノルル日本国総領事館などでも歓迎会が催され、何百人もの人々が出席した。また俊鶻丸の学生たちはハワイ金刀比羅神社の境内にある土俵で開催された歓迎相撲大会に招待され、現地の若者と相撲を取った。食糧事情の乏しい日本からやってきた学生は、体格の良いハワイの若者との取り組みで勝負にならず、土俵の上で「吹っ飛ばされた」が、中にはトーナメント方式の試合で優勝した学生もいる。そのような日本とハワイの若者たちの相撲ぶりを、約二〇〇〇名の観客が万雷の拍手で歓待した(11)。俊鶻丸がホノルルの次に立ち寄ったハワイ島ヒロでも同じような大歓迎を受け、一八九八年に建立されたヒロ大神宮境内での歓迎相撲大会には大勢の住人が詰めかけた。

　このような、ホノルルやヒロの日本人コミュニティの俊鶻丸に対する歓待ぶりは、日本に対する精神的な結びつきの強さの存在を物語っている。当時、学生として俊鶻丸に乗り込んでいた田川英生は、船がいよいよ日本へ向けてヒロを出航する時に起きた出来事を次のように語った。

俊鶻丸が今にも出航するという時に、年を取った一世の女性が国旗を拝ませてくれといって船に乗ってきました。しばらくすると目に涙をためて私を日本に連れて行ってくれと頼み始めたのです。私たちが何度も何度も、またすぐ戻ってきますからと繰り返すと、しぶしぶ船を下りていきました。そのせいで出航が遅れたのですが、そのおばあさんを置いて日本に出発するのは何とも辛いものでした。(12)

このエピソードから伝わってくるのは、一世たちの郷里に対する深い郷愁の念である。しかし戦時中にこのような気持ちを表に出すことは憚られた。生活の中から少しでも「日本的」な要素を取り除くため、女性は着物を着て表を歩くことを止め、日本国旗や日本刀、その他日本から持ってきた品々を自ら破壊した。また日本語学校は閉校となり、日本語は公の場で使われなくなった。さらに多くの寺院の僧侶や神社の神職が本土の強制収容所に送られたため、寺社での宗教行事も休止に追い込まれた。こうして日本とのつながりを絶つ一方、アメリカの戦争遂行に協力するため、日本人コミュニティでは、日々の生活の隅々におけるまで「アメリカ化」を推進した。さらに若い二世市民はアメリカに忠誠を誓うべく軍隊に入隊したり、「大学勝利ボランティア(Varsity Victory Volunteers)」に参加してボランティア活動を行ったりすることで戦争遂行に協力した。とりわけ二世兵士から編成された陸軍の四四二部隊は、フランスやドイツの戦場において多大な犠牲を払いながらも勇敢に戦ったとして、「陸軍で最も勲章をもらった部隊」と称えられた(13)。

戦時中のハワイを覆った日本文化に対する弾圧は、戦争の終結後、今度は日本文化や組織の急速な再生へのうねりへと変化した。まもなく一世が中心となって日本人商工会議所が復活し、営業を再開した日本映画館や日本料理屋に客が押し寄せ、世代に関係なく日本の歌が人気を博するようになった(14)。このような流れの中で生まれた様々な日本人組織が母体となって、俊鶻丸の乗組員を歓迎する宴を催し、地元の若者達が金刀比羅神社やヒロ大神宮での歓迎相撲大会に参加したのであった。

戦時中における宗教行事の中断状態からの神社の再生には、多大な困難が伴った。神道が日本の帝国主義の精神的支柱としての役割を果たしたと疑うアメリカ連邦政府は、戦前から連邦捜査局（ＦＢＩ）捜査官を日系人口の多い各地に派遣し、ハワイ金刀比羅神社を始めとする神社について調査していた。そしてＦＢＩは、神道が基本的にミカドイズム、天皇崇拝のカルトであり、人々を扇動して日本帝国主義の伸張に深く寄与していると主張する坂巻駿三ハワイ大学助教授や、また聞きなど不確かな情報を集めただけの、極めて杜撰な「関係者への聞き取り調査」に基づいた報告書を作成していた。その報告書の中で、ハワイ金刀比羅神社は「国家神道」に区分され、帝国主義の手先機関であると断定された(15)。

そして戦争終結後の一九四八年六月に、連邦司法省はハワイ金刀比羅神社の土地と建物を敵性財産として没収した上で、これらをオークションにかけた。しかし多くが漁村の住民から成るハワイ金刀比羅神社の「メンバー」と呼ばれる氏子は、当該神社が日本の支配に屈したり反米的活動を行ったりすることなく、純粋に地元の神社として機能していたと反論し、クラーク（Tom C. Clark）司

写真21　ハワイ金刀比羅神社で1962年に行われた大祭。同神社は1948年に「敵性財産」として社殿や敷地が米司法省に没収されたが、約3年間にも及ぶ裁判の末、それらを取り戻した。当時、この神社はハワイ最大の敷地面積を誇っていた。ハワイ金刀比羅神社・ハワイ太宰府天満宮所蔵。

法長官を相手取って訴訟を起こした(16)。そこで司法省は、同省ハワイ外国人資産管理事務所のレオン・グロス（Leon R. Gross）を日本に派遣した上で、当時、日本の占領政策を遂行していた連合国総司令部の民間情報教育局（Civil and Education Section, CI & E）に協力を仰いだ。一九四五年一二月一五日にGHQ／SCAPが日本政府へ向けて発した神道指令によって国家神道を廃止するなど、政教分離政策を推し進めていたGHQ／SCAPは、この裁判の行方に高い関心を示した。そこでCI&Eのフランシス・モトフジ（Francis Motofuji）がグロスと共に、ハワイ金刀比羅神社がハワイにおいて日本帝国主義を鼓舞する役割を果たした証拠を求めて、戦時中に捕虜交換船で帰国して以降、郷里の山口県内に居住していたハワイ金刀比羅神社の磯《いそ》部《べ》操《みさお》元宮司や、香川県の金刀比羅宮の琴陵光重《ことおか》宮司をはじめとする関係者、さらに日本の神道学者や香川県神社庁、文部省関係者に面会して聞き取り調査を行い、資料を収集した[17]。しかしこのFBIとCI&Eの合同調査において明らかになったのはハワイ金刀比羅神社の自立性であり、調査の本来の目的である日本帝国主義との強いつながりを示す証拠を見つけ出すことは出来なかった[18]。そのためグロスは司法次官へ向けて、裁判では坂巻助教授を専門家として証言させるよう助言している[19]。裁判において確たる証拠を示せなかった司法省は一九五一年に敗訴すると、没収した土地や建物をハワイ金刀比羅神社に返還したのであった。

約三年間にも及んだこの裁判において、漁村が大きな財政的、心理的負担を負うことができたのは、一九四〇年代後半に急速に復興、拡大をした漁業の興隆があり、そして何よりも、海の安全と大漁を祈願する心を受け止めてきたハワイ金刀比羅神社の宗教的性質と、それを心の拠りどころにしてきた漁村の人々の篤い信仰心があった。こうして司法省からハワイの海の民の手に戻ったハワイ金刀比羅神社は、その後、俊鶻丸の学生たちを迎え入れたのであった。またハワイ島のヒロ大神宮を始め、ハワイ諸島各地にあった他の神社も戦後に資産を没収されたが、金刀比羅神社の前例に倣って起こした訴訟に勝ち、土地や建物を次々に取り戻した[20]。

清水静枝の市民権回復と家族との再会

一九五三年に紀南丸というマグロ延縄漁船が、ホノルル市内の造船所で進水式を迎えた。全長一七・六八メートル、幅四・五七二メートルの船体に最新のキャタピラーエンジンが備え付けられていたこの船の主は、和歌山県西牟婁郡田辺町（現田辺市）出身の清水松太郎である。戦前から漁業に従事していた清水は戦時中、大谷松治郎と同じ本土の強制収容所に収容されていた。収容所内で大谷が重い心臓病を患った時には、清水が付きっきりで看病した。そのため清水に対して恩を感じていた大谷は、その戦後の再出発を経済面、精神面で支えたのであった。紀南丸の進水式の様子を写した記念写真には、清水とその妻ハル、二人の息子達、船大工の船井清一、大谷松治郎、そして造船所オーナーの白人男性が、大きなレイを船首に掲げた紀南丸の前に誇らしげに立っている。しかしこの写真に、清水家の大切な一員であるはずの静枝の姿はなかった。この時まだ静枝は日本に足止めされていたのである。

日米を引き裂いた戦争が集結した後も、静枝の日本での生活の苦しみは続いた。終戦直後の日本を襲った食糧難に加え、一九四七年に行われた総選挙において投票を余儀なくされた静枝は、新たな苦悩を抱えることになった。初めて女性参政権が認められた総選挙の結果、三七人もの女性候補が国会議員に当選したことは、GHQ／SCAP主導で行われた日本の民主化や、封建的な束縛からの女性の解放を象徴する成果として広く喧伝された。しかしこの選挙はアメリカ市民権を持つ静

写真22　紀南丸の進水式。ハワイらしく船主にレイをかけた紀南丸の前に並ぶ人々の列の左から二人目に大谷松治郎、四人目に船井清一、五人目に清水松太郎、右端に清水ハルが写っている。しかしこの中に静枝の姿はない。船井テルオ所蔵。

枝にとって全く別の意味を持っていた。「選挙に参加しないと（食糧の）配給をやらない」(21)と当局から言われた静枝は、ひどい食糧難の中、止むなく投票をした。その結果、静枝は米国務省によってアメリカ市民権を剝奪された。その後、夫と二人の息子と共に日本に永住する覚悟を決めた静枝は、極力ハワイのことを忘れるよう努めた。

　ハワイにいる継父、松太郎は、自分が静枝に日本の親族の手伝いに行くよう頼んだせいで、日本で苦労を強いられている静枝に対して強い責任を感じていた。そして講和条約の締結に伴って日本の主権が回復すると、松太郎は静枝をハワイに呼び戻そうとした。松太郎は静枝だけでなく、日本に留め置かれた全ての二世市民のためにも、ある行動を取ろうとしていた。一九五二年に、日本からハワイへ戻った日系二世の三保克郎弁護士が、ロサンゼルスのウィリン（A. L. Wirin）弁護士と組んで、日米開戦のために日本に足止めされた挙げ句、日本軍への入隊や日本政府関係の仕事への就労、あるいは国政選挙での投票のために市民権を奪われた二世のため、ホノルルの連邦裁判所で訴訟を起こす準備を始めていた。ウィリンはそれまでにも、日系アメリカ人市民同盟（Japanese American Citizen League）の顧問弁護士として、ゴードン・ヒラバヤシやミノル・ヤスイ、フレッド・コレマツを含む、西海岸から強制立ち退き、強制収容された日系アメリカ人の権利を守るための活動に力を注いできた経歴を持っている。ウィリンはまたツールレイク強制収容所においても、アメリカ市民権を剥奪された日系二世の弁護を務め、その市民権の回復にも成功していた。(22)

そのウィリンと三保が、日本に残留している二世のために訴訟の準備をしていることを知った清水松太郎は、日本にいる静枝に手紙を書き、ハワイへ戻って裁判に参加するよう、説得した。その頃の様子を静枝は、

他にも同じような立場の人たちがいて、市民権回復の裁判が始まるから来いと言われたの。お前は英語が出来るから、他の人は英語が片言だから、三保さんという、もう亡くなった弁護士が、あんたが出て話しなさいと（言った）。私が日本で辛い思いをしたから、ハワイに戻れば今度は子ども達が同じような思いをする、と思ったの。でもおじさん（松太郎）の説得でハワイへ戻った。他にも同じような立場の人たちがいるから、と言われた。(23)

松太郎の情熱に心を動かされた静枝は、他の二世市民とともに立ち上がることを決意し、夫と息子達を和歌山県に残したまま単身、ハワイへ戻った。そして裁判において、日本での生活の様子や戦時中にどのような扱いを受けたか、食糧の配給がどのように行われていたのか、などについて聞かれた静枝は、「長いこと日本にいたので、(法廷では)英語がなかなか出てこなかった。だから片言で答えた。」一年間ほど続いたこの裁判の結果、一九五三年に静枝ほか八人の二世の市民権回復が認められた。裁判が終わった後、「白人の本土から来た弁護士(ウィリン)が、帰る前、ドアのところで、軍がこんな馬鹿なことをして」と吐き捨てる様子を静枝はいつまでも鮮明に覚えていた。また松太郎はこの訴訟にかかった費用約一〇〇〇ドルを負担したのであった[24]。

漁民人口の減少と日本政府との交渉

静枝がハワイへ戻った後、しばらくの間、夫の久男は幼い息子二人を一人で育てていたが、一九五五年に息子達を連れてハワイへと向かった。「日本にいたらもっと楽に出来る仕事はあった」のだが、「母親のもとに、こまい(小さい)子らを置きたかった」というのがその理由である[25]。そしてハワイへ着くとすぐ、久男は松太郎の強い要望によって紀南丸に乗り込んだ。和歌山では日本通運田辺支店のドライバーをしており、漁業の経験が全くなかった久男は「漁師をしないと(松太郎の)機嫌が悪い」ため、仕方なく漁船に乗った。しかし体質のせいか船酔いに苦しんだ。松太郎としても、そのような久男の労働力に頼らざるを得ない事情があった。一九五〇年代になると漁船と漁民の増加による戦後の漁業ブームが去り、漁民人口が二四七八人から一〇二二人へと急速に減少していた。(26) この様子をユナイテッド漁業の大谷松治郎は次のように表現している。

漁船も大型か中型に代わりその数もずいぶん減じたにもかかわらず、出漁する漁夫なく、いつも港内に碇泊している漁船多く、船主も破産状態となり、漁業会社も窮状に陥りつつある。（中略）農工商を階級別とすれば、農即ち漁業は上位に置かれるべきなのになぜか布哇《はわい》では上位の漁業即ち水産業があまりにも無関心に取り扱われていると思う。(27)

この大谷の嘆きは、一九五〇年代の漁港の様子を率直に反映している。しかしこの頃になると、一九四七年に可決したファーリントン法案（のちの Public Law 329）に基づいて、一九四八年八月に設立された太平洋海洋水産調査（Pacific Oceanic Fishery Investigation, POFI）の調査活動が本格化していた。特にハワイを中心とする太平洋の熱帯、亜熱帯海域のマグロ・カツオ資源の保護や漁業発展のため、一九六五年までに連邦予算から約一〇〇〇万から一五〇〇万ドルの資金がつぎ込まれていた。(28) このような調査活動はしかし、ハワイにおける漁業の急速な衰退をくい止めることができなかった。漁撈のためのコストを始めとする費用の高騰に加え、何よりも漁民の他の産業への流出を食い止めることが難しくなっていたためである。(29) 前章でも述べたように、一九三〇年代以降の漁民の高齢化と漁業人口の減少は、戦後一時的に解消したものの、その後のハワイにおける産業構造の変化や社会的変革によって、これまで漁業の中核をなしてきた労働者を吸収する新たな雇用先が次々と生み出されており、地元の若年層を漁業に誘導することが非常に難しくなっていた。

このような現状にもかかわらず、一九五〇年代のハワイにおける人口一人当たりの魚介類消費量はアメリカ本土のほぼ三倍であり、しかも人口増加に伴ってその需要は拡大する一方であった[30]。需要と供給のバランスを保つため、大谷松治郎が中部家の率いる大洋漁業と交渉した結果、一九五二年一〇月一九日に冷凍マグロ六〇〇〇トンを満載した大洋漁業の第三五播州丸が、ホノルル湾の一〇番桟橋に来航した。これらの冷凍マグロは、ハワイアンツナパッカーズ社が製造するツナ缶詰の原料向けであった[31]。この第三五播州丸は、翌年にも冷凍マグロ六〇〇〇トンと大谷商会が扱う二五トンの魚介類を積んでハワイに来航したが、それまで、獲れたてのカツオを原料にした製品の品質の良さを売りにしていたハワイアンツナパッカーズ社にとって、冷凍マグロの使用は製造方針の大転換であった。そのため地元消費者から製品の品質の悪化を懸念する声も出たが、同社は、冷凍マグロを使用した製品はあくまで「アメリカ大陸向け」であり、地元向けの製品には引き続き鮮魚を原料に使用する旨を発表していた[32]。その後も日本を始めとする太平洋各地からの魚の輸入量は増え続け、地元の鮮魚需要の不足分を補った。

このように日本などから冷凍魚を輸入して対応したものの、ハワイにおける鮮魚不足問題の根本的な解決につながるわけではない。そこで大谷は、一九五〇年代にユナイテッド漁業顧問のウィリアム・H・ヒーン準州上院議員を準州の代表として同伴した上で三度来日し、外務省に対して日本から漁民をハワイへ送るよう、繰り返し要請したが却下された[33]。当時の日本は食糧不足が依然として続いており、その生産量を増やすべく奮闘している真っ最中であった。またその頃の日本政府は、国内沿岸部のみならず遠洋にも積極的に漁船船団を送り込み、国民とって貴重な蛋白源である魚介類の確保に努めていた時期でもある[34]。このことを鑑みれば、ハワイに漁民を送る余裕などなかったのであろう。さらに日本政府は、二〇世紀初頭における日本人移民のアメリカへの流入が激しい排日運動をもたらした経緯も考慮したと考えられる。このような経済的、政治的理由から大谷の計画は頓挫した。

沖縄における漁業の歴史

大谷が日本で外務省関係者と交渉を重ねていた頃、沖縄から四人の若者が漁業研修の名目でホノルルへやってきた。やがてこの四人の存在が、ハワイにおける漁業の歴史の新たな扉を開ける第一歩となるのであるが、沖縄とハワイが海を通して結びつく話の前に、沖縄における漁業の歴史について簡単に触れておこう。

九州の南部から台湾まで約一二〇〇キロメートルに渡って、まるで弧を描くように位置する沖縄列島の島々は、日本の中でもとりわけユニークな歴史的、文化的背景を持っている。もっとも近世以前の沖縄列島は、日本国の支配者がうたう「天下統一」の版図の外にあった。各島々や地域の実力者が支配する群雄割拠ともいうべき状態だった沖縄列島において、一四二二年に沖縄本島を統一した尚巴志が、琉球王国（第一尚氏一四二二―一四六九年、第二尚氏一四七〇―一八七九年）を建国した。明朝、清朝の冊封を受け、それらの朝貢国となった琉球王国は、中国や日本、朝鮮、東南アジ

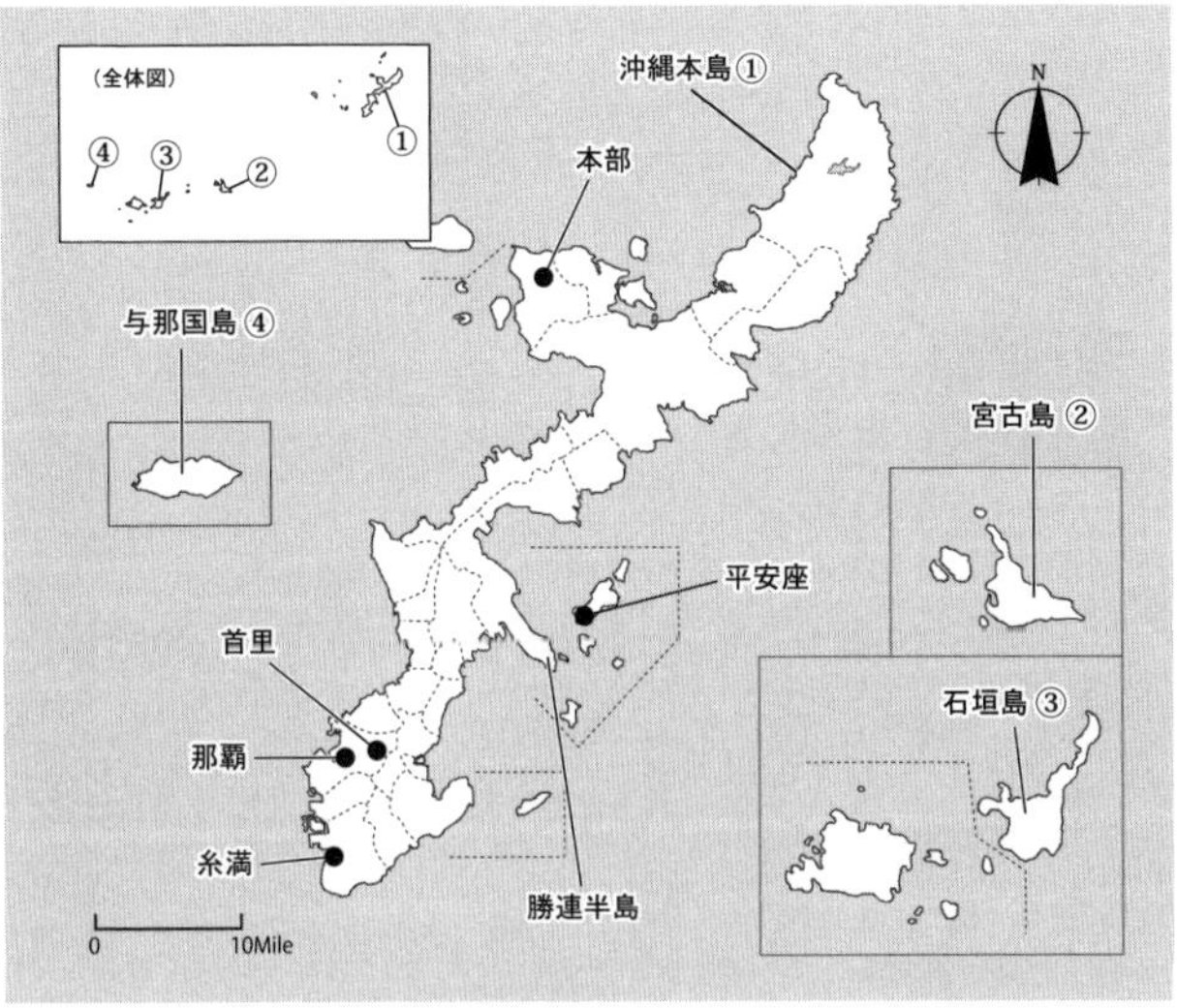

沖縄

ア諸国との海上交易を行った。しかし一六〇九年に徳川幕府の許可のもとで薩摩藩が琉球を侵攻すると、その後は日本にも服属する両属の国となった。

琉球王国時代を通して農業が産業の中心として最重要視される一方で、漁業は農業ほど為政者の関心を引くことはなかった。活発な海上中継ぎ貿易によって、琉球は多くの国や地域を結びつける偉大な海洋国家、海邦とも称されたが、その一方で、漁船は貿易船の陰にひっそりと隠れる存在に過ぎなかったのである。王国にとって限られた資源である木材は貿易船の建造に優先的にあてがわれ、漁船はむしろ貿易を妨げる存在として見なされていた。そのような農本主義的な政策を取る琉球王国であったが、沖縄本島南部に位置する糸満は、漁業を生業とする極めて異色な集落であった。耕作可能な土地が不足していた糸満の住民は海に生活の糧を求めるほかなく、琉球王国もまた糸満に対して、国王や高官へ魚を提供させることと引き換えに、数々の漁業権を与えていた。さらに糸満は、中国向けの王国の主要な輸出品であるフカヒレや乾燥ナマコ、乾燥イカ、貝殻、その他の高価な海産物を産出することによって、王国の経済基盤を支えたのであった。

一八六八年の明治維新以降、政府が断行した琉球処分によって琉球王国が沖縄県へと再編される過程で、明との朝貢関係が絶たれると、明への主要な輸出品であったフカヒレや乾燥ナマコの需要も激減した。そこで糸満の漁民たちは、欧州向けの輸出品として高級ボタンの材料となる夜光貝や高瀬貝の採集を始めた。さらに一八八四年に玉城《たまぐすく》安太郎が水中眼鏡を発明すると、漁民が目を傷めることなくより長時間、深く潜水することが出来るようになった。やがて五隻から一〇隻のサバニと呼ばれる小型の手漕ぎ漁船に三〇人から五〇人の漁民が乗り込んで、若年層は海面を叩いたり水深約五メートル辺りまで潜ったりするバンタタカーと呼ばれる漁を行い、ベテラン層は約三〇尋（約五四・八六メートル）もの深さまで潜ってグルクン（タカサゴ、*Pterocaesio diagramma*）やウルメ（*Decapterus muroadsi*）などの魚を大型の袋網に追い込むアギャーと呼ばれる漁を開始した[35]。この極めて労働集約的な漁法を支えたのは、沖縄列島各地の貧しい農村地帯から集められた労働力であった[36]。二〇世紀初頭頃に、鹿児島県や宮崎県の漁民からカツオ一本釣り漁の技術が糸満に伝わると、漁業はさらに興隆し、一九〇二年には県内の専業漁民のうち六割以上が糸満を拠点に活動し、県内の水産物水揚げ価格の六割以上を稼ぎ出すまでになった[37]。

その一方で、糸満漁業の発展によって近海の漁業資源が枯渇してしまったため、漁民は新たな漁

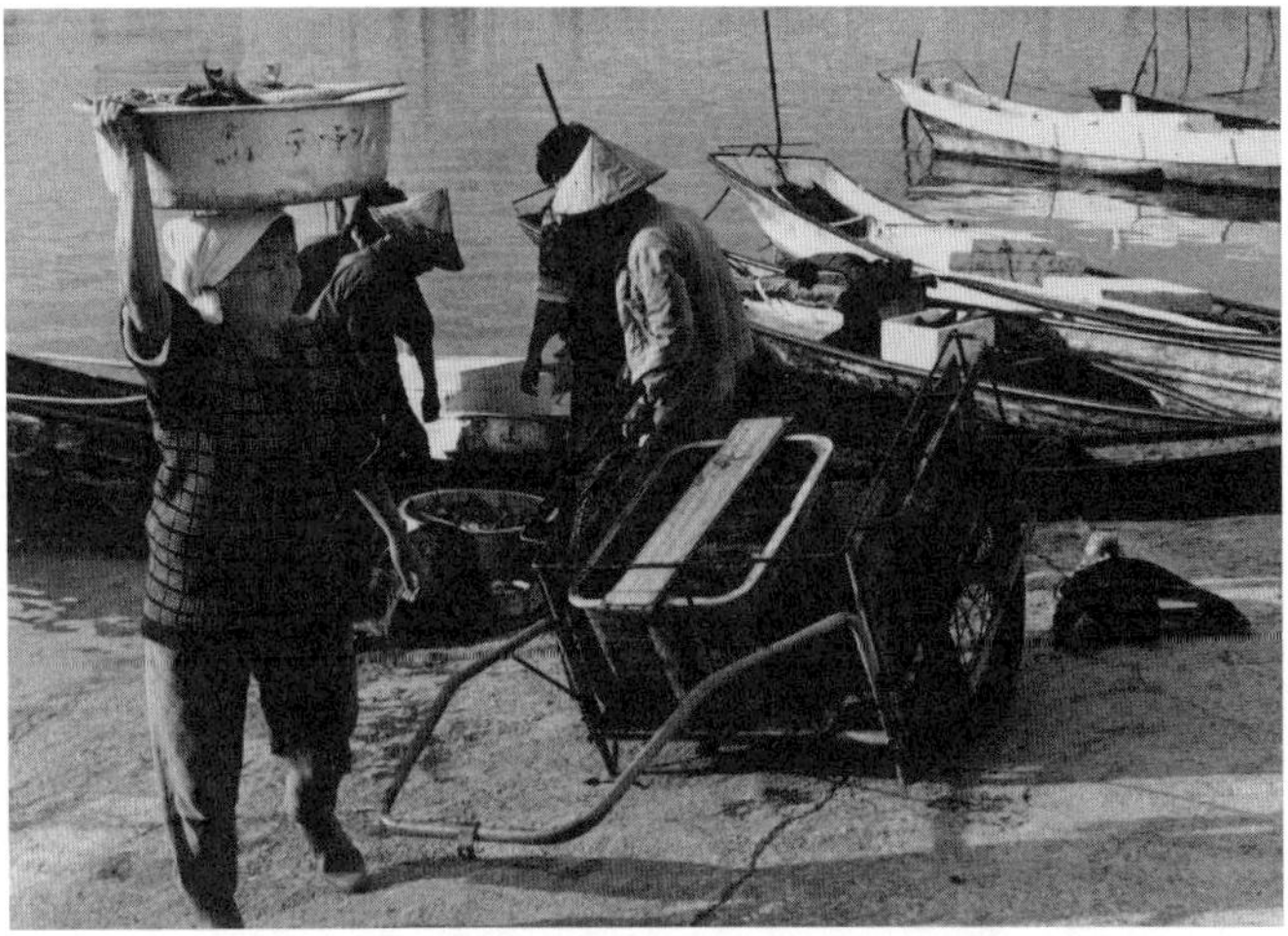

写真23　糸満漁港にて、夫の漁獲物を買い取って行商に出かけるアンマー（おかあさん）。背後にはサバニと呼ばれる漁船が碇泊している。上原謙所蔵。

場を求めて県内各地に拡散した。さらにある者は黒潮とその支流である対馬海流伝いに北上して日本本土に移動し、またある者は日本帝国の勢力の拡大に伴って台湾やマニラ、シンガポール、インドネシア、サイパン、ボルネオ、その他太平洋各地へと向かったのであった。サンゴ礁が広がる南洋や東南アジアの暖かな環境は故郷の海に類似していたため、それらの海で糸満漁民はアギャー漁やカツオ一本釣りに従事した[38]。

このような県内外各地への出漁のため、糸満は一九四〇年までに沖縄県で最も多くの住民を海外に送り出した集落となったが、その行き先の多くは東南アジアや南洋であった。一九〇〇年以降に、沖縄本島中部の金武《きん》出身の當山久三の強い働きかけによって、沖縄からハワイへの人々の移動が始まったが、その頃のハワイでは既に、一八八五年の官約移民開始以降、広島県や山口県などの西日本出身者がコミュニティを形成していたため、沖縄出身者は日本の中ではむしろ後発組であった。また糸満からも少なからぬ人数の住民がハワイへ向かったが、ハワイでは主に砂糖キビプランテーションでの労働に従事していた。

しかし時が経つにつれ、プランテーションを離れて漁業を始める沖縄出身者も現れた[39]。一九一九年時点で三三人の沖縄系漁民がハワイ各地で操業しており、そのうち最も多い一八人がホノルル、次いで一二人がカウアイ島、三人がハワイ島を拠点としていた[40]。ハワイの水産業界において、沖縄の漁民は数でこそ和歌山県や山口県、広島県出身者に劣っていたものの、中には新里勝市《しんざとかついち》のように何隻もの漁船を所有し、水産業界を代表する地位にまで上りつめる者も現れた。戦後になると新里は、大谷松治郎が立ち上げたユナイテッド漁業の副社長に就任する傍ら、ホノルル船主組合長の任にも就いて、ハワイにおける水産業の復興に尽力していた。

新里勝市は沖縄本島中部、勝連半島の北東約四キロの金武湾に浮かぶ島、平安座《へんざ》の出身である。沖縄県を代表する漁村である糸満と異なり、平安座は海上交通の要所として栄えた歴史を持つ。最盛期の一九二〇年代中頃には、マーラン船もしくはヤンバル船と呼ばれる約一〇〇隻の輸送船が、奄美諸島や沖縄本島北部のヤンバルと呼ばれる地域から木材や薪、牛や馬などを首里や那覇に運んできた。そして帰りには米や日用品、酒などを積んで戻った。こうして平安座の人々は沖縄本島北部と南部を結ぶ海路として海を利用する一方、目の前に広がる海を「おかず」取りの場としても利用していた。糸満で発展した集団的な漁法と異なり、平安座の漁業の多くはサンゴ礁の浅瀬で簡単な漁具を用いて単独で行われることが多かった[41]。島では就労先が限られていた上に義務教育までしか学校がなかったため、平安座の若者の多くは、教育や就業の機会を求めて県内の都市部や本土へと向かった。さらに国内のみならず、台湾やフィリピン、シンガポール、オーストラリア、ニューカレドニア、南洋、アメリカ、カナダ、メキシコ、ブラジル、そしてハワイへと向かう人々も多く、とりわけハワイは最も人気がある移住先の一つであった。新里勝市をはじめ平安座からハワイへやってきた男女の多くは砂糖キビプランテーションで働いたが、間もなく新里はそこを離れて漁業を始めた。(42)

沖縄戦と戦後の米軍統治

第二次世界大戦中、太平洋戦線において有数の激戦地となった沖縄県では、約一万二〇〇〇人のアメリカ軍人、沖縄県出身者を含む約九万四〇〇〇人の日本軍人軍属、そして約九万四〇〇〇人の非戦闘員が命を落とした。当時の県民総人口の約半数の命を奪った、「鉄の暴風」とも称される猛烈な戦火は、かつて県を代表する漁村として栄えた糸満集落の家々や漁船、漁具などを焼き尽くした。平安座は米軍の上陸を免れたが、度重なる空襲によって多くの輸送船や漁船が沈められた。

終戦後、日本本土から切り離されて米軍の支配下に置かれた沖縄は、当初、アメリカ側から太平洋の単なる「忘れられた岩(forgotten rock)」と見なされていた。しかし一九四九年一〇月一日に中華人民共和国が誕生し、一九五〇年六月に朝鮮戦争が勃発するなど、東アジアを取り巻く政治的、軍事的状況が激変すると、沖縄は西太平洋におけるアメリカの国防上の要として再評価されるようになった。そして朝鮮戦争の最中に調印されたサンフランシスコ平和条約によって主権を回復した日本本土から切り離された沖縄は、琉球列島米国民政府（U.S. Civil Administration of the Ryukyu Islands, USCAR）の支配下に置かれたのである。さらに沖縄の軍事基地化を目指す軍政長官ジョセフ・R・シーツ（Josef R. Sheets）米陸軍少将によって、一九五三年に米国民政府が地主の同意なしに土地を接収することが出来るようになると、軍隊が抵抗する人々を土地から強制的に排除して家や畑をブルドーザーで潰し、反対する地主らを逮捕した。このような強引な手法は沖縄の人々を怒らせ、やがて「島ぐるみ闘争」と呼ばれる、軍用地の強制接収や軍事基地の建設に反対する住民運動が沖縄各地に広がった。また繰り返される米軍人の住民に対する犯罪行為と、米軍側の犯人に対して課す「寛大な」罰則、さらに基地から漏れ出す化学物質による土地の汚染や、住宅地に建てられた空港から絶え間なく離発着する戦闘機が発する騒音など、沖縄各地に展開した米軍基地によってもたらされるさまざまな弊害もまた、住民の基地に対する怒りに火を注いだのであった(43)。米国民政府は、選挙などを通じて民主的な統治を行う形をとったものの、アメリカの統治政策に反対する候補者が当選すると圧力をかけて辞職させるなど、あからさまな干渉を行った(44)。

このような、民主主義的なイデオロギーと、それに相反する米国民政府の圧政に加え、日本本土に比べて回復が遅れる沖縄経済に対する不満が募り、沖縄の日本返還を求める声が次第に高まった。住民の反米感情を和らげることが喫緊の課題となった米国民政府は、アメリカ人を日本の圧政から沖縄を救った「解放者」とする言説の形成や、日本人と異なる「琉球人」としてのアイデンティティの育成を推進し始めた。もっとも実際は、米国民政府が推進した「琉球人」という言葉よりも

「沖縄人（Okinawan）」としてのアイデンティティの方が、沖縄の住民に広く受け入れられた[45]。こうして日本人との民族的繋がりを断ち切った上で、沖縄の人々の心にアメリカ人に対する愛着や尊敬の念を醸成することが、米国民政府の政策の実行、そして沖縄中に張り巡らされた米軍基地の恒久化にとって欠かせなくなったのである。

沖縄―ハワイ間における大規模な人的交流政策の開始

沖縄における親米感情の醸成のため、沖縄と米軍の良き架け橋として米軍が目を付けたのが、同じ民族的背景や沖縄の住民と血縁関係を持つハワイの沖縄人であった[46]。一九二四年に可決された排日移民法によって日本からの移民の受け入れが止まったものの、それまでにハワイにおける沖縄人住民の人口は広島県、山口県、熊本県出身者に次ぐ規模にまで増えていた[47]。しかしハワイにおいて、沖縄人は、その独特の方言や習慣のために現地の日本人からしばしば差別の対象とされ、低い社会的地位に押し込められた。沖縄人と日本人の間に横たわる大きな物理的、心理的な距離ゆえに、ハワイの沖縄人は戦後、沖縄列島が日本から切り離されて米軍の占領下に置かれたことを歓迎した。戦前の威圧的かつ差別的な日本のイメージを持つハワイの沖縄人の耳に、圧政にあえぐ父祖の地からの声は届かなかった[48]。このように、終戦後間もない頃において、ハワイの沖縄人と沖縄の人々の間では、軍政に対する認識に大きなズレがあった。

しかしハワイにおける沖縄人と日本人との間の確執は、戦後、時が経つにつれ徐々に薄れ、一九五八年にハワイ沖縄連合会（United Okinawan Association of Hawaii, UOA）とハワイ日本人連合会（United Japanese Society of Hawaii）が合併して前者が後者の認可団体となり、一九六三年には沖縄出身の仲嶺真助《なかみねしんすけ》がハワイ日本人連合会の会長に選出された。こうしてハワイでは、沖縄人と日本人の間の垣根が少しずつ低くなっていたが、米軍は日本がかつて沖縄を植民地化した過去の歴史に繰り返し言及し、両者の間の亀裂を広げようと努めた。さらに米軍は沖縄とハワイの人的交流を活発化することによって、ハワイにおいても日本人と異なる沖縄人としてのアイデンティティの醸成に努めた。こうして、一九五九年に沖縄の米国民政府及びアメリカ太平洋陸軍（US Army Pacific, USARPAC）主催で誕生したのが、「琉布ブラザーフッドプログラム」である。一九七二年の沖縄返還までに、教育や行政などの分野で指導的立場に立つハワイの沖縄人約三〇〇人が沖縄へ渡る一方、沖縄からは実に一〇〇〇人を超す行政指導者、学生、大学教授、ジャーナリスト、ビジネスマン、警察官、農業者など様々な分野の人々がハワイにやってきて研修を受けた。さらに沖縄とハワイの間で親善のための使節団を互いに派遣しあうなど、大規模な人的交流を行った。これらの旅費は米軍が負担し、ハワイ沖縄連合会のメンバーなど、多くのハワイ在住沖縄人が空港での出迎えや歓迎会の開催、研修地や居住先の選定や通訳、そしてレクリエーションのための活動の用意などの行動を通して、琉布ブラザーフッドプログラム参加者を支えた(49)。

この琉布ブラザーフッドプログラムの開始を待たずして、すでに終戦直後から、ハワイでは戦災に苦しむ沖縄を救うための様々な取り組みが始まっていた。ハワイの沖縄人コミュニティの中で組織された数多くの団体が、貧困に苦しむ沖縄を救いたいという純粋な気持ちから金銭や衣服、薬品、乳を取るためのヤギ、豚、学用品、その他さまざまな日用品などを沖縄に送る沖縄救済運動を行っていた。(50)このような活動が活発に繰り広げられる中で、養鶏家のフィリップ・C・伊芸とハワイ大学郊外農業課ディレクターのバロン・Y・後藤博士が、沖縄の農業の振興と食糧不足解消のために、ハワイ式の農業を沖縄に導入することを目的とした「国際農業青年交換プログラム（Hawaii-Okinawan Farm Youth Training Program）」を一九五二年に開始した。このプログラムは、沖縄からやってきた研修生が半年間、ホストとなるハワイの農家に住み込んで働きながら農業を学ぶというもので、ホストは沖縄人のみならず、いろいろな民族の「優秀な」農家が選ばれた。それによって研修生が、農業だけでなくアメリカ式のライフスタイルの「良き価値観」を体得できるよう、取り計らったのである。(51)アメリカ国防省や米国民政府、国務省をはじめハワイ大学やハワイ準州（一九五九年以降は州）政府農林行政委員会などが、このプログラムを支援した。(52)

この半官半民のプログラムを漁業に応用することを考えたのが、新里勝市とその友人である沖縄の普天間出身の保険業者、安里貞雄《あさとさだお》であった。安里は沖縄救済衣服運動委員会（Okinawa Relief Clothing Drive Committee）の委員として沖縄に一五〇トンの衣服を送るなど、沖縄救済に深く関わっていた。(53)この新里と安里の招きで、先述したように一九五三年に沖縄の平安座から三人、そして平安座の対岸に位置する勝連半島の屋慶名《やけな》から一人、合計四人の若者が漁業研修のためにハワイへやってきたのである。平安座出身の新里は、戦後における沖縄の復興の過程で、次第に陸上交通が主流となるにつれ、それまで島の経済を支えていた海運業が衰退し、離島という地理的条件のゆえに故郷が沖縄において周辺化され、離島苦に苦しむ実情に心を痛めていた。(54)こうしてやってきた四人の若者に新里と安里は住居を用意し、漁業を教える船主を世話した上で、半年後に帰国する時には漁具一式を手土産に持たせたのであった。[55]

この漁業研修は一度限りで終了してしまった。一方で米軍や政府の支援を受けた国際農業青年交換プログラムは、一九五二年からプログラムの終了を迎える一九七〇年までの間に、毎年九人から三一人、合計二五三人の若い農業者を沖縄からハワイへ送り込み、農家で研修を受けさせていた。[56]また農業研修の場合はハワイ沖縄連合会のメンバーが研修生に住居を提供し、農業を教える農家との交渉に当たるなど全面的に協力していた。[57]しかし漁業研修においては、あくまでも新里及びその賛同者である数名の地元漁民が関与したに過ぎなかった。そして一九五九年に軍部とハワイ沖縄連合会の共催という形で琉布ブラザーフッドプログラムが始まると、国際農業青年交換プログラムがその中に組み込まれて引き続き機能し続ける一方、漁業分野は同プログラムの蚊帳の外に置かれた。

漁業研修制度の開始へ向けて

官民を挙げ、まさに鳴り物入りで始まった琉布ブラザーフッドプログラムから、なぜ漁業が排除されたのかについて、はっきりした理由は不明である。当時のハワイにおける漁業は農業と比べて規模が小さく、たとえば一九六〇年における漁獲物の水揚げ金額は、同年に州内で生産された砂糖の約三四分の一、パイナップルの約三二分の一に過ぎなかった。[58]その一方で沖縄では、食糧の増産を重視する米国民政府による漁業復興政策の実施や、ガリオア資金（Government Appropriation for Relief in Occupied Area）の導入などによって漁業の復興が進んでいた[59]。そのため、あえてハワイに漁民を派遣する必要がないと判断された可能性もある。いずれにせよ、琉布ブラザーフッドプログラムの対象から外されたものの、新里や大谷松治郎は、沖縄とハワイの間の大掛かりな人的交流の開始に、沖縄から漁民を導入する足掛かりを見出していた。そして間もなく、二人は漁業研修制度の再開を目指して具体的な青写真を描き始めた。あくまでも教育目的の滞在とされたため、参加者は報酬を受け取らなかった農業研修と異なり、漁業研修プランはビジネスとしての側面を全面に打ち出し、研修生は報酬を受け取ることとした。もちろん、受け入れ側にとっても、沖縄からの漁民の導入によって漁船の人手不足を解消できるという利点があった。

そのため、表向きは漁業研修制度と銘打ちながら、その実は、受け入れ母体であるユナイテッド漁業と研修生双方が利潤を追求する労働契約であり、双方がしかるべき責任を負う制度であった。米軍がハワイまでの往復の旅費を支給し、地元のボランティアがハワイでの生活環境を整えた農業研修と異なり、漁業では漁民が自分で旅費、部屋代、食事代その他の費用を負担する。もっともハワイまでの飛行機代はユナイテッド漁業から前借りし、後で給料からその分を返済することとした上で、研修期間も農業研修の半年間ではなく三年間とした。さらに研修生には操業成績のいかんにかかわらず、会社側が毎月一〇〇ドルを最低賃金として支払うこととしたのである[60]。

この計画の実行のため、新里や大谷のような一世だけでなく、大谷の次男の明や、ユナイテッド漁業社員、フランク後藤などの若い二世が、日英両語能力を生かして沖縄の米国民政府やアメリカ太平洋陸軍、連邦およびハワイ州政府やハワイ沖縄連合会、そして沖縄の政財界関係者との実務的な交渉を行った。沖縄で最も多い発行部数を誇る琉球新報の社長、親泊政博《おやどまりせいはく》が一九六〇年年にハワイを訪れた際に、フランク後藤が親泊に直接面会して協力を要請したところ、その熱意に心打たれた親泊は帰国後、沖縄水産組合連合会会長の長嶺彦昌《ながみねひこしょう》とともに、漁業研修制度の実現へ向けて沖縄政財界に働きかけた(61)。一方、大谷明はかつて日系の第四四二部隊に属し、戦後は連合国総司令部(GHQ/SCAP)の将校として日本で勤務していた経歴を持っていた。その間に培った米軍内の人脈を生かして折衝を重ねたところ、米国民政府から制度に対する好意的な回答を得た(62)。このように、漁業研修制度の立ち上げにあたって、若い二世が親の世代に代わって次第に水産界で台頭し、日英両語能力と太平洋をまたぐ人脈をフルに活用しながら、新たなビジネスチャンスを広げたのである。

そして一九六一年に新里勝市、フランク後藤、ハワイ沖縄連合会の仲嶺真助が、アメリカ太平洋陸軍の財務担当者とともに沖縄を訪れて、関係諸機関と最終的な打ち合わせを行った。その傍ら、琉球新報や地元のラジオ放送などを利用して漁業研修生の募集を行った。そして同年九月二七日と二八日の二日間をかけて、那覇職業安定所の一室を借りて新里、後藤、そして東京から派遣されてきた米国大使館員の三人で、一三〇人の応募者の面接を行い、その中から第一陣としてハワイへ派遣する一五人、第二陣の一〇人を選出した(63)。面接にあたって新里が「この計画はこんごも続くものであるから、まずは立派な人を選んで行きたい(64)」と率直に語ったように、高い漁撈技術と節度ある生活態度を兼ね備えた者を選び出すことに細心の注意を払った。特に大酒を飲む者に対して強く警戒した新里らは、応募者に飲酒の習慣について何度も質問を繰り返した。面接に参加した糸満の漁民、上原徳三郎は、面接で再二、飲酒の度合いについて聞かれたが、自分は酒は飲まぬと主張して無事、第二陣グループの一人に選ばれたのであった(65)。

この上原徳三郎は一九三六年の生まれで、面接当時二六歳であった。糸満の漁村で生まれ育ち、早くから漁業に従事していた上原は、琉球新報に漁業研修生応募の広告記事が記載されているのを偶然目にし、ためらいなく応募することにした。とりわけ広告にあった、一カ月最低一〇〇ドルの賃金保障という文言は、当時の琉球政府の課長級の偉い人でも月給が約三〇ドルから四〇ドルであったことと比べて破格であり、上原の心を強く揺り動かした。また同じく研修生に応募した仲島宏至《なかしまひろし》も同様であった。一九三五年に台湾で生まれ、与那国で育った仲島は一〇代後半で糸満に移住して以来、漁業で生計を立てていた。ある日、漁から戻った仲島がたまたまラジオをつけると、ハワイの漁業研修生募集について報道していた。ハワイと聞いて、「ハワイは儲かるよ」と小さい頃から耳にしていたハワイへの憧れがぱっと脳裏によみがえり、居ても立っても居られなくなったという仲島は、本当はろくに学校に行っていないにもかかわらず、学歴を「でっちあげ」た履歴書を手に面接会場へと向かった。学校は行っていないが「海の学校」で身に付けたマグロ延縄、カツオ一本釣りなどの漁の腕には自信があった。その甲斐あって無事、面接を通過して第二陣に選ばれた仲島は、いよいよ長年の夢をかなえることとなったのである(66)。

第一陣に選ばれた一五人の研修生は、早速一〇月五日に那覇職業安定所に集合して身体検査を受け、ハワイ渡航の手続きなどに関するオリエンテーションを受けたのち、面接から約一カ月後の一

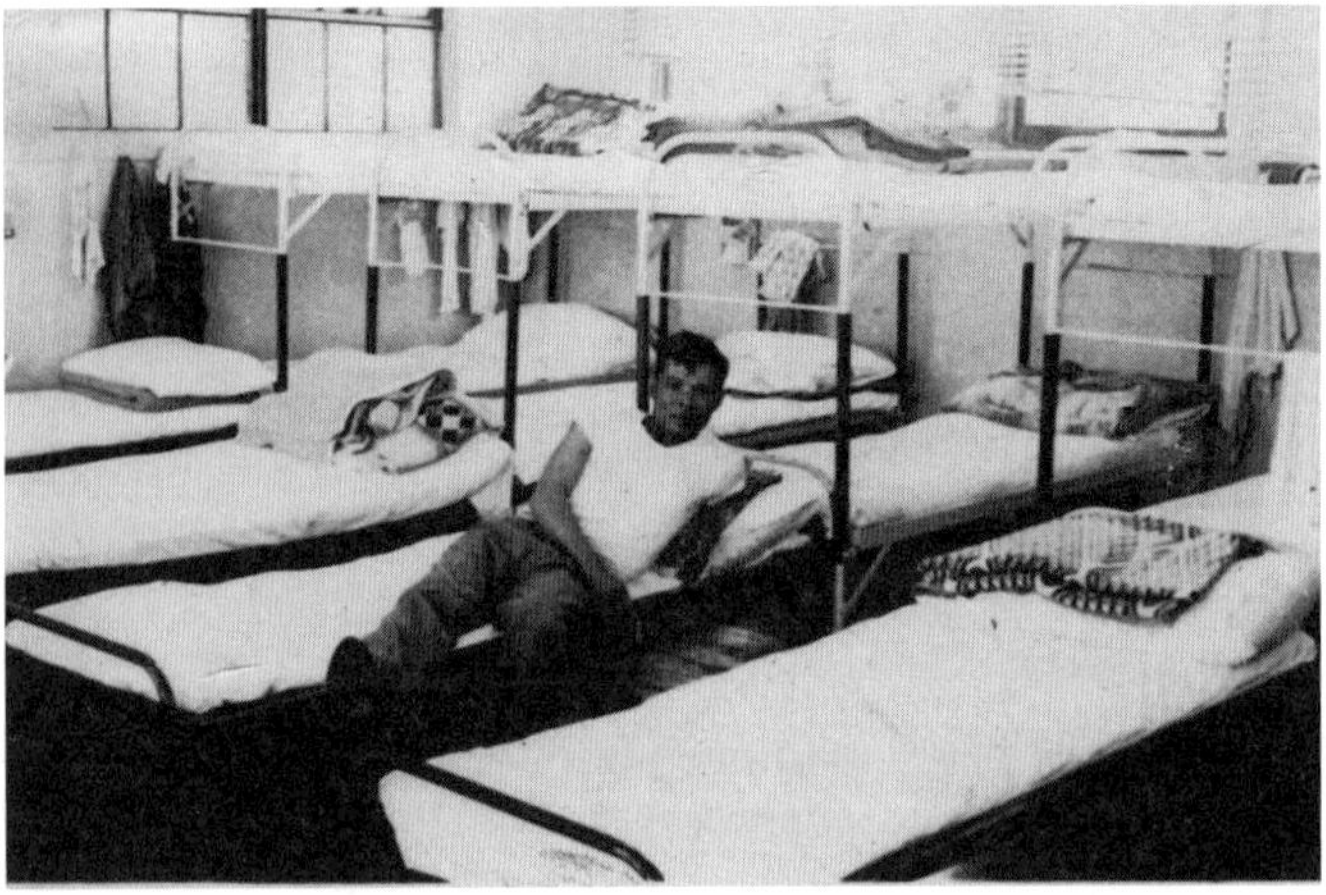

写真24　アアラマーケットの二階にユナイテッド漁業が設けた居住スペースのベッドでくつろぐ喜屋武出身の宮城真得。宮城真得所蔵。

九六一年一〇月二七日には那覇空港からＵＳＯＡ機に乗り込んでホノルルへ向かうという慌ただしさであった。[67] ホノルルに到着すると、研修生はユナイテッド漁業が経営するアアラマーケットの二階に移動し、あらかじめ大谷松治郎がそこを改装して「軍隊が使うような」二段ベッドとバスルームを据えておいた居住スペースでの生活を開始した。そしてそれぞれ、ユナイテッド漁業に所属する漁船一隻につき一人ずつ、四人がカツオ一本釣り漁船、残る一一人がマグロ延縄漁船に乗り込んだ。最初の三カ月間の研修生の働きぶりは非常に評判がよかった。続く第二陣の送り出しにあたって、ユナイテッド漁業副社長の大谷明が一九六二年二月二日に沖縄を訪れ、琉球政府労働局長や琉球新報の長嶺常務をはじめ、米国民政府に勤務する大谷のＧＨＱ／ＳＣＡＰ時代の元同僚らとも面会して、始まったばかりの漁業研修制度に対する理解と協力を要請した。[68]

写真25　ハワイの海で操業する仲島宏至（左）と上原徳三郎（右）。豊富な漁業経験を持つ二人は漁業研修生として1962年に沖縄からハワイへやってきた。上原徳三郎所蔵。

このような経緯を経て、二月一六日に上原徳三郎や仲島宏至を含む一〇人から成る第二陣、そして翌一九六三年一月一九日に第三陣の五人の研修生がホノルルへと旅立った。合計三〇人の研修生のうち約七割が平安座や糸満、そして戦後に漁村として台頭してきた那覇の出身、もしくはそこを拠点とする漁民であったことから、表向きはハワイで一人前の漁業技術を身に付けるための漁業「研修生」と銘打ちながら、その実は上原徳三郎や仲島宏至のような、年齢が二〇代後半から三〇代で、漁業経験を持つ漁民が即戦力としてハワイに送り込まれていたことがうかがえる。沖縄本島南部の喜屋武《きゃん》に住み、「少し海人《うみんちゅ》の経験がある」という宮城真得《しんとく》は「職安から声をかけられて」面接を受け、第二陣の研修生に採用された。当時二八歳くらいだった宮城には妻と三歳、一歳の子どもがいたが、妻のチヨは、突然降ってわいた夫のハワイ行きの話に「とても驚いたけれど、あの頃はとにかくお金がなかった」[69]ため、反対しなかった。このように、研修生の約半数は妻帯者で、妻や子どもを沖縄に残しての渡航であった[70]。

ユナイテッド漁業以外にも、ハワイアンツナパッカーズ社と提携するハワイカツオ漁船船主組合が、戦後にアメリカの信託統治領となっていたミクロネシア南部のカロリン（Caroline）諸島から研修生を招くなど、ハワイの水産業界では、外部から漁業研修生を取り入れることで労働力不足を補う動きが広がっていた。これに対して、ハワイ州政府や連邦政府関係者は極めて冷淡な目を向けていた。研修期間が三年間と限定的であることから、地元の若者をリクルートするほうが、「必ずしも満足すべき働きをしない」外部の研修生に頼るよりも、長い目でみてはるかに有効だと見なしていたのである[71]。もっとも行政側もただ漁業研修制度を批判するだけでなく、地元の高校を卒業した若者に漁業技術や水産流通、航海術、そして船舶機関に関する知識などを教える水産学校の設立の可否について議論していた。しかしこのような若者を対象とした水産学校の設立は、前章でも触れたように、一九三〇年代から嘱望されてきたにもかかわらず、この頃になっても実現に至っていなかった。また水産業界も若者向けのリーフレットを作成して高校生に配布するなど、地元の若者の勧誘に努めていたが効果はなく、人手不足はいよいよ深刻化するばかりであった。そのため一九六〇年年時点で二一隻あったカツオ一本釣り漁船が、一九七三年に一一隻にまで減少していた。同じ時期における地元の一人当たりのマグロおよびカツオの消費量は全米で最も多く、魚介類の需要は増える一方であった[72]。

それだけに、民間主導で受け入れる研修生の存在は、漁船の操業にとって、まさに頼みの綱となっていた。さらに沖縄の研修生が、行政側の懐疑をよそにハワイの海で目覚ましい働きぶりを見せると、ハワイアンツナパッカーズ社も沖縄に目を付け始めた。そして一九六五年の移民法改正によってアメリカがアジアからの移民に再び門戸を開くと、同社も早速、沖縄から漁業研修生を「移民」として受け入れ始めたのである。(73)

移民法の改正に加えてハワイアンツナパッカーズ社の参入によって、沖縄の漁業研修生募集を巡る状況は大きく変化した。たちまち優秀な漁民の奪い合いが生じたため、ユナイテッド漁業はフランク後藤を再び沖縄へ派遣して、いったん三年間の契約期間を終えて沖縄に戻っていた上原徳三郎や宮城真得らに声をかけ、今度は永住権の手続きをすると約束して再びハワイへ招き寄せるなど、高い漁撈技術を持つ漁業移民の招聘、あるいは再招聘に力を注いだ。(74) こうしてユナイテッド漁業、ハワイアンツナパッカーズ社とも、社員を沖縄に派遣して直接リクルートするだけでなく、次第にさまざまなツテを頼って、出来るだけ多くの人員を確保する方針へとかじを切りはじめた。たとえば一九六九年に平安座からやってきた伊藤ヒサシは、ハワイに行った先輩から「自分が帰るから今度はあなたが行け」と言われ、「毎年誰かが行く」という空気が島を覆う中で、妻と三人の子どもを残してハワイへ向かった。(75) このように、特に新里勝市の出身地である平安座や漁業の盛んな糸満の出身者が、故郷にいる兄弟や親子、友達、同僚、そして近所の人に呼び掛けてハワイへ呼び寄せたことから、一九六五年年以降に沖縄からハワイへ渡った漁民は糸満と平安座出身者が多い。もっともそれらに交じって沖縄本島北部のヤンバル地域や伊是名島、石垣島などの出身者もいたが、いずれも親戚や知人が、何らかの形でハワイと関係を持っていた者ばかりであった。

この頃になると、漁業経験者だけでなく未経験の素人も多数、ハワイの海を目指して渡航するようになっていた。このような者にとって、ハワイの海はまさに、漁業を基礎から身に付ける研修の場となった。糸満漁港にほど近い場所にある合名会社ラッキー交通でタクシー運転手として働いていた玉城清は、ハワイ在住の会社の専務のいとこのツテで一九七〇年にハワイへと渡った。玉城の記憶では、同社から一五人くらいがハワイへ渡り、ハワイアンツナパッカーズ社所属のカツオ一本釣り漁船に乗り込んだ。「先輩なんかがもうすでに行っていたから、自分も行かしてほしいと頼んだの。ハワイはもうかるぞ、と聞いて。第一はそれよ」[76]と語る玉城はフィリピン生まれで、「おやじが漁」をしていたというものの、本人に漁業経験はない。またハワイへ渡った元タクシー運転手の中には泳げない者すらいたというが、本当か否かは定かではない[77]。

さらに一九七二年の沖縄の本土復帰前後の頃になると、戦後生まれで、戦時中の悲惨な体験や終戦直後の食糧危機の記憶を持たない世代もハワイへ向かい始めた。一九五一年に平安座で代々漁業を営む家に生まれた安《あ》次《し》富《とみ》保《たもつ》は、若いうちから島の先輩に、「オーストラリアのマグロ船に乗れ。あそこは波が荒いがいい」という具合に外国へ行くよう背中を押されて育ち、沖縄県立水産高校の卒業を前に、「ただハワイへ行きたい一心」から、与那城村の漁協組合長のところへ相談に行った。しかし、まずは一年間かけて漁業の経験を積むよう助言されたため、その後、一年間漁撈に従事する傍ら、アメリカ領事館の人が高校教員のおじと知り合いだったことから便宜を図ってもらい、アメリカの永住権を取った。そのような準備を経て、一九七一年七月に一九歳の安次富は他の一三人の研修生と共にハワイへ渡ったが、「その頃はベトナム戦争中だったから徴兵の可能性もあると領事館に言われたけれど、あまりよく考えなかった」という。[78] また安次富の水産高校の後輩で、平安座の渡船業者の家に生まれ育った伊藤博文も、幼い頃からブラジルやアルゼンチン、ハワイなど海外に住む親戚から送られてくるクリスマスプレゼントのおすそ分けをもらっただけでなく、伊藤のおじも最初の頃の研修生としてハワイに行き、戻ってくると入れ替わるように息子がハワイへ向かうのを見ながら成長した。島で働く気がなかった伊藤は、しばらくの間、横浜の車体プレス工場で働いたあと、「今風にいうと自分探し」のため、一九七五年に二〇歳でハワイへ渡った。ユナイテッド漁業がスポンサーとなって永住権を得た上での渡航であった。[79]

このように沖縄が本土復帰をする一九七〇年代に入ると、経済的理由よりもむしろ、安次富や伊藤のように、海外へ出漁した親族や同郷の先輩たちの成功談に刺激され、幼い頃から未知の世界に対する憧れをかき立てられて成長した若者が、ハワイの海を目指すようになる。さらにこの頃になると、平安座を取り巻く経済状況も大きく変化していた。それまで平安座では、島の人々が総出で土を運び、沖縄本島と結ぶ橋をかけては台風に流され、多額の借金が残るなど離島苦に悩まされ続けてきた。しかし一九七一年に島に進出したアメリカのガルフ社が、島での石油貯蔵基地の建設と引き換えに、平安座と沖縄本島を結ぶ海中道路を建設したことによって島が本島と陸続きになり、離島苦から解放された。そして島の住民の多くが建設現場やガルフ社で就労したり、同社から借地料を得たりしたため生活は安定した。伊藤も「高校に入るときは割と生活に余裕があった」という。

もっとも一九三五年年生まれで漁業研修生第二陣メンバーの一人となった仲島宏至も、幼い頃からハワイへの憧れを胸に抱いていたように、ハワイへ渡った漁業研修生の間では、海外への出漁は憧れの対象、もしくは「若いうちは世界を見て視野を広げる」[80]ものだという共通認識を持っており、その上に経済的な誘因が加わった上での渡航であった。さらに研修生の父親の多くは台湾やフィリピン、そしてサイパンなどの南洋群島に行って漁撈に従事した経験を持っている。これらの沖縄漁民は妻子を伴って移動することが多く、戦後に家族ぐるみで沖縄に引き上げてきていた。このことから、戦前に海外へ拡散した沖縄漁民の子ども世代が、一九六〇年代以降にハワイへ向かうという移動のパターンが出来ていたことがいえよう。

ハワイでの漁業の様子

多額の報酬にひかれてやってきたのであれ、自分探しのためであれ、沖縄からやってきた研修生にとってハワイの海は非常に冷たく、とりわけ漁業未経験者にとって、ハワイで初めて体験する漁撈は困難を極めた。ラッキー交通の元タクシー運転手で一九七〇年にハワイへ渡り、カツオ一本釣り漁船に乗り込んだ翁長《おなが》幸和は、ハワイで獲れるカツオが「まるでマグロみたいで大きい」こともあって、最初はカツオに竿を振り回された。釣り上げても抱き抱えられないほど大きなカツオを扱うのは体力的にもきつく、翁長は上陸してからも竿の先に重りを付けて竿捌きの練習をした[81]。もっとも翁長は幸い、船酔いには強かったが、会社で翁長の同僚だった玉城清はハワイ特有の大きくてうねる波に苦しんだ。「最初はきつかったよ。こっちではやったことがない。慣れるまできつくて、半年くらいかかったかな。慣れたら大丈夫。早い人は一カ月で慣れちゃうよ[82]」と語る玉城であるが、漁業経験のある宮城真得も当初は苦労を強いられた。沖縄で延縄漁に従事していた宮城は、その経験を生かそうと、日系のオクモト船長と二人で小さい延縄漁船に乗り込んだが、使用する漁具は同じでも餌の巻き方などが異なり、おまけに「魚釣り」のコツがなかなかつかめないということで、オクモトから叱られてばかりいた。「最初の三カ月間は辛かった」が、「仕事を覚えたら船長は何も言わなかった[83]。」

一九七三年に妻と五人の子どもを残し、四六歳という、研修生の中では高齢で糸満からハワイへ渡った金城成徳《せいとく》は、当時のハワイでは漁船や装備に大きな格差が生じていたことを指摘する。糸満の海を舞台に豊かな漁業経験を持っていた金城ではあるが、ハワイで最初に乗り込んだ漁船の漁撈すべてが機械化されていたため、糸満でくり船のような小さな

写真26 1970年代前半におけるカツオ一本釣り漁業の様子。麦わら帽子がヘルメットになり、使用する釣り竿が竹製からファイバーグラス製へと変化した他は、戦前と同じスタイルである。安次富保所蔵。

写真27　真珠湾やカネオヘ湾などの浅瀬で行われた生き餌漁の様子。この生き餌漁は多くの困難を伴う重労働であった。安次富保所蔵。

船に乗って手作業で操業していた金城は驚いた。しかしその後に移った大城という沖縄系の船長の船は穴が開いてボロボロであった(84)。また金城と同じく糸満漁民の上原徳三郎は、ハワイのマグロ延縄漁の技術が糸満より二〇年ほど遅れていると感じた。たとえばビン玉を編むときなど、糸満のやり方では一日に二〇個は編むが、ハワイでは二日で一個やっと編み上げるといった具合で、漁船に備え付けてある日本製の機械も、日本では使われていないほど古かった。そこで、より効率の良い自分のやり方を通したところ、他の乗組員から「お前は研修生じゃないか」と叱られたが、「次第にこっちの言うように」作業するようになった(85)。このような研修生の声から、未経験者にとっては、まさにハワイの海が漁業を一から学ぶ「研修」の場として機能する一方、ベテランにとっては、逆に自ら身に着けた漁法をハワイの漁民に伝授する場となるなど、ハワイと沖縄の双方向で技術交流が行われていたことが分かる。

また研修生は、ハワイ独特の自然環境のために苦しむこともあった。とりわけカツオ一本釣り漁に先立って行われる生き餌漁は辛い作業であった。翁長幸和が乗り込んだ漁船は真珠湾で生き餌を

写真28　1907年にハワイ島ヒロで誕生したスイサン株式会社、通称ヒロ（ワイアケア）水産は、戦時中における社屋の徴用や社長の強制収容、戦後における度重なる津波被害など数々の困難に直面しながらも、1957年に創設50周年を迎えた。祝賀会にはホノルルなどハワイ各地から水産関係者が多数集った。スイサン株式会社所蔵。

獲ったが、そこは砂糖キビの製糖のために焼いた灰が流れ込んで、ヘドロのように底にたまっていた。その水の中に潜って魚を獲るうちに、翁長の太ももの辺りには炎症のようなおできが出来た。翁長だけでなく他の研修生も同様なおできが出来たが、免疫ができたのか、しばらくすると消えた[86]。そのような皮膚の疾患に加えて、ハワイの海の冷たさに閉口していたのが伊藤博文である。伊藤が乗るカツオ漁船はカネオヘ湾で生き餌を獲ったが、ウェットスーツなどを身に着けると邪魔だということでTシャツ姿で海に潜り、朝早くにネフ（ハワイアンイワシ）が上がってくるのを水中で待った。暖かいはずのハワイでも早朝の水温が低いうえに、一〇月を過ぎて風が出てくると、「それが寒くてね、何じゃこりゃ」というほどになった。今でもサーフィンなどマリンスポーツをする気にならないと語る伊藤にとって、何よりもハワイの風と海の冷たさが一番辛かった[87]。

しかし、若者が漁業に背を向ける大きな要因となっていると、かつて多くの関係者が指摘した、乗組員間の厳しい階層意識は、この頃になると随分やわらいでいたようである。日系二世などの船頭（船長）の中には考えが古く、「家ではニコニコしていても海へ出るとブタのような怖い顔をする」厳しい者も少なくなかった[88]。しかし船長の仕事に対する厳しさを指摘する声はあっても、乗船したての見習い身分の者に当てがわれる仕事の内容に苦しんだという話を聞くことは稀である。通常、見習いは乗組員の中で一番朝早く起床して食事の支度をし、コーヒーを入れるなど、「下っ端」の仕事をしたが、伊藤博文にとって、それは「田舎でほら、飯炊きもやっていたし、自分で味噌汁とか食べる分を作っていたから、朝早く起きるのが辛かったくらい[89]」であった。また一九歳でハワイへ渡った安次富保も、「ハワイでは漁業を目で見て覚えると言われる、教えてくれない」と事前に聞いていたものの、実際に「行ったらそうでもなかった[90]」、つまりそのような養成方法は過去のものとなっていたのである。またかつては当たり前のように行われた先輩乗組員による体罰の話も、この頃になると聞かなくなっていた。

さらに漁業経験の有無に関係なく研修生が一様に苦しんだのが言葉の壁であった。沖縄では「標準語」によって書かれた教科書を使って教育されてきた研修生にとって、ハワイの漁船で使われる和歌山や広島、山口の方言由来の言葉は「日本語もどこの言葉か、と思うような変な言葉」に聞こえた[91]。たとえば金城成徳はハワイでの操業中に仲間から「ケンケン」と言われても理解できず、糸満で「ハネビキ」と呼ばれる擬餌針のことだと理解するまでに、しばらく時間を要した[92]。これらに加えてハワイ人やポルトガル人、さらにパラオやトラックなど様々な所からやってきた乗組員の言葉が混ざり合う船上では、どこの国の言葉とも知れぬ独特の会話が交わされており、「今からモイモイタイム」と言われた上原徳三郎は、モイモイとは沖縄では踊ることを意味するため混乱した[93]。もっとも仕事をしているうちに、このような船で使われる言葉に慣れていったが、船を降りても言葉、とりわけ英語でのコミュニケーションに苦労した者は多かった。金城成徳は英語が話せず、無料で英語を教える学校もあったが、仕事が忙しくて通う時間がなく、勉強する機会がなかった。そのため交通事故を起こした時にアドレス、と言われても意味が分からず馬鹿にされ、「逃げて帰ろうかと思った」くらい悔しい思いをした[94]。

しかしその金城も食生活の話になると、「ハワイは毎日牛肉豚肉野菜なんでも食べ放題」で、「もっと早く来ればよかったと思った[95]」と言葉を翻す。「沖縄では食べたことがないような」ハワイの豊富な食べ物は研修生達を感動させた。「砂糖キビばかり」という平安座で、そうめんにスープ、そして「ほとんどイモで育った」伊藤博文は、ホノルル空港に到着後、昼食に連れていかれたフラミンゴレストランで食べた、大きなエビフライ三本と照り焼きステーキが二枚載った「コンビネーションプレート」に感動し、その後一年間、そればかり食べた[96]。また漁船においても食生活は豊かで、翁長幸和が乗り込んだ船では、ポルトガル系の船長が一週間分の食糧の買い物を行っていたが、料理を担当した翁長にはハンバーグやスパゲッティ、シチューなどに加えて、テビチや豚足の煮つけといった沖縄料理も用意させた。また魚は常に刺身で提供し、朝から刺身を食べることもあった[97]。

さらに研修生を感動させたのは豊かな報酬であった。漁業研修制度の開始当初は、募集時の条件である一カ月百ドルの最低賃金が保障されていたが、実際に研修生が稼ぎ出す金額は、それよりもはるかに大きかったため、一律年間一万ドルが支給された。当時の沖縄の経済状況を考えると途方もない高収入であるが、腕の如何にかかわらず、研修生全員に同じ報酬を与える仕組みに対する不満も多かったため、間もなく「個人で頑張れば頑張っただけ儲かるように」なった。研修生は渡航費を返済しさえすれば、後は自由に船を移ることが出来た。またカツオ一本釣り漁船の方が儲かるという認識が一部の研修生の間で広がっていたこともあり、マグロ延縄漁船を多く抱えるユナイテッド漁業からハワイアンツナパッカーズ社所属のカツオ一本釣り漁船に移った者も少なくなかった。もっとも作業の大変さにおいて両者に違いはない、というのもまた、研修生の共通認識であった。漁船での契約は通常一年間で、船長の腕の如何で収入が大きく左右されたため、彼らはより腕の良い船長のいる船に移ろうとし、また船長側も、より腕の良い研修生を雇おうとした。こうして稼ぎの良い船なら年間三万ドル、普通の船でも八〇〇〇から一万ドルの年収を得ることが出来たため、ハワイへ行ったばかりの伊藤博文は、初めてもらった一週間分の給料が入った封筒が、その分厚さのあまり立ったのを見て「ハワイはすごい」と驚嘆した。横浜の車体プレス工場で働いていた頃とは比べ物にならないような収入の高さに感動した伊藤は、とにかく稼ぎが良いために、辛いことも忘れて頑張ることができた[98]。

ハワイでの生活、そして沖縄で待つ家族

まだ経験の浅い見習い身分の者も含め、研修生が総じて高い報酬を手にすることが出来た背景には、海に出ればマグロかと見まがうほどの大きさのカツオが、それこそ「魚の上を歩けるくらい」ひしめき合っていたという、当時のハワイの海の豊かさ、そして魚を獲れば獲っただけ売れる地元の魚介類需要の高さがあった。しかし一度に手にする大金は、ともすると特に若者を惑わせる。そこでユナイテッド漁業では、研修生の賃金を会社が一括管理し、その中から航空運賃やアアラマーケット二階の寮の家賃一カ月約二〇ドル、その他の費用を差し引いた残りを会社で貯金し、要請があれば沖縄の家族への送金も行った。また通帳も頼めば見せてくれたが、英語で書いてあるので、研修生にはよく分からなかった。そして研修生には毎月二〇ドルのみを小遣いとして渡した。しかし当時まだ独身で二〇歳代であった伊藤博文は、「飲んだり食ったりラスベガスに行ったり」するうちにそれを使い果たすと、会社の担当者である沖縄系二世の仲宗根フジコに頭を下げて、自分の金を引き出した。それが度重なると「あなた、いつかは平安座に帰るんでしょ。貯めておかないと」と叱られた。研修生と話しているうちに、日本語の会話がどんどんうまくなったという仲宗根は、研修生にとって「こわーいおばちゃん」で、伊藤など浪費がかさむ研修生を叱りつけていた(99)。

一方、同じく沖縄からの研修生を受け入れていたハワイアンツナパッカーズ社は、そのような家父長的な労務管理を行わず、寮も用意しなければ賃金管理一切も研修生本人に任せていた。そこで

研修生は、主に同じ出身地の者同志で一軒家などを借りて共同生活を送った。またホノルルの街には沖縄料理屋なども多かったため、ホームシックになることも少なかった。普段から節約に努めた安次富保は、ハワイに来て四年目で購入したホノルル郊外のコンドミニアムに移り住み、五〇〇〇ドルを出して買った車を乗り回した。しかし研修生の中には、大酒を飲んで儲けを全て使い果たし、沖縄へ戻る金すらなくなって妹が迎えに来た者もいれば、妻帯者でありながら現地に愛人を作った者もいた。それでも研修生の多くはまじめに働いて、沖縄の家族に送金し続けた。(100)

沖縄に残る研修生の家族にとってハワイからの送金は有り難く、喜屋武で二人の子どもを育てながら留守宅を守っていた宮城真得の妻、チヨは、「毎月一〇〇ドルの送金は助かった。お金がなかったから」と当時を振り返る。送金を受け取る一方で、チヨは子ども達の声をカセットテープに録音してハワイの夫に送り、離れていても親子の絆を保つよう努めた。(101) また今も昔も糸満漁港のすぐ近くに住む金城成徳の妻、テルも、カセットテープに子ども達の声や歌、オジイのイビキやオバアの声などを録音してハワイの夫のもとへ送った。他の研修生より高齢の四六歳でハワイへ渡った成徳は、実の父親と同じ漁船に乗っていたが折り合いが悪く、ある日、一緒に出漁した時に酒を飲んで喧嘩になった。そこで船を降りてハワイ行きを決心した成徳は、一九七三年にハワイへ渡ったまま、一〇年もの間、一度も沖縄へ戻らなった。テルはそのような成徳のことを、子ども達の前で悪く言わず、「あんたたちを育てるためにお父さんはあっちへ行っている、ちゃんとしないとだめ、」と言い聞かせ」て育てた。長年ハワイから戻らない成徳が、現地で女を作っているという噂も耳にしたが、夫に対しては一言、「子ども達の顔を汚すようなことをするな」と言い、あとは夫を信じていた。ハワイから送られてくる金は、為替の変動によって徐々に金額が減ったため、テルは朝は家事、午後はすり身工場や弁当屋などで働くかたわら、家事や育児に奔走する日々を送った。義両親から実の娘同様に大切にされたこともあって、五人の子育てなどを義両親と助け合った。やがて長男の勝が高校を卒業して働き始めると、給料を全額、テルに渡すとテルはそれを貯金した。

成徳がハワイへ渡った時、勝は一五歳であった。父親不在の家庭で成長した勝は、成人式を前に、同い年の従兄弟とその父親の三人でスーツを買いに行った時、従兄弟が父親にお金を出してもらうのを見て、「その時だけ、親父がいたら、もう少し自分も変わっていたかもって思った。」自身について、性格が明るい妻と結婚するまで「根暗だった」と語る勝は責任感が強く、自分が小さい弟や妹のいる家を守らなければという意識が強かった。それだけに祖父が病気で倒れたときは心細かったが、その時一〇年ぶりに父、成徳が帰宅した時は「嬉しかったですよ」と語る。その時の帰国をきっかけに実父との関係を改善させた成徳は、その後、法事などのため何度か糸満とハワイを往復した後、一九九四年にハワイから引き揚げた。一度だけ子ども達が貯めたお金でハワイに行った他、二度か三度、成徳が戻って来た時しか夫と会わなかったテルは、互いに七〇歳を過ぎて夫婦二人暮らしとなり、まるで「新婚さんのような感じ」で老後を送っている。自分が支払い続けた年金のおかげで二人とも食べていけると語るテルは、習い事であちこちに出かける忙しい日々を送る。一方、成徳は「海人《うみんちゅ》らしく」歩くのは嫌いだが、勝が時折、買い物などに連れて行く。「親父と出来なかったことを今やっている」勝にとって、それが自分にできる親孝行だと思っている。[102]

出漁中で夫が不在がちな漁村において、妻が家事育児を背負うのみならず魚の流通、加工の現場に出て産業を支え、家計を支えながら夫の帰りを待つ、という光景は糸満でもよく見られた。父親が南洋で漁業に従事した経験を持ち、自身もポナペ生まれで、今では数少なくなったサバニ漁船の造船技術を継承する船大工、上原謙や、金城勝の同級生で生まれも育ちも糸満漁港のすぐ近くという新垣かおるは、集落の女たちがそのような環境の中でも辛抱強く生活する様子を目にしていた。金城成徳のように夫が海外へ出かけたまま何十年も戻らないことはよくあり、病気になるとやっと遠方から戻って来る。しかし帰国後も金城成徳、テル夫妻のように再び仲睦まじく暮らし始めることもあれば、夫が帰国してから亡くなるまで別居を続けるなど、長い別居生活の間に生じた溝を埋められないままの夫婦もいた。しかし「そのような話はなかなか聞けない」、つまり本人も話したがらなければ、周囲もその話題に触れようとしないものだと上原や新垣は語る。(103)

長年にわたる夫婦の別居生活は、一九七一年に一九歳でハワイへ渡り、沖縄海洋博覧会が開催された一九七五年に一時帰国し、再会した平安座の同級生、昌代と結婚した安次富保にとって受け入れ難かった。煩雑な手続きのため一週間の間に二度、ハワイと沖縄を往復しなければならなくなったが、その飛行機代を支払うだけの収入があったという保は、昌代を連れてハワイへ戻った。また昌代も、ハワイに親戚や知り合いがいるため、「あまり気にせず」保について行くことにした。そして保が購入したコンドミニアムで新婚生活を始めた昌代は、家に一人でいるのも何だと思い、親戚が経営しているパラマの玉城マーケットや、アラモアナの白木屋の一階にあるパン屋、サンジェルマンで働き始めた。店には日本語を話すパン職人や店員もいたため、言葉に不自由することはなかった。しばらくして娘を出産した時も、沖縄で准看護学校に行きながら産科で働いていた経験がある上、周囲に相談に乗ってくれる知り合いも多かった昌代にとって、特に不安はなかった。ハワイは気候も良く娘も健康に育っていたが、エイサーや運動会など、島を挙げて盛り上がる祭りが平安座ほどないのが寂しかった。一方、ハワイに来てから一日も休まず働いた保は、何度か自分の漁船を買うチャンスが巡ってきたものの、周囲に反対されて「潰された。」そのような経緯が重なった上に平安座に残る親のことが心配になった安次富夫妻は、一九八五年に帰国した。平安座に戻ると、保はしばらく島のガルフ社などで「オカの仕事」に就いたが、その後、会社が傾くと再び漁業に戻り、やがて与那城漁業組合の組合長になった。一方、手に職を、と考えた昌代は、四人に増えた子どもの世話を近所に住む親戚に手伝ってもらいながら学校に通い、准看護師の資格を取った。(104)

漁業研修の終了

安次富保がハワイへやってきた頃、カツオ一本釣り漁船には約一三〇人の沖縄漁民が乗り込んでいた。(105)また一九六二年二月に研修生第二次陣としてハワイへやって来て以来、一度は帰国したものの再びハワイへ戻り、二〇一五年まで漁業を続けてきた仲島宏至によると、沖縄各地から研修生が「千人くらいは来たんじゃないかな」という。(106)正確な人数を記した記録が残っていないため、沖縄のどの地域から、どれほどの人数の研修生がハワイへやってきて漁撈に従事したのか定かではない。また仲島のように、最初は研修生として三年間滞在し一旦帰国。その後、永住権を持つ移民としてハワイへ再渡航する者もいたため、延べ人数を含めれば、仲島の記憶の中の数字とさほど大きな違いはないのかもしれない。いずれにせよ一九六一年以降、一九七〇年代半ばに至るまでの間、まとまった人数の研修生が沖縄からハワイへやってきて漁撈に従事し、当時深刻な労働力不足に悩んでいたハワイの漁業を活性化させたことは確かである。また一九七〇年代におけるオアフ島の水揚げ量はハワイ全体の八四%を占め、なかでも沖縄の研修生を受け入れていたユナイテッド漁業とハワイアンツナパッカーズ社を抱えるホノルルは、ハワイにおける漁業の中心地となっていた。[107] このことから、戦後におけるハワイと沖縄の関係を語る際、食糧や物資などの供給を通じて前者が後者を支援したという一方通行の文脈で語られることが多いものの、海に目を転じてみればその逆、つまり沖縄がハワイの漁業を支えたという逆方向のベクトルが存在していたことが分かる。戦後のハワイの漁業におけるホノルルの地位を大きく押し上げた要因の一つが、沖縄の研修生の活躍であった。一方、かつてホノルルと並ぶ漁業の一大基地であったハワイ島ヒロは、一九四六年に続いて一九六〇年にも津波の大きな被害を受けたこともあり、ハワイの漁業における相対的な存在感を低下させていた。

このように戦後におけるハワイの漁業の勢力図を変化させ、またさまざまな家族生活の諸相を紡ぎ出してきた研修生の姿は、一九七〇年代後半以降になると徐々にハワイの海から消えていった。その中の一人、玉城清は、ハワイは稼ぎも良く「いろいろ遊んだり、結構楽しかったですよ」と言いつつも四年後には沖縄へ戻った。たとえ永住権を持っていても「もういいやっていう感じ」で、多くの研修生が「家族が沖縄にいれば自然に沖縄へ戻った」のであった。[108] このような、沖縄に残る妻子の存在以外に研修生を帰国の途に就かせる大きな要因となったのが、カツオの不漁であった。

一九六〇年代から七〇年代初頭にかけて大漁が続いたが一九七五年に不漁となり、翌年に一時的に持ち直したものの、その後再び不漁となった。その頃のハワイでは、カツオが州全体の漁獲高のうちの約半数を占めていたため、カツオ漁の不漁が続く年には多くの帰国者が出た。さらに一九七二年の沖縄の本土復帰による通貨のドルから円への切り替えや、変動相場制導入後の円高によって、ハワイの海はもはや、儲からなくなってしまった。

ハワイから沖縄へ戻った研修生のうち、ラッキー交通からハワイへ行った者の多くは、再び古巣に戻って来てタクシー運転手になったが、前述の安次富保のように、帰国してからもハワイで体得した技術を生かして漁業を続ける者もいた。また独身の研修生の中にはハワイの女性と結婚する者も現れたが、そのような場合はハワイへ残って自分の家庭を築いた。平安座出身の伊藤博文は、男だらけの漁船に乗っているうちに、「結婚しなきゃ」と強く思うようになり、やがて船を降りた。三〇歳でハワイの日系女性と結婚しても再び海に戻ることはなく、観光関係の仕事に就いて現在に至っている。あくまでも「漁師は青春の一コマ」と割り切る伊藤は、観光バスやタクシーのドライバーの方が性に合っていると言う。このように、漁業と無関係の職に就く者もあれば、船を降りたあと、魚の知識や経験を生かして寿司屋や魚屋などの経営に乗り出す者も多かった[109]。

こうしてハワイの海から姿を消していく沖縄の研修生と入れ替わるように現れ始めたのが韓国人、ベトナム人、そして米本土からやってきた白人漁民であった。それに加えてトンガやマーシャル諸島、フィリピン、インドネシア人も次第に存在を増し、やがてハワイの海は多様なエスニシティに彩られるようになっていったのである。

(1) ドナルド貴多、筆者によるインタビュー、ホノルル市内にて、二〇〇八年九月九日。

(2) 同右。

(3) Mike Markrich, "Fishing for Life," in *Kanyaku Imin: A Hundred Years of Japanese Life in Hawaii*, ed. Leonard Lueras (Honolulu: International Savings and Loan Association, 1985), 143.

(4) Letter from Jiroichi Otani to Mrs. Franklin D. Roosevelt, November 20, 1943; Letter from WM. R. C. to Matsujiro Otani, November 23, 1943, NARA, RG389, E461, B2633.

(5) 『布哇タイムス』、一九五〇年一〇月二八日、八頁。

(6) P. V. Garrod and K. C. Chong, *The Fresh Fish Market in Hawaii* (Honolulu: Hawaii Agricultural Experiment Station, College of Tropical Agriculture, University of Hawai'i, June 1978), 11; 大谷明、筆者によるインタビュー、ホノルル市内にて、二〇〇七年九月四日。

(7) Arnold T. Hiura, "Suisan Begins Its Second Century," *Hawai'i Herald*, August 1, 2008, 8.

(8) Kurt E. Kawamoto, Russel Y. Ito, Raymond P. Clarke, and Alison A. Chun, "Status of the Tuna Longline Fishery in Hawaii, 1987-88," Southwest Fisheries Center Administrative Report (Honolulu: National Marine Fisheries Service 1989), 1.

(9) 『布哇タイムス』、一九五二年一月一一日、三頁、同、一九五二年二月五日、四頁。

(10) 大谷明、筆者によるインタビュー、ホノルル市内にて、二〇〇七年九月四日。

(11) 『布哇タイムス』、一九五三年二月九日、三頁、田川英男、筆者へのメール、二〇〇九年一二月一四日。

(12) 田川英男、筆者へのメール、二〇〇九年一二月一四日。

(13) Dennis M. Ogawa, *Kodomo no Tame Ni: For the Sake of the Children* (Honolulu: University of Hawai'i Press), 313-328.

(14) 島田法子『戦争と移民の社会史――ハワイ日系アメリカ人の太平洋戦争』、現代史料出版二〇〇四年、一四一一五頁。

（15） J. Sterlino Adams, "Shinto Sects in the Territory of Hawaii, September 15, 1942; Memorandum for the Director Federal Bureau of Investigation, October 26, 1942. NARA, RG60, E146-10, B5. なお近世以前において、金刀比羅宮は金刀比羅大権現と称する仏教寺院であったが、明治維新以降における神仏分離政策の中で神社へと再編成した。このような経緯からも、同神社を、天皇崇拝を基軸とする国家神道と解釈するのは不当であろう。廃仏毀釈と国家神道の形成については次を参照のこと。村上重良『国家神道』、岩波書店、一九七〇年、安丸良夫『神々の明治維新——神仏分離と廃仏毀釈』、岩波書店、一九七九年。また国家神道と民間信仰について、守屋友江阪南大学教授から教示頂いた。

（16） "Memo for the Record," n. d. NARA, RG331, B5771.

（17） Tamotsu Kanesaki, "Report," n. d.; "Statement by Misao Isobe," April 5, 1950; F. T. Motofuji, "107 Radio Tokyo," April 8, 1950; F. T. Motofuji, "Interview with Mr. Isobe"; "Statement by Yaichi Kurokawa," April 13, 1950; F. T. Motofuji, "Education Ministry," April 4, 1950; F. T. Motofuji, "Professor Genchi Kato," April 21, 1950, 以上 NARA, RG331, B5774.

（18） "Report of Field Trip to Kagawa Prefecture," March 31, 1950, NARA, RG331, B5774.

（19） Letter from Leon R. Gross to Howard K. Hoddick, April 13, 1950. NARA, RG331、B5774.

（20） 前田孝和『ハワイの神社史』、大明堂、一九九九年、五八—六三頁。

（21） 清水静枝、筆者によるインタビュー、ホノルル市内にて、二〇〇八年三月三日。

（22） Donald E. Collins, "Wirin, Abraham Lincoln," in *Encyclopedia of Japanese American History*, ed. Brian Niiya (New York: Facts on File, 2001), 412-413.

（23） 清水静枝、筆者によるインタビュー、ホノルル市内にて、二〇〇八年三月三日、同三月四日。

（24） 清水静枝、筆者によるインタビュー、ホノルル市内にて、二〇〇八年三月三日、同三月四日、同九月一日。

（25） 清水久男、筆者によるインタビュー、ホノルル市内にて、二〇〇八年三月三日。

（26） US Bureau of Commercial Fisheries, *Hawaii Fishery Training Prospectus* (Honolulu: Hawaii Area Office, US

Bureau of Commercial Fisheries, n. d.), 32.

(27) 大谷松治郎『わが人となりし足跡　八十年の回顧』、大谷商会、一九七一年、一一八頁。

(28) Honolulu Biological Laboratory, *Past* (*1949–1959*) *Present* (*1959*) *Future* (*1960–*)*: Fish and Wildlife Circular 83* (Honolulu Biological laboratory, 1960), 1; Vernon E. Brock, "A Proposed Program for Hawaiian Fisheries," *Hawaii Marine Laboratory Technical Report* no. 6 (February 1965): 3.

(29) Ibid., 1.

(30) Garrod and Chong, *The Fresh Fish Market in Hawaii*, 5.

(31) 『布哇タイムス』、一九五二年一〇月二〇日、三頁、『布哇タイムス』、一九五二年一〇月二三日、二頁。

(32) 『布哇タイムス』、一九五三年一〇月二四日、二頁。

(33) 大谷『わが人となりし足跡』、一四二頁。

(34) 一九五〇年代における日本漁船の世界各地への拡散については次の文献を参照のこと。Georg Borgstrom, *Japan's World Success in Fishing* (London: Fishing News, 1964).

(35) 上原謙、筆者によるインタビュー、糸満市にて、二〇〇九年三月七日。

(36) 両親に支払われる金銭と引き換えに一〇歳前後の少年が雇い入れられると、彼らはまず、船団の最下層に位置する見習いとしての仕事をこなしながら、潜水や漁の技術を身に着けた。技術が向上するに従って船団での地位も上がり、通常、二〇歳の徴兵検査前に契約期間が終了した。この制度は「イチュマンウイ」もしくは「糸満売り」と呼ばれ、人身売買と見なされたため一九五五年に違法となった。それ以降アギャー漁は衰退したが、研究者の中には、この糸満売りが貧しい集落の人口過剰問題を解決したのみならず、若い男性が漁業技術を身に付け、契約終了後に一人前の漁民として独り立ちする機会を与えたと肯定的に評価する者もいる。糸満売り制度については次の文献を参照のこと。市川英雄『糸満漁業の展開構造――沖縄・奄美を中心として』、沖縄タイムス社、二〇〇九年、六三―七七頁。

(37) 市川『糸満漁業の展開構造』、九五―九七頁。

(38) 沖縄県、特に糸満の漁業の歴史全般については次の文献を参照のこと。中楯興編著『日本における海洋民の総合的研究――糸満系漁民を中心として（上、下）』、九州大学出版会、一九八七年、一九八九年、市川『糸満漁業の展開構造』。

(39) たとえば両親が糸満出身の二世、上原亀保は、日本軍が真珠湾を攻撃した時に沖でマグロ延縄漁に従事しており、米軍の戦闘機の攻撃によって命を落としている。糸満市史編集委員会編『糸満市史資料編7戦時資料上巻』、糸満市役所、二〇〇三年、一〇九頁。

(40) Tomonori Ishikawa, "Historical Geography of Early Immigrants," in *Uchinanchu: A History of Okinawans in Hawaii*, ed. Ethnic Studies Oral History Project, Ethnic Studies Program (Honolulu: University of Hawai'i at Manoa, 1981), 96. ヘンリー・S・H・ユアンによると、具体的な年は定かではないものの、ハワイで最初にイカシビ漁を始めたのは沖縄系漁民で、故郷から漁法を導入したという。イカでシビ（キハダマグロ）を獲るこの漁法では手釣り糸とイカを餌にした針を用い、餌となる魚やイカ、そしてキハダマグロを獲るときに明かりを利用する。Henry S. H. Yuen, *A Night Handline Fishery for Tunas* (Southwest Fisheries Center Administrative Report, no. 2H, 1977), 1.

(41) もっとも戦後になると平安座でも一組一〇人から一二、三人からなるメンバーで追い込み漁を行う組が三組ほどあった。安次富保、筆者によるインタビュー、うるま市平安座にて、二〇〇八年八月三〇日。

(42) 平安座今昔写真集編集委員会編『ひやむざかなもり―写真に見る平安座今昔』、平安座自治会、一九八四年、一三五―一四〇、一六四―一七四頁、丑番清吉「ハワイ移民」平安座自治会編『故きを温ねて』、平安座自治会、一九八五年、三四五―三四八頁、関礼子「開発の海に集散する人びと―平安座における漁業の位相とマイナー・サブシステンスの展開」松井健編『島の生活世界と開発3沖縄列島――シマの自然と伝統のゆくえ』、東京大学出版会、二〇〇四年、一四六頁。

(43) このような問題は解決されないまま現在に至っている。沖縄県の米軍基地がもたらすさまざまな問題については、次のサイトを参照のこと。http://www.pref.okinawa.jp/kititaisaku/D-mokuji.html（二〇一六年一〇月二八日取得）。また米軍兵士による性犯罪については、高里鈴代『沖縄の女たち——女性の人権と基地・軍隊』、明石書店、一九九六年を参照のこと。
(44) Mitsugu Sakihara, "History of Okinawa," in *Uchinanchu: A History of Okinawans in Hawaii*, ed. Ethnic Studies Oral History Project, Ethnic Studies Program (Honolulu: University of Hawai'i at Manoa, 1981), 17-22.
(45) 現在、沖縄県において「沖縄人」ではなく「沖縄県系人」という言葉が地元メディアなどで広く使われている。しかし米軍統治時代、「沖縄県」という行政単位はなかったため、本稿では沖縄県系人とハワイ在住の沖縄系住民に対して「沖縄人」という呼称を用いる。
(46) Ruth Adaniya, "United Okinawan Association of Hawaii," in *Uchinanchu: A History of Okinawans in Hawaii*, ed. Ethnic Studies Oral History Project, Ethnic Studies Program (Honolulu: University of Hawai'i at Manoa, 1981), 330.
(47) ハワイ日本人移民史刊行委員会編『ハワイ日本人移民史』、布哇日系人連合協会、一九六四年、三一四頁。
(48) 島田『戦争と移民の社会史』、二二六—二三四頁。
(49) Adaniya, "United Okinawan Association of Hawaii," 330-331、岡野宣勝「占領者と非占領者のはざまを生きる移民——アメリカの沖縄統治政策とハワイのオキナワ人」『移民研究年報』一三号、二〇〇七年三月、四一一〇頁。
(50) 島田『戦争と移民の社会史』、二三九—二五一頁。
(51) Adaniya, "United Okinawan Association of Hawaii," 329.
(52) Y. Baron Goto, "Trip Report to Okinawa, March 20, April 5; May 25-May 29, 1955," Records of the US Civil Administration of the Ryukyu Islands (USCAR), (沖縄県立公文書館所蔵文書) 一頁。
(53) Adaniya, "United Okinawan Association of Hawaii," 326.
(54) 関「開発の海に集散する人々」、一四六頁。
(55) 平安座から安慶名正康、石川文太郎、当間武春、そして屋慶名から新屋敷幸夫の四人がやって来た。比嘉武信編『ハワイ琉球芸能誌』、ハワイ報知社、一九七八年、三〇六頁。
(56) 総務局渉外課「沖縄に援助協力をしたるハワイ関係の主な資料」、一九七〇年一二月八日、沖縄県立公文書館所蔵文書。
(57) Adaniya, "United Okinawan Association of Hawaii," 329.
(58) Yung Cheng Shang, *The Skipjack Tuna Industry in Hawaii: Some Economic Aspects* (Economic Research Center, University of Hawai'i, 1969), 2.
(59) 市川『糸満漁業の展開構造』、一〇六―一〇七頁。
(60) 大谷明、筆者によるインタビュー、ホノルルにて、二〇〇七年九月四日、上原徳三郎、筆者によるインタビュー、糸満市にて、二〇〇八年九月二八日。
(61) フランク後藤、筆者によるインタビュー、ホノルルにて、二〇〇八年九月四日。なお長嶺はのちに琉球新報社長に就任している。
(62) 大谷明、筆者によるインタビュー、ホノルルにて、二〇〇八年三月一日。
(63) 『琉球新報』、一九六一年九月二六日、三頁、同、一九六一年一〇月四日、三頁。
(64) 同右。
(65) 上原徳三郎、筆者によるインタビュー、糸満市にて、二〇〇八年九月二五日。
(66) 仲島宏至、筆者によるインタビュー、ホノルルにて、二〇〇八年年九月九日。
(67) 『琉球新報』、一九六一年一〇月四日、三頁。
(68) 『琉球新報』、一九六二年一月二三日、三頁、大谷明、筆者によるインタビュー、ホノルルにて、二〇〇七年九月四日。
(69) 宮城チヨ、筆者によるインタビュー、糸満市にて、二〇一〇年六月一六日。
(70) 『琉球新報』、一九六三年一一月五日、七頁。
(71) US Bureau of Commercial Fisheries, "Hawaii Fishery Training Program Prospectus" (Honolulu: Hawaii Area

Office, US Bureau of Commercial Fisheries, n. d.), 28.

(72) Candace L. Ball, "The Aku Fishermen of Honolulu: An Explanation of a Unique, Dying Lifestyle," Pacific Prize Contest Paper (1973), 2; Joseph R. Morgan, "Hawaii Aku Fishery: Is it Dying?" (privately printed, 1974), 16.

(73) もっとも一九六五年以降に移民としてハワイへ渡った者も、引き続き自らを「研修生」と呼んでいたため、本章では移民も研修生と表記する。

(74) 上原徳三郎、筆者によるインタビュー、糸満市にて、二〇〇八年九月二五日、宮城真得、筆者によるインタビュー、糸満市にて、二〇一〇年六月一六日。

(75) 伊藤ヒサシ、筆者によるインタビュー、ホノルルにて、二〇一二年九月五日。

(76) 玉城清、筆者によるインタビュー、糸満市にて、二〇〇八年九月二三日。

(77) 上原徳三郎、筆者によるインタビュー、糸満市にて、二〇〇八年九月二五日。

(78) 安次富保、筆者によるインタビュー、うるま市平安座にて、二〇〇九年八月三〇日。

(79) 伊藤博文、筆者によるインタビュー、ホノルルにて、二〇〇九年九月三〇日。

(80) 安次富保、筆者によるインタビュー、うるま市平安座にて、二〇〇九年八月三〇日。

(81) 翁長幸和、筆者によるインタビュー、糸満市にて、二〇〇八年九月二五日。

(82) 玉城清、筆者によるインタビュー、糸満市にて、二〇〇八年九月二三日。

(83) 宮城真得、筆者によるインタビュー、糸満市にて、二〇一〇年六月一六日。

(84) 金城成徳、筆者によるインタビュー、糸満市にて、二〇〇九年八月二九日。

(85) 上原徳三郎、筆者によるインタビュー、糸満市にて、二〇〇八年九月二五日。

(86) 翁長幸和、筆者によるインタビュー、糸満市にて、二〇〇八年九月二五日。

(87) 伊藤博文、筆者によるインタビュー、ホノルルにて、二〇〇九年九月三〇日。

(88) 金城成徳、筆者によるインタビュー、糸満市にて、二〇〇九年八月二九日、安次富保、筆者によるインタビュー、うるま市平安座にて、二〇〇九年八月二九日。

(89) 伊藤博文、筆者によるインタビュー、ホノルルにて、二〇〇九年九月三〇日。
(90) 安次富保、筆者によるインタビュー、うるま市平安座にて、二〇〇九年八月三〇日。
(91) 上原徳三郎、筆者によるインタビュー、糸満市にて、二〇〇八年九月二五日。
(92) 金城成徳、筆者によるインタビュー、糸満市にて、二〇〇九年八月二九日。
(93) 上原徳三郎、筆者によるインタビュー、糸満市にて、二〇〇八年九月二五日。
(94) 金城成徳、筆者によるインタビュー、糸満市にて、二〇〇九年八月二九日。
(95) 同右。
(96) 伊藤博文、筆者によるインタビュー、ホノルルにて、二〇〇九年九月三〇日。
(97) 翁長幸和、筆者によるインタビュー、糸満市にて、二〇〇九年三月七日。
(98) 玉城清、筆者によるインタビュー、糸満市にて、二〇〇八年九月二三日、仲島宏至、筆者によるインタビュー、ホノルルにて、二〇〇九年九月九日、伊藤博文、筆者によるインタビュー、ホノルルにて、二〇〇九年九月三〇日、宮城真得、筆者によるインタビュー、糸満市にて、二〇一〇年六月一六日。
(99) 伊藤博文、筆者によるインタビュー、ホノルルにて、二〇〇九年九月三〇日。
(100) 上原謙、筆者によるインタビュー、糸満市にて、二〇〇九年三月七日、安次富保、筆者によるインタビュー、ホノルルにて、二〇〇九年八月二九日、同年八月三〇日。
(101) 宮城チヨ、筆者によるインタビュー、糸満市にて、二〇一〇年六月一六日。
(102) 金城成徳、テル、筆者によるインタビュー、糸満市にて、二〇〇九年八月二九日、金城勝、筆者によるインタビュー、糸満市にて、二〇一〇年六月一七日。
(103) 上原謙、筆者によるインタビュー、糸満市にて、二〇〇九年三月七日、新垣かおる、筆者によるインタビュー、糸満市にて、二〇〇九年三月七日。
(104) 安次富保、昌代、筆者によるインタビュー、うるま市平安座にて、二〇〇九年八月二九日、三〇日。
(105) 安次富保、筆者によるインタビュー、うるま市平安座にて、二〇〇九年八月二九日。

(106) 仲島宏至、筆者によるインタビュー、ホノルルにて、二〇〇九年九月九日。
(107) Garrod and Chong, *The Fresh Fish Market in Hawaii*, 2; Division of Fish and Game, *Executive Summary of the Hawaii Coastal Zone Fisheries Management Study* (Division of Fish and Game, Department of Land and Natural Resources, State of Hawaii: 1979), 26.
(108) 玉城清、筆者によるインタビュー、糸満市にて、二〇〇八年九月二三日。
(109) 伊藤博文、筆者によるインタビュー、ホノルルにて、二〇〇九年九月三〇日。

終章　今日におけるハワイの水産業の現状と日本の海の民の文化

ハワイの漁業の変遷

今では漁業では食べていけないよ。油は高いし禁漁期間も長い。六か月間マグロが獲れない。オペルとか小さい魚はいつでも獲れる。桟橋料が（毎月）三五〇ドルかかるのに、これでは誰もやっていけないよ。自分はもう引退して七〇（歳）になるけど、船もまだいいし、歩ける間は漁に出たい。日本に帰ろうかな、と思っているけれど、日本でも油が高くてやっていかれないよ、と漁をしている従兄に言われている。あともう一〇年はやりたいよ。(1)

日本人観光客にとって馴染みの深い、ワイキキとアラモアナショッピングセンターからほど近いイリカイヨットハーバーが、仲島宏至の漁船、リサ（Lisa）Ｉの停泊地である。洒落た装いのヨットに囲まれるように浮かぶリサＩは手入れが行き届き、観光地のヨットハーバーの雰囲気によく馴染

写真29　ユナイテッド漁業のオフィス壁面に飾られている大谷松治郎の写真を前に、仲島宏至（左）と大谷明（右）。筆者撮影。

んでいる。娘のリサの名前にちなんで名付けたというこの漁船は、那覇で船大工をしている従兄や、「エンジンの分かる糸満のおじさん」がホノルルにやってきて造ったもので、一九八五年の「ちょうど日本でジャンボ機が墜落した日（日本時間八月一二日）」に進水式を迎えた。地元の銀行が融資を渋る中で、仲島の腕を見込んだハワイ銀行の日系二世のマネージャーが資金を工面してくれた。自分の漁船を持って以来、仲島は毎日二〇時間も働いて、借金を七年間で返済した[2]。

仲島宏至が研修生第二陣として沖縄からハワイへやって来たのは、一九六二年二月のことである。それ以来、仲島は一時的に帰国した時期を除いて、多くの時間をハワイの海で過ごしてきた。その間に、かつて漁船で一緒に働いた研修生仲間のほとんどは帰国してしまった。特に一九七〇年代くらいから漁業が下火になり始め、「一九八〇年代に缶詰会社（ハワイアンツナパッカーズ社）が閉鎖してしまってからはダメ」な状態になり、「（昔は）油が安かったから一本釣りでもやっていけるかもしれないけれど、今カツオは一本一ドル五〇セントで、これではやっていけない[3]」という仲島の言葉は、一九七〇年代以降におけるハワイの漁業の変遷を端的に現している。

仲島らがやってきてしばらくすると、ハワイ州全体の産業における漁業の地位が低下し始めた。漁業そのものが衰退したためではなく、それ以外の産業、とりわけ軍事関連や観光業、建設業、製糖業などが活性化したことによる変化であった。また漁民や漁船の数も減少の一途をたどったが、漁撈そのものが効率化されたため、水揚げ量自体はさほど落ちていない[4]。一九七〇年代以降、オアフ島、とりわけホノルルの都市化が進むにつれ、州全体の人口の約八割がホノルルに集住するようになった。消費者人口の拡大とともに、ハワイの水産物もまたホノルルやその近郊に集まるようになり、水産業の中心地としての存在感を高めていった。一九七八年には州全体における魚介類の水揚げの八四%がオアフ島に集中する一方、ハワイ島は八%、その他のマウイ島、ラナイ島、モロカイ島、カウアイ島が合わせて、残る八%の水揚げをする状態になっていた。またオアフ島においても、九五%の漁獲物が水産物流通、加工のためのインフラが整ったホノルルのケワロ湾に集中したため、一九七九年にはユナイテッド漁業が魚市場をアアラからカカアコに移転した[5]。

こうしてホノルル、とりわけケワロ湾沿岸がハワイにおける水産業の中心地となったほか、漁民のエスニシティの多様化も、一九七〇年代から八〇年代にかけて進んだ。さまざまなエスニックグループ、とりわけ元々ハワイの海で操業していたフィリピン系やハワイ人系だけでなく、新たに参入した韓国系やベトナム系、本土からやってきた白人、さらにトンガやマーシャル、そしてインドネシアなどからやってきた漁民や、男性に比べると少ないものの女性も漁業に携わるようになり、ハワイの海は多様化した[6]。一方、かつてホノルルと並んで日本人漁業の中心地であったハワイ島ヒ

写真30　仲島鮮魚店の前にて仲島たけこ（中央）、孫のローリー（左）、長女のリサ。たけこはこの店で長年、夫が獲ってきた魚などを販売していた。筆者撮影。

ロは、戦後、漁民の高齢化や後継者不足に加えて、一九四六年に続いて一九六〇年にもヒロ湾に押し寄せた津波によって多くの漁船が破壊され、漁業の衰退に拍車をかけた。そのような中で、減少する一方であった日本人に代わってフィリピン系、白人系、ハワイ人漁民が、「わしらから見ると捕り方は下手じゃが、そりゃどうでもええ。大事なのは水揚げなんよ」と、スイサン株式会社役員のゼンゾウ・カナイが語ったように、地元の消費者に貴重な鮮魚を供給し続けたのであった。(7)

ハワイの海に新たに参入した漁民たちによって、一九七〇年代に入ると、一時は廃れていたマグロ漁や太刀魚漁などを行う遠洋漁業が復活した。米本土から持ち込んだ最新の漁船を繰って行う延縄漁が、間もなくハワイにおける漁業の「花形」となっただけでなく、連邦政府主導による海洋調査の結果、ハワイ周辺海域でロブスター漁場が発見されるなど、新たな漁場が次々と開拓された。またマグロやカジキ、地元でマヒマヒと呼ばれるシイラを狙うトロール漁が人気を博すようになった。(8)

新たな漁業のスタイルが台頭する一方で、かつて日本人がハワイの海に導入したカツオ一本釣り漁業は、一九八〇年代になると急速に縮小した[9]。本章の冒頭で仲島宏至が語ったように、その大きなきっかけとなったのはハワイアンツナパッカーズ社の倒産である。一九五〇年代初頭には三五隻の所属漁船と約四〇〇人の従業員を抱えていた同社は、獲れたてのカツオを原料に使用した「Coral」ブランドの商品を製造していた[10]。しかし品質へのこだわりゆえに、不安定なカツオの水揚げ量に製造が左右された。また国内外における低価格商品との激烈な競争に加えて「連邦政府環境保護庁が数多くの非常に厳しい規制を押し付けた」結果、経営が悪化し、一九八四年に倒産した[11]。

一九二二年に山城松太郎や貴多鶴松らと地元白人財界人が合同で設立し、長らくハワイにおける日本人漁業の中心に位置し続けたハワイアンツナパッカーズ社の倒産は、ハワイにおける水産業の歴史の大きな分水嶺となり、これ以降、地元におけるカツオ需要の急速な減少とカツオ一本釣り漁業の衰退をもたらした。一九七一年に一五隻あったカツオ漁船は一九八〇年代半ばに九隻となり、一九九一年に六隻まで減った。しかもフルタイムで操業する漁船は四隻のみという有様であった[12]。二〇〇八年九月時点において、オアフ島で操業する元研修生の沖縄系専業漁民は一〇人にも満たず、クラカイ（*Kula Kai*）と二世（*Nisei*）の二隻のカツオ一本釣り漁船がケワロ湾を拠点に稼働するのみであった。しかし翌二〇〇九年には、クラカイの船長を務める糸満出身の金城福男が引退した。「骨董品みたい」なこの漁船は、一九四七年に和歌山県出身の船大工、船井清一が造ったものであった[13]。

残る一隻となってしまったカツオ一本釣り漁船、二世の乗組員である新里正己は、漁業研修制度を作ったおじ、新里勝市の招きで一九六九年に平安座からハワイへやってきた。当初、永住するつもりはなかったが、沖縄返還時の通貨切り替えや、その後の円高によって持ち帰る金の金額が目減りしたため、帰国を諦めてハワイに残った。しかし新里にとってハワイでの生活は、沖縄のように面倒でお金のかかる親戚づきあいがなく、台風の心配をしなくてもよいため、年中仕事が出来るという利点もある。また二世に乗り込む四人の元研修生のうち、名護の羽地《はねじ》出身で沖縄から妻を連れてきた玉城哲志以外は全員、ハワイの沖縄系一世女性と結婚した。今更「沖縄に帰るところはない」と語る新里らにとって、何よりもハワイで家庭を持ったことが残留の一番の理由であろう(14)。

ハワイにおける漁民一家の暮らし

仲島宏至の妻、たけこもまた「沖縄に帰るところはない」という言葉を口にした。一九三九年に宮古島と石垣島のほぼ中間にある、面積わずか一九・七五km²の多良間島で生まれ育ったたけこは、戦争中に沢山の爆弾を落とされ、隆起サンゴで出来た平坦で隠れる場所も少ない島の防空壕まで走って逃げたことを今でもよく覚えている。宏至と結婚して那覇市で家庭を持ち、三人の子どもを育てながら、保険会社やコロッケ屋などでいろいろな仕事をしていたたけこは、なぜハワイに来たのかという問いに対して、金銭的報酬の高さとハワイへのあこがれを理由に挙げた夫と異なる事情を打ち明ける。金銭を巡って親族とのトラブルが起き、家を失ったというたけこは、宏至がハワイへ渡って一カ月半後に「お父さんが大きなお金を送って」きたため助かったが、長女のリサも「我が家はいつもついていない」と感じていたように、その後も親族とのトラブルが絶えなかった。そこでハワイへ渡る決心をしたたけこは、一九七四年に三人の子ども達とホノルルにやってきた。

たけこは沖縄では魚を扱う仕事をしたことがなかったが、最初に仲里さんという沖縄出身者が経営する魚屋で仕事の見習いをした後、仲島鮮魚店という自分の店を持ち、宏至が獲ってきた魚や市場で仕入れた魚の販売を始めた。厳しい食糧事情のために、子どもの頃は畑仕事などの手伝いが忙しく、あまり学校に行かなかったたけこは英語が話せず、特に「帳簿を持った人が来るのが一番こわくて、ごめんなさい、わかりません」と言うしかなかった。やがてストレスのせいか手が麻痺して動かなくなり、医者にも匙を投げられたたけこは「子ども達を放ったらかして」二週間か一カ月間くらい、アラスカで過ごした。リラックスしたおかげか手の麻痺は治り、それから医者にかかることもなくなった。やがてオアフマーケットの一角にある一番大きな店舗を八百屋から買い、さらにその一年後に漁船を造り、家も買った仲島夫妻は、借金を返済するために沖縄に戻ることなく、以前にも増して懸命に働いた。

父親が常に出漁中で家におらず、母親もまた年中無休で店先に立つ仲島夫妻の子ども達は、「自分で大きくなった。」六歳の時にハワイへ来たリサは、特に苦労もなくハワイの生活に馴染んだが、一二歳だった兄は学校でいじめられたりした。母のたけこがアラスカに行ったときは自分たちで留守番をし、夜は友達のところに泊まりに行った。沖縄にいた頃から両親が家にいなかったため、いつも子ども同士で過ごしたり祖母の家へ行ったりしていたリサは、ハワイに来てからも「鍵っ子」で、首から下げた家の鍵を使って自宅に出入りしていた。当時、そのような子どもは他にもたくさんいたため、自分の家だけがおかしいと思うこともなかった。むしろ働き者の両親を誇りに思いながら育ったリサは、子どもの頃から母の店を手伝い、高校を卒業すると二カ月間、自分の名前を冠した父の漁船に乗って一緒に漁をした。しかし本人曰く、漁業ではプロの域に達することなく空軍に入隊した。その後も週末にはきょうだい三人で分担して母の店を手伝った。「船と店は一緒」と繰り返すリサと母のたけこは、宏至が漁を続ける限り店を続けるつもりであった。一年三六五日営業し、元旦でも休まないというたけこの店の常連客は、何十年間も通ってきていて、年を取って亡くなっても、その子どもが魚を買いに来てくれている。そのようなお客さんとのやりとりを楽しみ、「子どもたちがまっすぐに育った」ことが何よりの財産だと語るたけこの日課は、毎日朝と晩に家族の健康を祈って塩で清めることである。[15]

今日のハワイにおける日本の海の民の文化

このような仲島一家の生活とその仕事ぶりは、糸満をはじめとする日本各地の漁村によく見られる、夫や父が獲った魚を妻や娘が加工し売りさばくという分業形態が、ハワイに持ち込まれて今日まで続いていたことを表している。かつて隆盛を誇った日本人漁業は、サンパン漁船を繰る男たちだけでなく、その漁獲を加工し、売りさばく妻や娘たちあっての繁栄であった。二〇一七年現在、仲島宏至は既にリサIを売り払って引退し、ハワイに残る最後のサンパン漁船であった二世も操業を停止した。「船と店は一緒」と語っていたたけこの店も今はもうない。しかしそれでも、ハワイの水産業のそこかしこに、かつて日本の海の民が持ち込んだ多くの遺産を見出すことが出来る。特に流通、加工分野において依然として日系、沖縄系の存在は非常に大きい。ホノルル市内にある蒲鉾製造会社、オクハラ食品（Okuhara Foods, Inc.）の創始者、ジェームズ・オクハラと妻のスエコは共に沖縄系二世である。戦後間もなく、アアラマーケットの一角で小さい総菜屋を開店したジェームズは、やがて蒲鉾製造を始めた。戦時中は原料不足のため、大谷松治郎が創設した蒲鉾工場が閉鎖に追い込まれたが、戦後になると、小さい蒲鉾工場が次々に出来て互いに競合する状態になっていた。水産関係の仕事の経験が全く無かったジェームズは、それでも幾多の紆余曲折を経て事業を拡大させ、やがて会社をハワイで一番大きな蒲鉾製造企業へと育て上げた。八八歳になっても夫婦で毎日会社に出勤する二人は、「家でテレビを見ているよりも会社に来るほうが健康にいい」と語る。[16]

また流通の現場においては、沖縄の漁業研修生が続々と帰国した一九七〇年代にあっても鮮魚販売の現場で働く商人の約七一％が日系・沖縄系であり、一四％が中国系、一一％がハワイ人、そして四％が白人と、中国系が大きな影響力を持っていた戦前よりも日系・沖縄系の存在が増していた。一九四〇年代後半から台頭してきたスーパーマーケットは、街の魚屋に大きな影響を及ぼしたが、それでも仲島たけこの店のように、常連客を抱える昔ながらの小売店は健在である。さらに行商において、スーパーマーケットが出現する以前には七五人がライセンスを取得して魚の行商に従事していたが、一九七〇年代後半になると一五人まで減少した。しかし二一世紀に入ってからも、行商は、かつてのバスケットを担いでプランテーションを売り歩く姿から、トラックの荷台に鮮魚や野菜、肉などの食糧品を積んで街中や郊外へ出向いて販売する形に姿を変えて現在も残っている。[17]ま

写真31　ユナイテッド漁業で毎朝行われるホノルル魚市場のセリの様子。アメリカ合衆国において鮮魚のセリを行っているのは現在、ここ一カ所だけである。筆者撮影。

た一九一〇年代に日本人が導入した魚市場のセリは現在も健在である。仲島たけこは二〇〇〇年くらいまで、ユナイテッド漁業が運営するホノルル魚市場のセリに毎朝出かけていた。隣近所の同業者と一緒に車で魚市場に行くと、「隣近所同士競争して、セリやって、競争して、あれは喧嘩よね、セリが終わったらまた仲良く一緒に帰ってくる。面白かったよ。ここらへんで私が一番若かったから」という具合であった(18)。またハワイ島ヒロでも、スイサン株式会社が運営するワイロア川河口のセリ市場が、長年の間、鮮魚仲買人や小売人だけでなく観光客も詰めかける街の名所となっていた。しかし度重なる津波被害を乗り越えたこの市場も、鮮魚の取り扱いに関する厳しい規制に加えて、連邦食品医薬品局（US Food and

Drug Administration）が定めた「危険要因分析重要管理点（Hazard Analysis and Critical Control Point, 通称ＨＡＣＣＰ）プログラム違反を犯したと告発されたことによって、二〇〇一年にその営業を停止した。(19)

ヒロの街から日本の海の民の文化の賜であるセリ市場が消えたころ、ホノルルのカカアコ地区もまた、大きな変革の波にのまれていた。カカアコのハワイアンツナパッカーズ社が倒産した後、ハワイ州コミュニティ開発局（Hawai'i Community Development Authority）によって、カカアコ地区の大規模な再開発が行われた。かつて日本人漁民とその家族が住んでいた地域には、商業や娯楽施設が立ち並び、ハワイ大学医学部もマノアからカカアコに移転してきたことによって、その様相は一変した。その一方で、二〇〇四年にはユナイテッド漁業とホノルル魚市場が、フィッシングビレッジ（Fishing Village）と名付けられたホノルル湾三八桟橋に移転した。当時ハワイ州知事の任に就いていたベン・カエタノ（Benjamin J. Cayetano）は、このフィッシングビレッジに漁業会社や市場、漁船だけでなく水産物の卸売りや漁具などを扱う関連企業を集め、さらにシーフードレストランを設けることで、「地元の人々だけでなく観光客も集まる東京の築地のような場所にしたい」という構想を持っていた。(20)

カエタノ元知事の言葉が示すように、ホノルル湾三八桟橋は、専門業者だけでなく国内外の多くの観光客を魅了する東京の築地市場を手本にしていた。もっともホノルルのフィッシングビレッジは、築地市場と比べ物にならないほど小さい。しかしここが開設された二年後の二〇〇六年には、ハワイ全体の水揚げの約七二％がフィッシングビレッジに集積し、ホノルル魚市場を通して州内のみならずアメリカ本土や海外に輸出されるなど、州における水産業の中核としての地位を確立していた。[21]

今も昔もハワイに住む人々の日々の食卓に魚介類は欠かせない。そしてその主役は何と言っても目の前で獲れる海の幸である。長年の間、ハワイ人達は珊瑚礁や沿岸で獲れる魚を食べる伝統を育んできた。その上に、マグロなどを食べる習慣が日本から持ち込まれた。また以前は中国系が蒸したり中華料理に適した白身を好み、日系は主に刺身に適した赤身の魚をよく食べ、サモア系は珊瑚礁などの浅瀬に生息する魚に親しみ、フィリピン系は故郷フィリピンでよく食べられている珊瑚礁の魚を好み、白人は地元で獲れる魚ではなく既に加工され冷蔵、冷凍されたものをよく食べるなど、それぞれのエスニックグループで魚介類の好みが分かれていた。しかし恐らくハワイに生息する最も多くの種類の魚を口にしているのは、昔も今もハワイ人である。[22]

一九七〇年代になると、新たな移民の流入に加えて多くの観光客がハワイを訪れるようになったことで、州内におけるエスニックグループ別の魚介類消費パターンが変化した。白身魚、中でも地元でマヒマヒと呼ばれるシイラが、本土からやってくる白人観光客の間で人気を呼んだ。また地元ハワイでも健康志向の強い白人住民が魚を食べるようになったため、一九六〇年代には安価な魚であったマヒマヒやオノ（ono、*Acanthocybium solandri*、カマスサワラ）などの魚の値段が急激に上がった。[23]またその頃、日本式の刺身を食べる習慣が日本人コミュニティを越えて広まった。一九七一年に二二歳でハワイにやって来た寿司職人の土屋信夫は、当初の様子や、その後、寿司が日本人だけでなく白人など他のエスニックグループに受け入れられていった様子を次のように語っている。

高校生の時に父が亡くなり、板前の道に入りました。ハワイブームの前、まだワイキキなんかがのんびりしている時に、寿司屋の板前として呼ばれてハワイに来ました。お客はハワイ在住の日本人と一世、二世。当時は農協の団体観光客なんかも来はじめていました。ここのネタは限られます。マグロやカジキ、アク（カツオ）は新鮮なものが手に入るけれど、あとは冷凍物を日本から輸入しているから、ハワイへ来てがっかりしました。こっちではハワイ風の寿司をアレンジして出す。巻物なんかね。本土から来る白人受けする寿司を、二〇年ほど前から出すようになりました。白人は日本人なんかに連れられて寿司屋に来て、最初はエビなんかを食べて、勧められて生魚の寿司を食べるようになるのです。(24)

やがて寿司屋を辞めた土屋はマグロを専門に扱う仲買業を始めたが、折しもハワイ近海はもとよりアメリカ国内外各地から提供される生、あるいは冷凍マグロの需要が大幅に伸びていた時期で、特にバブルの時は「随分助かった。」しかし二〇〇一年九月一一日に起きた同時多発テロの直後は、まるで「ワイキキが死んだ」ようになり、観光客が激減して辛酸をなめた。(25) それでも今日のハワイにおける魚介類の年間消費量は一人あたり約一九キログラムと、アメリカ全体の平均の三倍である。(26)

さらに二〇一〇年代に入ると、かつて土屋が提供していた「ハワイ風にアレンジした」巻物の類ではない、本格的な高級江戸前寿司を食べさせる寿司店が次々とハワイに誕生した。二〇〇七年に、欧米以外で初めてとなるミシュランガイドの東京版が出版されことを皮切りに、京都、大阪などの地方版も相次いで発売された。そして二〇一三年には、「和食――日本人の伝統的な食文化」がユネスコ無形文化遺産に登録されたように、海外において日本の食文化が高く評価されるようになった。ハワイで生まれ育ったバラク・オバマ（Barack H. Obama）大統領が二〇一四年に来日した際には、銀座の高級寿司店、「すきやばし次郎」で安倍晋三首相と会食したことも国内外で話題となった。このような時代の流れの中で、ハワイにおいても、舌の肥えた客層の間で、主に日本から空輸する鮮魚を用いた高級寿司を求める声が高まったのである。しかし折からの和食ブームによって、築地市場で取引される魚に世界中から注文が集中し、魚価が高騰する現状に危機感を覚えた東京、四谷の有名寿司店、「すし匠」店主の中澤圭二が、二〇一六年にワイキキに開業した店のこだわりは、日本直送の魚ではなくハワイの地魚であって、東京の寿司の再現ではない[27]。そのためハワイ各地に出向いて寿司ネタに適した魚を見出し、自らがつけ場に立つ店で、それらに「江戸前の技法」を施し、旨味を最大限に引き出そうとする中澤の試みは、ハワイの海の可能性の新たな地平を拓くものである。

ハワイの海の民の歴史の新たな章の始まり

今日では漁船の性能のめざましい進歩や冷凍システムの向上などによって、日本からやってくる漁船は、ハワイ近海で獲った魚を満載してそのまま日本に戻ってしまう。たとえ航海の途中でハワイに立ち寄ったとしても、約一世紀前のように漁民がハワイに居を構え、コミュニティを形成することもなく、短期間だけ滞在するため、地元の同業者と交流する機会はほとんどない。清水久男、静枝夫妻は一九五〇年代まで、遠洋漁業船や中学校の野球チーム、海上自衛隊の練習艦隊などが日本からハワイにやってくると、和歌山県人会やユナイテッド漁業から連絡が入り、その都度、同郷の人々をもてなした。全く知らない人でも同じ和歌山県人ということで「知らん顔」も出来なかったため、歓迎会を催したりオアフ島内を案内したりするなど世話をしたが、そのお礼にと、延縄漁船の船長がマグロを一本持ってきても食べきれず、困ったものだった。しかし今では誰も何も言ってこないし親戚が訪れてくることもない[28]。二人の幼い息子を連れてハワイにいる妻、静枝のもとへ一九五五年に和歌山県からやってきた清水久男は、前章で述べたように、親戚でもある静枝の継父、清水松太郎の延縄漁船、紀南丸に乗り込んだ。しかし船酔いがひどかったため、一〇年後に松太郎から紀南丸を譲り受けるとそれを売り、友達の紹介でシロアリ退治の仕事に就いたが、体に悪いと医者から言われて大工に転職した。その後、人手に渡った紀南丸はモロカイ島沖で難破して沈没した[29]。

紀南丸の消滅は、あたかもハワイの海における日本の海の民の漁業の変遷を象徴するかのようである。一九世紀末以降にハワイに現れた日本人のサンパン漁船は、間もなく現地の海を独占するまでにその数を増やしたが、開戦と同時に一切の活動を停止させられた。戦後になると、沖縄からやってきた新たな活力によって活気を取り戻したものの、その後、多様なエスニシティを持つ漁民人口が台頭する傍ら、まるでそれらと反比例するかのように姿を消していった。常に移動し続ける魚を求める以上、それを追う漁民もまた、より良い漁場を求めて動き続けるものである。もしある漁場が魅力を失ったのであれば、ためらうことなくその場をあとにする。かつて豊かな海の幸に恵まれていたハワイの海がその魅力を失ったのであれば、まるで大きな波が押しては引くように、ある

写真32　カカアコフロントパークのえひめ丸メモリアル。現在もレイや花束を手に訪れる人が絶えないこの慰霊碑の中央には、沈没したえひめ丸の碇が備えられている。筆者撮影。

時点で隆盛を誇ったサンパン漁船が姿を消していったのは、ごく自然のなりゆきであろう。

しかしサンパン漁船がハワイの海から消えた後も、日本の海とハワイの海を結ぶ物語は今日まで続いている。二〇〇一年二月一〇日（日本時間）に、オアフ島沖で愛媛県立宇和島水産高校実習船えひめ丸が、アメリカ海軍原子力潜水艦グリーンビルに衝突され沈没し、四人の生徒と二人の教員、三人の乗組員が命を落とす痛ましい事故が発生すると、ハワイの人々は犠牲者に深い哀悼の意を表した。その後、犠牲者の名前を刻んだ慰霊碑がカカアコフロントパークに建立されると、セントルイス高校の日本語クラブに所属する生徒がボランティアを申し出て、慰霊碑の清掃を始めた。また惨事のあと、愛媛県とハワイ州、宇和島市とホノルル市が姉妹提携を結び、野球チームや中学生、大学生の交流を開始した。このような、ハワイと愛媛県の間の人的交流は現在も行われている(30)。

えひめ丸事故の犠牲者に対する追悼の思いはまた、海の民の悲願でもある海の安全を願う気持ちにつながる。その願いを長い間、受け止め続けてきたハワイ金刀比羅神社は、一九四〇年代後半、まさにその存続そのものをかけた闘いとなった訴訟に勝ったものの、その後の漁民人口の減少による財政難に苦しむようになった。そこでハワイ金刀比羅神社は、地元の福岡県出身者の要請に応える形で、一九五二年に、神社ならびにハワイ福岡県人会の関係者が、太宰府天満宮まで出向いてその分霊を船でハワイまで運び、境内に新たに建立された社殿に祀った。その後は太宰府天満宮と香川県の金刀比羅宮から交代で神職がやってきたが、日本の組織の感覚をハワイに持ち込むため、神社は「自分たちのもの」という意識を強く持つ地元の人々とトラブルが起きることもあった。

現在、ハワイ金刀比羅神社・ハワイ太宰府天満宮の宮司を務める瀧澤昌彦は、愛知県出身の元商社マンである。ハワイに駐在中、地元の日系女性と結婚すると、義母から「神主のなり手がいない、是非なってくれ」と懇願された瀧澤は会社を辞め、三重県伊勢市の皇学館大学に入学し直して神職資格を取得した。その後二年間、愛知県内の神社で奉職した後、一九九四年にハワイへ戻ってハワイ金刀比羅神社・ハワイ太宰府天満宮の宮司となった。しかし当時は元旦と秋の金刀比羅関係、そして春の天満宮関係の大きなお祭りくらいしか行っておらず、「給料も出ないのでは」という状態であった。そのような中で妻がホームページを作り、フリーペーパーにも紹介を載せて神社の宣伝をしただけでなく、当時のハワイでは、子どもが着物を着て写真を撮るだけであった七五三の祈禱

写真33　ハワイ金刀比羅神社・ハワイ太宰府天満宮で毎年6月に行われるペットお祓いの様子。この日、犬や猫などのペットが飼い主とともに茅の輪をくぐり、無病息災を祈る。ハワイ金刀比羅神社・ハワイ太宰府天満宮所蔵。

を始めた。また初詣に犬を連れてくる人がいるのを見た瀧澤は、キリスト教の教会の行事に倣って、六月上旬の日曜日に「Pet Blessing（ペットお祓い）」と銘打った、夏越祭の茅の輪くぐりを飼い主がペットと行う行事を始めたところ、飼い主に連れられて犬や猫のみならず亀や小鳥、金魚やハムスターなどが四百匹ほどやってきて、茅の代わりにティーリーフ（ti leaf）の葉で作った茅の輪を飼い主とともにくぐった。そしてその時に集めた寄付金が神社の収入となった。「海外の神社では時代に合ったことをしないといけない」と繰り返し語る瀧澤は、「日本では多分しない」という同性婚カップルの結婚式も行うなど、地元の人々に受け入れられるための様々な工夫を行っている。[31]

　このようなローカル化によって、ハワイ金刀比羅神社の活動は、戦前の最盛期から随分と様変わりしてしまったように見受けられる。しかし昔も今も海の厳しさに変わりはない。たとえサンパン漁船がハワイの海から消えたとはいえ、海難事故が無くなったわけではなく、今日でも日本の遠洋漁船の乗組員が、特に災いがあった時などは神社にやってきて瀧澤に祝詞をあげてもらい、船の写真を奉納する。また米海軍との合同訓練のためにハワイに来る海上自衛隊関係者が訪れることもある。さらに魚釣りを趣味とする地元の人々の依頼を受けると、瀧澤はボートまで出向いてお祓いをする。キリスト教の教会はそのようなことをしないため、日系のみならず白人など「いろいろな」人からの依頼が絶えない(32)。

このように、ハワイ金刀比羅神社で海の安全を祈る人々の様子は、かつて神棚に祀った「こんぴらさん」のお札の周りに集い、お札に向かって祈りをささげていた日本の海の民の姿と重なる。それは彼（女）らが故郷からハワイに持ち込んだ文化が、時代の変遷とともに変容したものもあれば、変わらないものもあることを伝えている。日本の海とハワイの海を介した会話が始まったのは、今から一三〇年以上も前のことである。ゆうに一世紀を超える時間の流れの中で、海の民は海にまつわる様々な情報や道具、モノを交換し、海を舞台として、時には人種やエスニシティの相違故の反感を生み出し、また時にはそれらを乗り越えた共感を育んできた。こうして海の民が紡ぎ出してきた色とりどりの歴史の糸は、今日もなお、新たな頁、そして新たな章を付け加え続けている。

（1）仲島宏至、筆者によるインタビュー、ホノルルにて、二〇〇八年九月九日。
（2）同右。
（3）同右。

（4） Vernon E. Brock, "A Proposed Program for Hawaiian Fisheries," Hawaii Marine Laboratory Technical Report, no.6 (February 1965), 1-2; Young Cheng Shang, "The Skipjack Tuna Industry in Hawaii: Some Economic Aspects," Economic Research Center, University of Hawai'i (July 1969), 1.

（5） P. V. Garrod and K. C. Chong, *The Fresh Fish Market in Hawaii* (Honolulu: Hawaii Agricultural Experiment Station, College of Tropical Agriculture, University of Hawai'i, 1978), 2, 16; Division of Fish and Game, Department of Land and Natural Resources, "Executive Summary of the Hawaii Coastal Zone Fisheries Management Study," State of Hawai'i (1979), 26.

（6） 一九七九年時点で約二五〇〇人がハワイ州の漁業（commercial fishing）ライセンスを取得していたが、それらの者のほとんどは兼業で、漁業に従事する傍ら他の職業を持っていた。平均年齢は四〇歳で八四％がハワイに長く住む地元住民であり、戦前に多かった非市民のライセンス取得者はわずか四％であった。また五％が女性である。Division of Fish and Game, Department of Land and Natural Resources, "Executive Summary of the Hawaii Coastal Zone Fisheries Management Study," 6.

（7） 中国新聞社『移民』、中国新聞社、一九九二年、二七頁。

（8） Samuel G. Pooley, "Hawaii's Marine Fisheries" (Ethnic Studies Community Conference Papers, May 20, 1995), 1; Hawaii Seafood Project, *The Hawaii Fishing and Seafood Industry* (Honolulu: National Oceanic and Atmospheric Administration, 2007), 4; ブルックス竹中、筆者によるインタビュー、ホノルルにて、二〇〇八年九月四日、フランク後藤、筆者によるインタビュー、ホノルルにて、二〇〇八年九月四日。

（9） Thomas S. Hida and Robert A. Skillman, "A Note on the Commercial Fisheries in Hawaii," Southwest Fisheries Administrative Report (Honolulu: National Marine Fisheries Service, 1983), 1.

（10） Hawaiian Tuna Packers, *Tuna: Hawaii's Harvest of the Sea* (Honolulu: Hawaiian Tuna Packers, n. d.), 1.

（11） フランク後藤、筆者によるインタビュー、ホノルルにて、二〇〇八年九月四日。

（12） Christopher H. Boggs and Bert S. Kikkawa, "The Development and Decline of Hawaii's Skipjack Tuna Fishery,"

Marine Fisheries Review 55, no. 2 (1993): 62.

（13）金城福男、筆者によるインタビュー、ホノルルにて、二〇〇七年九月七日、新里正己、筆者によるインタビュー、ホノルルにて、二〇〇九年九月九日。

（14）新里正己、玉城哲志、仲村渠哮《なかんだかりたける》、玉城弘正、筆者によるインタビュー、ホノルルにて、二〇〇九年九月二九日。

（15）仲島リサ、仲島たけこ、筆者によるインタビュー、ホノルルにて、二〇〇九年一〇月三日。

（16）ジェームズ・N・オクハラ、スエコ・アラカキ・オクハラ、筆者によるインタビュー、ホノルルにて、二〇〇九年一〇月一日。

（17）Garrod and Chong, *The Fresh Fish Market in Hawaii*, 10-11, 14-15.

（18）仲島たけこ、筆者によるインタビュー、ホノルルにて、二〇〇九年一〇月三日。

（19）「ヒロ市の水産（セリ市）閉鎖」http://www.hawaii123.com/news/01080102.html（二〇一六年一一月二九日取得）、レックス・ヨシオ・マツノ、筆者によるインタビュー、ヒロにて、二〇〇八年九月五日。

（20）James Gonser, "Fish Auction Set to Move," http://the.honoluluadvertiser.com/article/2004/Jul/06/ln/ln10a.html（二〇一六年一一月二九日取得）

（21）Hawaii Seafood Project, *The Hawaii Fishing and Seafood Industry*, 2.

（22）Susan Blackmore Peterson, "Decisions in a Market: A Study of the Honolulu Fish Auction," Ph.D. diss., University of Hawai'i, 1973, 116-119.

（23）Brooks Takenaka and Leonard Torricer, *Trend in the Market for Mahimahi and Ono in Hawaii* (Honolulu: NOAA, 1984): 1-7.

（24）土屋信夫、筆者によるインタビュー、ホノルルにて、二〇〇八年九月一五日。

（25）同右。

（26）Hawaii Seafood Project, *The Hawaii Fishing and Seafood Industry*, 3.

（27）「ホスピタリティの達人が挑む、高級サービスの激戦区ワイキキでの新たな挑戦」http://forbesjapan.com/

articles/detail/14230/1/1/1（二〇一七年三月七日取得）。中澤によると、握り寿司は海鮮寿司と江戸前寿司に大別され、新鮮な魚を生のまま握る前者に対して、後者はシャリ（寿司飯）に合わせて塩や酢を当てる「手当て」という工程が入る。

（28）清水久男、静枝、筆者によるインタビュー、ホノルルにて、二〇〇八年九月一日。

（29）清水久男、筆者によるインタビュー、ホノルルにて、二〇〇八年三月三日。

（30）「えひめ丸事故15年　悲劇から生まれた絆　交流今も」http://www.nikkei.com/article/DGXLASDG06H6K_W6A200C1CR8000/（二〇一七年三月八日取得）。

（31）瀧澤昌彦、筆者によるインタビュー、ホノルルにて、二〇一五年三月一三日、"History of the Shrine," http://www.e-shrine.org/history.html（二〇一七年三月七日取得）

（32）瀧澤昌彦、筆者によるインタビュー、ホノルルにて、二〇一五年三月一三日。瀧澤によると、厳しい受験競争がないハワイでは、年に何人か、何かの試験を受ける人が太宰府天満宮の祈禱を受けるのみである。しかし日本との人的、経済的つながりが強いのは太宰府天満宮の方で、毎年四月中旬に太宰府から禰宜、大禰宜の二人がやって来る上、経済的支援も受けている。一方、香川の金刀比羅宮からはなかなか神職が来ず、経済的支援も滞りがちであるという。よりローカル化が進んでいるのはハワイにおける歴史の長い金刀比羅神社の方であろう。

あとがき

かつて私は海とは縁の無い生活を送る、いわば陸の民であった。そのような私の目を海へと向かわせる大きなきっかけとなったのは、縁あって山口県下関市にある水産大学校に就職し、日々海と向き合いながら生活をするようになったことである。せっかく、かつてハワイへ多くの移民を送り込んだ山口県の住民になったことでもあるし、学生や同僚は海のプロフェッショナル（ないしはその卵）ばかり。おまけに仕事と銘打って船にも乗れる。それまで日米キリスト教女性宣教師の社会改良・平和運動の研究を行っていた私は、少しずつ海へと関心の傾斜を強めていった。しかしこの新たな研究の試みは困難を極めた。なにしろハワイの移民研究において、プランテーション労働者など農業の関する研究と比較して、水産業関連の先行研究や資料があまりにも少ないのである。先行研究がほとんどないのであるから何を言ってもパイオニアになれる（？）というのは楽しくもあるが、反面、まるで海図も持たずに大海原をこぎ出すような恐怖も感じる。

海とハワイ、そして日本人に関する研究をやってみようとは思うものの、いったい何から手を付けたら良いのか分からず呆然とする私の無謀な船出のコンパスとなり、前進するための貴重な追い風となってくれたのは、水産大学校の三木奈都子先生、三輪千年先生、板倉信明先生、須田有輔先生や練習船耕洋丸の乗組員をはじめとする同僚達であった。とりわけ三木奈都子先生は、それまで私が漠然と抱いていた、海イコール男の世界というステレオタイプを破壊し、水産業における女性の貢献の大きさについて貴重なご教示を頂いた。そもそも本書の出版につながる研究は、三木研究室におけるコーヒートークから始まったようなものである。また水産大学校の学生達、とくに二〇一一年三月一一日に起きた東日本大震災の大津波によって、生まれ育った街や大切な人を奪われるという大きな悲しみを負ったにもかかわらず、海を恨むことなく卒業後は船乗りとなり、あるいは海と深い関わりを持つ職業に就いた教え子達からは、海の民のたくましさとしなやかさを教えてもらった。

本書のほとんどはテキサス州オースティンという静かな学園町で執筆したものである。私に在外研究の機会を与え、多忙な校務から解放してくれた現在の勤務先である立命館大学文学部や、日頃から研究を支えてくれている同僚の先生方、教え子達にもこの場を借りてお礼を申し上げる。なかでも二〇一六年春に入学し、始まったばかりの学生生活を謳歌していたものの、それから三カ月ほど後に急逝した浅井純渚さんの屈託のない笑顔と、オースティンで一人、研究生活を送る私に、北海道上川町から励ましの言葉をいつも送り届けてくれた彼女のご家族の暖かさを、私は決して忘れない。

また、私を客員研究員として受け入れ、多くの学問的刺激を与えてくれたテキサス大学オースティン校関係者にも感謝申し上げる。特に中国系移民研究の第一人者である歴史学部の Madeline Y. Hsu 先生には公私とも大変お世話になった。Hsu 先生が主催する毎月の夕食会には、毎回、知性と知見に満ちた同僚の先生方が集い、その活気あふれる議論の末席に加えてもらうことで、私はどれだけ耳学問をさせてもらったか分からない。特に日本の食文化に詳しい Nancy K. Stalker 先生からは、水産業の研究に是非、食文化の視点を取り入れるべきだというご助言を頂いた。確かに本書には魚を調理する人、食べる人の姿はほとんど登場しない。今後の私の研究の課題としたい。またライス大学の清水さゆり先生からは、太平洋史の可能性と、その構築に日本人が果たしてきた役割に関する新たな研究の可能性をご指摘いただいた。そのような研究に果たして私がどのような貢献をすることが出来るのか、これもまた今後の研究の課題である。

また上智大学の飯島真里子先生、今野裕子先生、阪南大学の守屋友江先生、同志社大学の物部ひろみ先生とは、国際学会で一緒に報告する機会に恵まれ、私の研究に対する貴重な助言を頂いた。さらに、私がハワイの海の研究を手がけた当初からお世話になっているのが、沖家室島の皆様である。特に本書の研究における端緒となったのが、今からもう八—九年ほども前のこと、私が沖家室島の泊清寺をお訪ねした際に、新山玄雄住職が見せて下さった沖家室青年会の月刊誌『かむろ』であった。島からハワイへ渡った人々の声を生き生きと伝えるこの雑誌は、それまでハワイにおける日本の海の民の軌跡について、ぼんやりとしたイメージしか持ち合わせていなかった私に、よりはっきりとした輪郭を与えてくれた。また大谷亮子氏には、親族である大谷松治郎一家にまつわる興味深いお話を聞かせていただいた。さらに私が度々足を運んだ沖縄でも多くの方々のご協力を頂いた。とりわけ糸満市教育委員会の加島由美子氏や、ラッキー交通糸満営業所の皆様には、かつてハワイへ渡った漁業研修生をご紹介いただいた。また私にとって難解な糸満言葉の通訳をして下さった新垣かおる氏や、お手製の「漁師料理」を振る舞いながら糸満の海人の文化について教えて下さった上原謙氏、そしてハワイ在住時の貴重なお話を聞かせて頂くだけでなく、美味しい沖縄の海の幸を私にご馳走して下さった安次富保・昌代ご夫妻、また、たびたび私に沖縄での「宿」を提供して下さった小橋川美那弥ご一家、伊禮宙未ご一家に心から感謝申し上げる。

ハワイにおける私の研究の拠点となったのはユナイテッド漁業である。社長の大谷明ご一家を始め、会社に長く勤めている社員の方々から、ハワイにおける水産業の歴史について貴重なご教示を頂いた。またハワイ島コナに現存するスイサン会社においても多くの資料を見せて頂いた。さらに沖縄の元漁業研修生である仲島宏至氏は、お話を聞かせて頂くだけでなく、ご自身で獲ってきた、とっておきのコナクラブなどハワイの海の幸をご馳走して下さった。また和歌山県にゆかりのある清水久男、静枝ご夫妻のご自宅には何度も伺い、いろいろな資料を見せて頂いた。残念ながら静枝さんは二〇一四年に逝去なさったが、生前、彼女が私に話してくれた戦中、戦後の体験は、国家が個人に襲いかかる残酷さと、それにも負けずに立ち上がる人間の強さを物語っており、歴史の闇に消してしまうには余りにも惜しい。本書には彼女のような勇気ある海の民が大勢、登場する。その方々やご家族の皆様の多くの協力があって初めて本書は誕生した。

またハワイの海の民の歴史に大きな関心を寄せてくれたハワイ大学出版の Masako Ikeda 氏や、私の研究を出版する機会を与えて下さった人文書院の井上裕美氏にも、この場を借りてお礼申し上げる。

最後に、いつも日本各地やハワイ、アメリカ本土への調査や学会に出かけて不在がちな私を常に支えてくれた、私の家族に改めて謝意を表したい。

なお本書の研究はＪＳＰＳ科研費 15K02963 ならびに立命館大学学術図書推進プログラムの助成を得た。

二〇一七年六月三〇日

小川真和子

ワ行

マ行

ヤ行

ラ行

タ行

ナ行

サ行

カ行

索　引

著者紹介

小川真和子（おがわ・まなこ）

東京都出身。2004年ハワイ大学アメリカ研究学部大学院博士課程修了。Ph. D. 独立行政法人水産大学校講師、准教授を経て、現在、立命館大学文学部教授。専門はアメリカ研究。主に漁業移民、日米関係史研究。主な著書、論文に、

Sea of Opportunity: The Japanece Pioneers of the Fishing Industry in Hawai'i. (University of Hawai'i Press, 2015)（2015年地域漁業学会賞受賞）

「戦後ハワイにおける沖縄の漁業者を対象にした漁業研修ならびに漁業移民制度の展開」移民研究年報18巻（2012年）

「ハワイにおける日本人漁業者排斥について―太平洋戦争期を中心に」地域漁業研究　51巻（2011年）、等がある。

海の民のハワイ

――ハワイの水産業を開拓した日本人の社会史

2017年11月1日　初版第1刷印刷
2017年11月10日　初版第1刷発行

著　者　小川真和子
発行者　渡辺博史
発行所　人文書院

〒612-8447　京都市伏見区竹田西内畑町9
電話　075-603-1344　振替　01000-8-1103

装幀者　　田端恵（株）META
印刷・製本所　創栄図書印刷株式会社

落丁・乱丁本は小社送料負担にてお取り替えいたします

ISBN978-4-409-53051-1　C3036

落丁・乱丁本は小社送料負担にてお取り替えいたします